差异教学新视野丛书
华国栋　主编

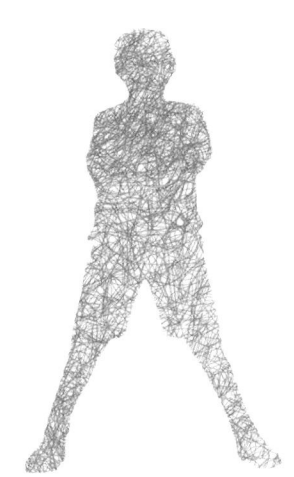

融合教育中的差异教学：
为了班级里的每一个孩子

Differentiated
Instruction In Inclusive Education
For Every Student In The Classroom

华国栋　华京生　◎著

教育科学出版社
·北京·

出 版 人　李　东
责任编辑　池春燕
版式设计　孙欢欢
责任校对　贾静芳
责任印制　叶小峰

图书在版编目（CIP）数据

融合教育中的差异教学：为了班级里的每一个孩子 /
华国栋，华京生著. —北京：教育科学出版社，2019.9（2023.9重印）
（差异教学新视野丛书）
ISBN 978-7-5191-1940-9

Ⅰ.①融… Ⅱ.①华… ②华… Ⅲ.①中小学教育—
教学研究　Ⅳ.①G632.0

中国版本图书馆 CIP 数据核字（2019）第 196237 号

差异教学新视野丛书

融合教育中的差异教学：为了班级里的每一个孩子
RONGHE JIAOYU ZHONG DE CHAYI JIAOXUE：WEILE BANJI LI DE MEI YI GE HAIZI

出版发行	教育科学出版社		
社　　址	北京·朝阳区安慧北里安园甲 9 号	市场部电话	010-64989572
邮　　编	100101	编辑部电话	010-64989593
传　　真	010-64891796	网　　址	http://www.esph.com.cn
经　　销	各地新华书店		
制　　作	北京金奥都图文制作中心		
印　　刷	中煤（北京）印务有限公司		
开　　本	720 毫米×1020 毫米　1/16	版　　次	2019 年 9 月第 1 版
印　　张	20.25	印　　次	2023 年 9 月第 5 次印刷
字　　数	298 千	定　　价	59.80 元

如有印装质量问题，请到所购图书销售部门联系调换。

丛 书 序

因材施教思想是我们的祖先留给教育工作者的宝贵财富，也是我国当今及未来教育现代化的核心内涵之一。但是，在班级授课制的条件下如何因材施教，又往往是教育工作者普遍感到困惑的问题，而这也正是我从教近五十年的孜孜探求。特别是中国共产党第十一届三中全会后，教育改革的呼声越来越高，我深感"大一统""一刀切"的教学不利于促进学生个性的健康发展，也不利于培养国家需要的多种类型的创新人才。于是，在20世纪90年代初，我提出了"差异教学"的主张，并开始了差异教学的策略及模式的实验研究，这些研究逐渐开始以"滚雪球"的方式向前推进。

随着我国新一轮课程改革的不断深入，推进教育公平和提高教育质量已成为当今教育的重要任务。现实教育中，如何使"鱼"与"熊掌"能够兼得？研究与实践证明，"关注学生差异，实施差异教学"，就可一举两得。真正的教育公平不仅是教育资源的配置公平、入学机会的公平，而且应是教学过程的公平，即每个学生都能得到适合其特点的教学。要提高教育质量，首先就要提高教学的针对性和适切性，而学生是千差万别的，特别是区域招生实行计算机派位以来，同一班级的学生，差异往往更大了。学校只有实施差异教学，才能满足不同学生的学习需要，促进每个学生的健康发展。

差异教学是指在班集体教学中，立足学生的个性差异，满足不同学生的个别学习需要，以促进每个学生在原有基础上得到充分发展的教学。差异教学不是只关注学生的个性，而是追求班集体中个性与共性的辩证统一。差异教学尊重每个学生的特点，扬优补缺，开发潜能，促进每个学生的不断适应与超越。差异教学的思想方法体现了东方文化的"辩证"与"中庸"，追求"和而不同"的美好境界。西方一些国家也在20世纪90年代后期提出了差异教学（或差异化教学、差异性教学）的主张，这说明世界范围内教育改革的一些共同走向，体现了后现代社会的一些特征。但需要指出的是，在差异教学的一些观点、策略，包括理论基础、价值取向等方面，西方一些国家的研究与我们倡导的差异教学不尽相同，我们可以学习借鉴，但不能盲目照搬。

几十年差异教学的研究与实践证明，在班级授课制的条件下，差异教学能大面积提高教学质量，促进不同层次、不同类型的学生充分发展。尽管城市学校与农村学校、生源好的学校与生源较差的学校，实施差异教学的做法不完全相同，但只要学校领导重视，教师积极实践，这些学校无一例外地取得了显著成绩，不仅学生学业质量大幅度提升，教师也得到迅速成长。目前，差异教学仍在北京、天津、江苏、浙江、辽宁、黑龙江、湖北、山东、四川、福建、山西、云南、贵州等地区的学校实施，从部分学校参与实践发展到区域推进，覆盖普通教育、特殊教育、职业教育等多个领域，以及大学、中学、小学、学前各学段，形势喜人。有关差异教学的论文、著作也雨后春笋般不断涌现，如《论差异教学与教育公平》《学生差异资源的教育教学价值初探》《差异教学论（修订版）》《差异教学策略》《卓越与公平：普通班的英才教育》等。许多学校实施差异教学的成功案例也结集出版，如《模式与变式：一所小学的差异教学探索之旅》《中学地理差异教学情境创设》等。

"差异教学新视野丛书"将随着差异教学研究与实践的推进与深入，扩展到特殊教育、职业教育等领域，并介绍语文、数学、外语等不同学科和不同课型的差异教学实施经验与典型案例，以更方便一线教师学习与运用。他山之石，可以攻玉。本丛书也会选择当今国外差异教学领域的一些相关著作，译成中文介绍给大家学习参考。当然，为了帮助读者深度理解差异教学，今后我们也会从更高的理论视角对差异教学进行系统解读和论述，以飨读者。

中国教育科学研究院　华国栋

前　　言

融合教育是世界教育发展的趋势，也是我国特殊教育发展的主体形式。不过，我国当前的融合教育质量堪忧也是不争的事实，以至于有人怀疑融合教育是否符合中国国情，是否要继续下去。我和许多同仁一道，长期研究与实践融合教育，从我们的经验与实践来看，融合教育在中国不仅是可行的，而且它能够保证教育的质量。当然，我们需要对影响融合教育质量提升的原因做具体的分析和研究。

现阶段，大体上讲，我国实行的是普通教育、特殊教育并行的双轨学制。融合教育更多由特殊教育工作者倡导和推动。但在我们看来，融合教育主体应是普通学校，融合教育也应成为当前我国普通教育改革的方向。融合教育的价值追求不但在于改革目前的教育体制，还在于改革普通教育中的课程和教学方式、方法等，进而加快教育的平等和教育的多样化，将"发现和选拔适合教育的儿童"的教育理念转变为"创造适合每一个儿童的教育"。

近年来，虽然我国政府大力加强随班就读支持系统的建设，但教育界对涉及融合教育质量的核心问题即课程、教学的改革一直重视不够，总体上讲，还没有普遍地为每个儿童（包括随班就读的学生）的学习创设适宜的教学。我们虽然在融合教育中加强了资源教室的建设，强调了为随班就读的学生提供支持帮助，但现实情况是，随班就读的学生更多时间是在普通班学习普通课程，而普通教育所实行的"大一统""一刀切"的教学，很难满足随班就读学生的学习需要。如果教师不善于针对随班就读的学生的特殊需要，对普通教育课程、教材和教学方式、方法等影响教学质量的核心要素做出调整和改进，那么随班就读学生的学习质量就难以得到保证。

此外，在提高融合教育质量方面，以往我们更多强调对随班就读学生实施个别化教学，但要站在普通学校的角度来看，实际上融合教育又不可能只关注残疾儿童，而是需要关注全体学生的学习质量。同时，个别化教学与实际的班集体教学也难以对接，因而往往只停留在个别化教学计划的文本上。我们必须从我国的国情出发，在教学中辩证地处理好共性与个性的关系，倡导并实施面向全体、照顾差异的差异教学。在我们看来，差异教学正是围绕促进全体学生的发展，着眼于适应并利用学生的差异而进行的针对普通教育的改革，它是在普通班集体教育改革的经验模式基础上的进一步完善和发展，既考虑了融合教育的前瞻要求，也和我国当前普通教育的改革特别是随班就读的教学实践改革紧密结合。

由国务院转发《第二期特殊教育提升计划（2017—2020年）》已明确提出，"推进差异教学和个别化教学，提高教育教学的针对性"。融合教育要求在普通班教学中实施差异教学，并通过资源教室的个别化教学训练加以补充，使特殊需要儿童能够更好适应班集体的教学。提高教育质量的关键在师资。要大力提高普通教师的差异教学能力，做好相关的培养、培训工作。而具体如何提高普通教师的差异教学能力，进而帮助教师提高融合教育质量，正是本书的编写目的，也是我们的价值追求。本书的主要读者是目前正在从事或未来将要从事融合教育教学工作的教师、资源教师与相关的管理人员。据统计，特殊教育对象中最大的群体是学习障碍儿童，他们占学龄儿童的8%—15%。这些儿童中，绝大多数本来就在普通学校的普通班学习，在应试教育背景下，他们常常会成为被"淘汰"的对象。现实地来看，每个普通班级其实也都存在学习困难的儿童，从这个意义上说，每个普通班也都是融合教育的班级，如果普通班的教师真正关心每个孩子的成长，阅读并实践本书中的策略，相信一定会有收获。

这里要说明的是，本书中提到的"视觉障碍儿童"（简称视障儿童）、"听觉障碍儿童"（简称听障儿童）、"智能障碍儿童"（简称智障儿童）等，在我国目前的政策文件中涉及残疾的标准仍用"视力残疾""听力残疾""智力残疾"等称谓，实际所指是一样的。为了减少标签和歧视，本书中又将他们统称为特殊需要儿童。当然，"特殊需要儿童"还包括由其他原因引起的学习不适应甚至困难，需要接受特殊教育的学生。本书既可以作为普通教育、特殊教育领域的老师们系统学习时的培训用书，也可作为一本案头书，供老师们在融合教育工作中遇到问题、想要寻求解决办法时参考和借鉴。

本书的编写力求理论联系实际。全书前两章是有关融合教育、差异教学的概念、观点等内容，为了帮助读者搞清概念的来龙去脉，作者做了必要的论述，读者学习时不妨深入思考"是什么"和"为什么"的问题；后六章则主要介绍差异教学策略在融合教育中的实际应用，章节后还附有典型、生动的案例，读者学习时可结合案例，主要思考"是什么"和"怎么做"的问题。本书第一章的第三节、第四节，第二章的第二节、第三节，第七章和第八章是由北京联合大学特殊教育学院的华京生编写，我编写其余内容并负责全书统稿。本书编写过程中，杨希洁、叶立言、韩萍、王善峰、王玉玲、卞蓉等老师为我们提供了丰富生动的教育案例，借此机会向他们表示衷心的感谢！同时，我们也衷心希望广大从事融合教育工作的老师们积极开展这方面的研究和实践，并给我们提供鲜活的、有价值的案例。大家的案例可以发送至我的个人邮箱：huaguodong1947@163.com，也欢迎大家和我们就融合教育的话题进行交流沟通。最后，感谢教育科学出版社对本书顺利出版的大力支持！

华国栋

2019 年 3 月

目录 CONTENTS

第一章 差异教学：融合教育的必然要求 / 001
第一节　融合教育的概念与特征 / 003
第二节　融合教育的价值取向及对普通教育的挑战 / 008
第三节　随班就读相当于融合教育的初级阶段 / 011
第四节　我国随班就读教学模式的演进 / 017
第五节　融合教育需要差异教学 / 022

第二章 什么是差异教学 / 029
第一节　差异教学的内涵及基本观点 / 031
第二节　差异教学与分层教学、个别化教学 / 038
第三节　差异教学策略体系 / 046

第三章 融合班级中，学生的差异如何测查 / 049
第一节　学生差异的测查 / 051
第二节　不同学生教育需求分析 / 058

第四章 融合教育中，如何进行课程的调整和学生的安置 / 073
第一节　课程调整的依据 / 075
第二节　融合教育中课程调整的方法 / 080
第三节　灵活的教育安置 / 087
第四节　创设平等和谐的学习环境 / 092

第五章 怎样制订融合教育中的差异教学计划 / 105

第一节　并列式教学计划及其制订 / 107
第二节　个别教学计划及其制订 / 116
第三节　教学计划的实施和评估 / 125

第六章 怎样在融合课堂中开展差异教学 / 131

第一节　提供认知准备与激发学习动机 / 133
第二节　预设与生成挑战性学习目标 / 142
第三节　选择和组织教学内容 / 151
第四节　多样、启思的教学方法与手段 / 162
第五节　同质组与异质组的合作结合运用 / 176
第六节　兼顾全体与个别指导相结合 / 186
第七节　大面积及时反馈与调节教学 / 196
第八节　弹性作业 / 204
第九节　差异教学模式 / 214

第七章 如何在融合教育中开展扬优补缺的辅导与训练 / 231

第一节　分析学生的优势与不足 / 233
第二节　学习辅导与心理辅导 / 236
第三节　教育训练的方法和手段 / 241
第四节　特殊需要学生的教育辅导训练 / 248

第八章 在融合教育中开展差异教学需要什么样的管理与支持 / 267

第一节　差异教学的管理文化 / 269
第二节　对学生、教师的评估 / 273
第三节　社区、家庭、学校合作满足学生不同学习需要的策略 / 293

参 考 文 献 / 312

第一章
差异教学：融合教育的必然要求

融合教育是世界教育发展的趋势。我国的随班就读相当于融合教育发展的初级阶段。融合教育是对所有学生的多样化需要进行了解和反应的过程。每个学生都拥有独一无二的个性特点，拥有不同的兴趣、能力和学习需要。教育机制的设计和教育方案的实施应充分考虑到这些特点与需要之间的广泛差异，教师需要对普通教育的内容、方式、结构和策略进行改变和调整，这就意味着融合教育的进一步发展必然要求实施差异教学。

第一节　融合教育的概念与特征

1990年，联合国教科文等国际组织在泰国召开的世界全民教育大会上发表了《世界全民教育宣言》，为融合教育搭建了平台。1994年在西班牙萨拉曼卡召开的世界特殊需要教育大会则正式拉开了融合教育的序幕。尽管人们对"融合教育"[①] 这一概念的原意和翻译尚有争论，但融合教育的理念却在此后被各国人士不断广泛传播。

一、融合教育的由来

融合教育概念现在已成为全球教育追求的目标，但其产生有一个渐进的过程。西方以个人自由、社会平等为价值取向的社会文化基础，为有特殊需要的人士平等、有尊严地参与社会生活以及为新的特殊教育理念的产生提供了思想理论基础。"二战"后，美国民权运动者提出了"分开就是不平等"的口号，要求不同种族、群体平等参与社会生活。20世纪发端于丹麦的"正常化"原则（Normalization）在欧洲、北美等地区和国家迅速传播，"回归主流"的思想就是在这样的背景下产生的。1975年，上述思想在美国第94届国会通过的第142号联邦法令《全体残障儿童教育法案》（Education for All Handicapped children Act，简称"PL94-142公法"）里得以确认。"PL94-142公法"确立了非歧视性的鉴定、个别教育计划、最少受限制环境即根据儿童障碍程度确定不同的教育安置形态的

[①] 融合教育，对应的英文为"inclusive education"，也有译为"全纳教育"的。笔者认为，"融合"的提法似乎更能体现这种教育的价值理念与过程。因此本书采用"融合教育"的译法。

等级特殊教育服务体系（The Continuum of Special Education Services，包括普通班、巡回教师、资源教室、自足式特殊班、特殊学校、医疗机构等）等原则。但这种回归主流的教育思想，容易将儿童的障碍作为教育问题的原因，而非学校本身条件的不足。美国教育部前助理行政长官威尔（M. Will）曾指出，回归主流存在着：①不科学的鉴定与障碍类别的划分导致特殊教育效率低下；②特殊教育与普通教育的各自平行发展，二者不能很好地协调以满足学生的需要；③等级制服务体系中儿童容易被隔离、歧视；④家长和教师经常对儿童的教育安置，即儿童应该在哪一等级中受教育，见解不同，容易造成冲突。全纳教育思想是在回归主流的基础上发展起来的，全纳教育的倡导者斯坦贝克（W. Stainback）等人对特殊教育与普通教育相互隔离、各自平行发展的双轨制体系（dual system）提出了明确的批评，认为特殊教育与普通教育应该重新组合、建构、融合为一个统一的教育体系以满足所有儿童的学习需要。（邓猛 等，2003）[2]

二、融合教育的概念

1994年，联合国教科文组织在西班牙召开的世界特殊需要教育大会通过了《萨拉曼卡宣言》。这份宣言正式提出了融合教育：我们相信并声明：每一个儿童都有受教育的基本权利，必须给予他实现和保持一可接受水平的学习之机会；每个儿童都有独一无二的个人特点、兴趣、能力和学习需要；教育机制的设计和教育方案的实施应充分考虑到这些特点与需要的广泛差异；有特殊教育需要者必须有机会进入普通学校，这些学校应该将他吸收在能满足其需要的、以儿童为中心的教育活动中；实施此种融合方针的普通学校，是反对歧视、创造欢迎残疾人的社区、建立融合社会和实现人人受教育的最有效途径；进而言之，它们为绝大多数的儿童提供了一种有效的教育，提高了整个教育机制的效益，并从根本上提高了教育的成本—效益比。（UNESCO，1994）美国全纳教育重建中心（National Central on Inclusive Education and Restructuring）把全纳教育定义为：为学生提供均等的、有效的受教育机会，为培养学生成为社会的正式成员，面对未来的生活，在就近的学校中开展的一种给予全体学生充分的帮助和支持的教育。英国全纳教育专家布思（Booth）教授认为，全纳教育是要加强学生参与的一种过程，是要促进学生参与就近学校的文化、课程和社区的活动并减少学生被排斥的过程。(王辉 等，2004) 布思教授对全纳教育的解释得到了全世界的广泛认同，这一定义赋予全纳教育更为广泛的含义。全纳教育要解决的问题不是"一体化"和隔离的问题，而是教育机会的平等、教育的民主化问题。

2005年，联合国教科文组织把融合教育界定为：通过提高学习、文化和社区的参与度，减少教育系统内外的排斥度，对所有学习者的多样化需要进行了解和反应的过程。它需要对教育内容、方式、结构和策略进行改变和调整。它创设一个共同愿景，即为所有适龄儿童提供教育。它秉持一个信念，即社会有责任为所有儿童提供教育。(UNESCO，2005)

到了2008年，联合国教科文组织又进一步拓展了这一概念，认为融合教育是一个普遍性的指导原则，使得教育能够更好地为所有人的可持续性发展、终身学习提供服务，能够为不同社会阶层的人提供平等的学习机会（UNESCO，2008）。

由上可见，《萨拉曼卡宣言》、联合国教科文组织以及布思教授等提到的融合教育的对象都是指所有儿童，尤其是处境不利的儿童，包括生理残疾以及因社会处境不利造成发展落后的儿童。当前在我国，主要是特殊教育工作者在推动融合教育，他们更多关注残疾儿童接受融合教育，在融合教育中对残疾儿童提供支持和保障，评价融合教育的质量也往着眼于残疾儿童学习和发展的水平，这种融合教育，应当说还只是狭义上的融合教育。我们更应该看到，融合教育的主体应是普通学校，而站在普通学校的角度，他们在融合教育中又不可能只关注残疾儿童的学习和发展水平，而是会关注全体学生的教育质量。当前，普通学校执行就近入学的招生政策，对辖区内任何儿童不能拒收，实际上已经体现了融合教育的初步要求。融合教育也已成为当前我国普通教育改革的方向，下一步还应在教育过程中体现教育公平和平等，满足每个学生，包括残疾学生学习和发展的需要。在此背景下，普通教育工作者往往也更能从广义上理解融合教育。当然，广义和狭义的融合教育概念的基本内涵都是一致的，即指在多元社会中让人有归属、能参与、可发挥自己所有的潜能。融合教育是一个消除学习和参与活动障碍的过程。

三、融合教育的主要特征

从以上融合教育的定义可见，融合教育有以下主要特征或要求。

1. 教育对象

融合教育对象是全体儿童。这不仅包括正常儿童，还包括残疾儿童；融合教育不仅关注残疾的儿童，也要关注那些被认为是"有特殊教育需要"的儿童；不仅关注成绩好的学生，而且要关注处境不利或成绩较差的学生。

2. 教育目的

融合教育不只是一种让所有儿童在一起学习的教育形式，更是减少社会隔阂、减少社会歧视的渐进过程。融合教育的目的是让所有学习者在机会均等的环境中接受教育，最大限度地发展自己的潜能。

3. 教育理念

融合教育能够更好地为所有人的可持续发展、终身学习提供服务，能够为不同社会阶层的人提供平等的学习机会。融合教育倡导教育公平的理念，强调教育机会均等，倡导以人为本的教育理念，尊重学生在学习中的主体地位。有特殊教育需要者必须有机会进入普通学校，这些学校应该将他吸收在能满足其需要的、以儿童为中心的教育活动中。将儿童之间的差异视作支持游戏、学习和参与的资源，而不是将其视为要解决的问题。（Booth et al.，2006）；融合教育反对歧视、创造欢迎残疾人的社区、建立融合社会。现在我国政府大力推进教育公平，学校的教育资源相对均衡，教育集团化，学生在入学机会均等方面已有很大改善。但在教育过程机会均等、成功机会均等方面，仍有许多儿童被排斥在主流社会之外，还没有能参与到学校的学习和生活中去。

4. 课程与教学内容

每个儿童都有独一无二的个人特点、兴趣、能力和学习需要；教育机制的设计和教育方案的实施应充分考虑到这些特点与需要的广泛差异。《萨拉曼卡宣言》中的这段话表明，大部分残疾学生应该和非残疾学生一样，学习同样的课程，确保核心素养的达成。教师应该做教学调整，考虑如何帮助这些学生的学习并对其进行恰当的评价，帮助残疾学生获得成功。对一些有明显智力残疾学生而言，教学融合意味着，虽然根据标准化的普通课程进行授课，但可以适当调整他们的教学目标。(Friend et al., 2012)。融合教育中，考虑到学生的实际情况，教师对课程及内容的设计应有一定的弹性和选择性，而考虑到儿童的各种不同需要，课程内容呈现方式也可以不完全一样。另外，考虑到学生的不同兴趣与潜能，也需要学校开设选修课程、活动课程、模块课程及必要的职业课程。

5. 教学方式、方法

联合国儿童基金会的相关研究报告表明，融合教育不仅关涉教育投入，比如教育机会和资源的获取；也不仅关涉过程，比如教师培训；它还关涉潜藏于现象之下的价值观和信念的转变，关涉非常具体的教育途径、教育态度以及解决策略。面对各种有不同需求的学生，必须提供与每一个学生需求相适应的多样化的教育。在教育基本目标的框架中，多样化教育可以根据不同的对象，设计出可供选择的多种教学方案，教师也可以运用不同的教学方法，组织好教学策略，以适应学生的不同需求。关注学生的个性特征，关注学生的学习兴趣、动机和不同的学习方式，发挥个人的积极主动性和优势特征，使每个学生的个性都能在与社会相适应的位置上得到充分的发展。加强教师合作、师生合作、学生合作。重点关注儿童的游戏、学习和参与过程，减少学生被排斥现象。残疾学生应该获得基于他们的能力的教学服务，而不是获得基于他们残疾特点的教学服务。

6. 条件、环境

融合教育强调，所有学生参与就近学校的文化、课程和社区的活动，这就要求重建当地人们所处环境的文化、政策以及实践，从而能够对孩子的多样化需求进行回应；充分利用教育资源，搞好同社区、家长和社会人士的沟通，保障教学质量。

当然，还要特别改变教室物理环境、学校文化环境，不管学生的生理或心理是否存在差异，都要保证全体学生在一起学习和活动。要为所有学习者提供适合其需求的教育，根据不同学习者的需求提供相应的学习生活条件如资料、学习媒体、电脑等。

第二节 融合教育的价值取向及对普通教育的挑战

融合教育的核心是全体学生的参与和减少排斥,并让每个学生得到充分的帮助和支持。

一、融合教育要为每个学生提供适合的教育

融合教育发端于特殊教育,它强调不论具有什么特殊需要的儿童都应就近入学,融合到普通儿童中,而不应被安置在具有隔离性质的特殊学校。但融合教育的真正含义又远远超出特殊教育的范畴,涉及普通教育的全面改革。

融合教育是以公平和平等作为伦理哲学基础的。融合教育价值取向从社会方面来说,是推进教育的民主化,强调人人享有均等的教育机会,不被排斥。这个"均等"不仅指入学机会均等,而且还包括学习过程机会的均等,成功机会的均等;不仅指形式上的均等,而且还指实质上的机会均等,即每个人的不同学习和发展的需要都得到满足,得到"充分的帮助和支持"。融合教育价值取向的另一面是促进学生的全面发展,要求"全体学生的参与"。这种参与是学生自主积极地参与,是学生从自己发展的需要和社会需要出发,有选择地参与,是有效地参与到合作的群体中,相互理解和尊重,优势互补,进行实质性的合作。这体现了融合教育以人的发展为本。

融合教育不同于现行教育实践中普遍存在的过于追求知识客观化或外在化的工具主义价值取向,而是以学生全面的、最大限度地发展为价值取向。其目标是

让所有受教育者将来能在主流社会中享有同样的权利、尊严、机遇、平等。"培养学生成为社会的正式成员来面对未来生活",要求教育满足学生的不同学习需要,为每个学生提供适合的教育。

二、融合教育要求普通教育在体制、课程和教学方面进行改革

融合教育的价值追求不但要求改革目前的教育体制,还要求改革普通教育的课程和教学方式、方法等,加快教育的平等和教育的多样化,改变"发现和选拔适合教育的儿童"为"创造适合每一个儿童的教育"。

融合教育涉及教育体制、课程、教法及师资、教育资源等许多问题。在我国,融合教育基本上还停留在理念层面、宣传层面。要使融合教育真正走向实践,体制、课程、教学等多个层面都还需要改革。

从体制角度看,我国的教育结构比较单一,学制僵硬,缺少弹性,各类学校之间不够衔接,缺少开放和流通,各地、各校教育资源不够均衡,就近入学带来的学习条件和资源并不被认为是平等的;从课程的角度看,以前学生没有机会选择课程及内容。在当今课程改革中,这种情况虽有所好转,但不同的学生该学什么性质的知识,对学生有什么不同的标准,怎样满足后进生对课程的需要,这些问题仍有待进一步解决。学习同样的课程被认为是一种公平。其实由于学生对课程内容的理解、掌握、应用程度不同,教师对课程内容的把握和施教不同,学生在课程与教学中获得的实际发展机会和发展程度也是有区别的;从教学看,"大一统"教学,以知识为中心、教师为中心的教学依然普遍存在。就全国范围来看,现在一定程度上还依然存在农村学生受排斥、弱势群体被排斥、后进生被排斥的现象。

三、班集体的"大一统"教学不能适应融合教育的要求

"大一统"教学是传统的以知识为中心的教学,忽视了学生的不同学习需要。我国普通教育长期存在的"大一统"教学是以知识为中心、教师为中心的教学。这种教学以教学大纲、考纲为要求,忽视学生的差异,是选拔学生适合教育。教

育追求的价值不是考试分数和升学率，而是每个学生的最大限度的发展，是全体学生都接受有效的高质量的教育，是真正意义上的教育机会均等。融合教育既强调学校要容纳有不同需要的、有差异的学生，又强调给全体学生提供平等的参与机会，让他们接受有效的教育。这就必然要求在教学中处理好共性与个性的关系，在集体活动中让每个人得到很好的发展。教学决不能再无视学生的差异存在。很难想象，普通学校接收了有各种不同需要的儿童，当学生差异变大时，普通教育仍然采用统一要求、统一教学活动、统一考核，还能让每个学生都有很好的发展。事实上，如果这样，那些原本困难的、残疾的弱势群体是不可能有效参与到学习活动中，也不可能得到很好的发展的，他们只是在形式上享受了平等权利。

只有照顾学生差异的教育，才是"面向全体"的教育。我国教育改革越来越要求我们的教育要面向全体学生，这与融合教育强调"要加强学生的参与，减少学生的被排斥"是一致的。这是在追求教育的平等，体现了我国社会主义教育的价值。教育平等包含两层意思，一是每个人具有相等的机会，接受最基本的教育；二是每个人都具有相等的机会接受符合其能力发展的教育。而每个人的能力是不一样的，这样的教育必然是差异教育。真正的教育平等不是对人人同样要求，人人享有同样的学习条件和待遇，而应是尊重差异，建立在平等基础上的区别对待，最大限度地满足每个人学习和发展的需要。从这种意义上说，"面向全体"和"照顾差异"是同义语。正像哲学家亚里士多德所说，给同样的人不同的待遇，和给不同的人同样的待遇都是不公平的。针对学生的差异、学生的不同需要，为了给学生均等的教育机会，应提供多样化的教育。多样化的教育教学不是为多样化而多样化，而是应对学生不同情况的多样化。没有差异的教学是不能适应每个学生的不同情况的，是很难保证每个学生积极有效地参与到学习活动中来的。

第三节　随班就读相当于融合教育的初级阶段

随班就读是指特殊儿童在普通教育机构中和普通儿童一起接受教育的一种教育形式。

一、我国随班就读的产生与发展

随班就读的形式在我国早就存在，但是"随班就读"一词的正式提出最早见于 1988 年公布的《中国残疾人事业五年工作纲要（1988~1992）》中的第 42 条："坚持多种形式办学。办好现有的盲、聋和弱智学校，新建一批特教学校。同时，采取有力措施，积极推动普通学校和幼儿园附设特教班，及普通班中吸收肢残、轻度弱智、弱视和重听（含经过听力语言训练达三级康复标准的聋童）等残疾儿童随班就读。"

如果残疾儿童不是在普通学校的普通班接受教育，不能称之为随班就读。但是，如果残疾儿童在普通教育机构里，却没有得到他们需要的特殊教育，那么也只能看作肢体性随班或社会性随班。所谓肢体性随班就是残疾学生只是身体在普通班级里，却并未得到他们需要的教育；社会性随班是指残疾学生和普通学生能一起活动，相互接纳和交往。虽然社会性随班的效果好于肢体性随班，但由于没有给残疾儿童提供适合他们的需要的教育，也并未真正做到"就读"。对随班就读的学生除了按普通教育的基本要求教育外，还要针对随班就读学生（以下简称随读生）的特殊需要，提供有针对性的特殊教育和服务。教师应对随读生进行必要的康复和补偿训练，努力使他们和其他正常学生一样，学会做人，学会求知，学会创造，学会合作，学会健体，学会审美，使他们在德、智、体、美、劳诸方面得到发展，潜能得到开发，为他们今后自立、平等地参与社会生活，成为有理想、有道德、有文化、有纪律的社会主义事业的建设者和接班人打好坚实基础。

残疾儿童随班就读为什么在我国能迅速普及？这和我国特殊教育的迅速发展是分不开的。新中国成立后，特殊教育有了一定的发展。据统计，1987年，全国盲、聋和弱智儿童学校已从新中国成立前的42所发展到504所，在校学生从新中国成立前的2000余人发展到52000多人，教职工则发展到14000多人。尽管如此，我国特殊教育仍严重滞后于社会、经济和教育的发展水平。1988年以来，国务院相继批转了原国家教委等部门拟定的《中国残疾人事业五年工作纲要（1988~1992）》《关于发展特殊教育的若干意见》。为了进一步加快特殊教育的发展，1988年，教育部门根据我国特殊教育的发展方针和多年教育实践发展的经验提出：坚持多种形式办学，逐步形成以一定数量的特殊教育学校为骨干、以大量的特殊班和随班就读为主体残疾儿童少年教育的新格局。我国的特殊教育发展为什么要以随班就读为主体？总的来讲，这是由以下三个方面决定的。

1. 随班就读投资少、见效快，有利于普及残疾儿童义务教育

20世纪80年代后期，我国虽然已在人口覆盖超过90%的地区普及了初等义务教育，但残疾儿童入学率同正常儿童相比仍有较大差距，在边远的、经济不发达的农村地区，残疾儿童的入学率甚至低于40%，巩固率也低。残疾儿童接受教育的问题已成为我国普及九年义务教育的难点，如果通过建立特殊学校来解决残疾儿童就读的问题，需要一笔相当可观的费用，这是短期内难以做到的。而我国的普通中小学校分布全国各地，如果每个普通班都接受1—2名残疾儿童，依靠这些学校的良好基础，可以迅速大面积地提高残疾儿童的入学率，提高教育的质量，促进残疾儿童义务教育的普及。

2. 随班就读方便残疾儿童就近入学，深受家长欢迎

有些残疾儿童，如肢残儿童、盲童等，因为自身的残疾，行动不便，特别是在交通条件比较差的边远贫困山区，他们上学更是困难重重。随班就读这种形式有利于他们就近入学，给他们带来方便，同时也减少了他们住校食宿及交通的费用，节省了家庭经济的开支。因此，随班就读这种形式特别受到贫困地区家长的欢迎。有些智力残疾儿童的家长担心孩子进入特殊学校，客观上被贴了"标签"，影响孩子身心健康的发展,也不利于孩子将来择业就业,因此也希望残疾子女随班就读。

3. 随班就读有利于残疾儿童和正常儿童的一体化,实现教育融合

残疾儿童随班就读,能为他们提供最少受限制的社会环境,他们能和同龄的正常儿童一起学习、一起生活,对促进他们和正常学生一体化,实现教育融合,提高他们的社会适应能力很有好处。实现教育的融合,也是当今特殊教育的发展趋势。只要有可能,所有儿童就应该一起学习,但学校必须了解学生的不同需要,并通过灵活的课程、组织安排、教学策略、资源利用等来满足学生不同的学习需要,让每个学生都受到高质量的教育。目前,我国的随班就读还没有达到这样的水平,还有待进一步发展。

正因为随班就读有上述的一些优点,目前随班就读在我国已成为残疾儿童接受教育的一种主要形式。

1989年,国家教委委托北京、河北、江苏、黑龙江、山西、山东和辽宁、浙江等省市分别进行视力和智力残疾儿童少年随班就读试验。1992年,国家教委又委托北京、江苏、黑龙江和湖北等省市进行听力语言残疾儿童少年随班就读试验。自1990年起,国家教委先后五次召开了全国或部分省市随班就读工作的现场会、研讨会。1994年7月,国家教委印发了《关于开展残疾儿童少年随班就读工作的试行办法》,这份文件成为全国各地学校开展随班就读工作的遵循和依据。1996年,国家教委又联合中国残疾人联合会颁布了《残疾儿童少年义务教育"九五"实施方案》,进一步推动了随班就读的发展。

随班就读工作是我国特殊教育发展的主体形式。全国现在60%左右的适龄残疾儿童,不是在特殊学校就读,而是在普通学校随班就读。国内学者一般都承认,我国自20世纪80年代以来实行的随班就读是在西方一体化或回归主流的教育思想影响下,由我国特殊教育工作者根据我国国情探索出的对特殊学生实施特殊教育的一种形式。中国的随班就读与欧洲的融合、美国的回归主流在教育安置形式等方面有相同之处,体现了特殊教育的一些共同规律。但又因各国教育哲学思想、教育制度和体系等方面的差异而有所不同。(朴永馨,2004)

二、随班就读相当于融合教育的初级阶段

我国现阶段的特殊教育与普通教育的发展状况、融合程度,距离国际社会倡导的融合教育所应达到的实质水平还有很大一段距离。事实上,现在我国并未发展到真正的教育融合时期;我们现在还是在注重一种形式,我们所做的是在改变特殊需要人群被隔离的状况;许多地区在实践的时候即使能把焦点集中到儿童身上,也只是强调一部分特殊儿童,并不是所有的儿童。

融合教育不仅仅要求对特殊教育教学变革,更要求对整个教育体系进行观念与实践的重建。《萨拉曼卡宣言》指出,实施此种融合方针的普通学校,是反对歧视、创造欢迎残疾人的社区、建立融合社会和实现人人受教育的最有效途径。由此可见,融合教育的最终目的是让所有受教育者(普通的或是有特殊需要的)离开学校之后,能够在社会中享有同样的权利、尊严、机遇,平等且正常地生存与发展。人们(成人)是在一个由不同种族、信仰、不同能力(包括有不同程度残疾)的人融合的环境中生活与工作的。因此,儿童都应当在一个与他们今后工作相似的环境中学习和成长。其主旨不只是为了让特殊需要儿童拥有更正常化、更主流化的生存空间,也是为了让普通的儿童知道并关心周围一些特殊的群体,了解社会的复杂性。让特殊需要儿童学会与正常儿童交流、竞争、合作、共存,这种作用是互动的。在融合教育的培养下,所有的儿童都成为普通儿童,他们从一开始就接受共同的教育,在共同的环境里生活和学习,今后所组成的社会也将更趋于平等、民主、和谐。

融合教育就是促进学生参与就近学校的文化、课程、社区活动和减少学生被排斥的过程,这个过程是面向所有接受教育的儿童的,而在有特殊需要的儿童身上,这种过程会更加显著。因此,加强所有儿童参与到普通教育与社会生活中,锻炼其对主流社会的适应能力,并不是取消特殊学校,去掉"标签"就能够达到的。解决这个核心问题要对整个普通教育及其理念进行全面改革,也是让全体社会成员对自身和他人进行一次再认识的过程。学生们不仅拥有接受这种教育的权利,还拥有选择接受何种教育的权利,即他们有权选择最适合于本人需要的学习环境;学校不仅要把学生都接收进来,更重要的是,学校要提供一个机会,使学

生有机会走入适应他们需要的学习、成长的环境，这就需要对传统教育展开全面的变革。

融合学校教育必然要涉及且要利用整个社会的良好意愿与资源，也必然要得到社会的重视，社会是受教育者最终的归属，最终是社会来进行全纳。因此，社会就有道义和责任支持融合学校，尊重差异并弘扬多样性与民主、平等。政策、法律法规、总体发展战略的计划则要由政府来承担，以确保有效的支持系统。各方的支持都将通过政府的指导和安排实现条文化、规范化、系统化，从而加快融合学校教育的进程。这种全方位的支持不但是资源上的，更有精神上的、文化上的，同时，这种支持不仅是对特殊需要儿童进行一种强烈的关怀，而是使所有的儿童都正常化。

随班就读是特殊儿童在普通教育机构中和普通儿童一起接受教育的一种特殊教育形式。相比较而言，我们可以把随班就读看作特殊儿童在普通学校教室的部分或全部学习时间的安置，而融合教育则是把特殊儿童的全部时间都安排在了普通学校教室里。随班就读可以看作融合教育或者说全纳教育的初级阶段。融合教育表面上看就是将特殊教育和普通教育进行融合，即无论什么样的儿童，普通学校都要将其接收进来。但是，融合教育的本质其实是要为各种类型的、不同特点的学生提供适合的教育。仅仅是把特殊儿童接收进来，但不能为其提供适合的教育教学，这不是融合教育。《国家中长期教育改革和发展规划纲要（2010—2020年）》中提出，关注每个学生，为每个学生提供适合的教育。这其实就是融合教育的目标，不过，我国教育的现状与实现这一目标还有相当的距离。

我们说随班就读是融合教育的初级阶段，是因为随班就读虽然已经做到将特殊儿童和普通儿童融合在一起，让不同学生一起接受教育，但是还没有达到能够为不同学生提供完全适合其特点的教育的目标，也即还没有达到融合教育的目标。在随班就读中，虽然我们比较多地关注了随班就读儿童的特殊教育需要，但是还未能平等地对待每个儿童，还不能满足每个儿童的不同教育需要。融合教育并不是只关注随班就读学生，它要关注每一个学生，而当它关注到每一个学生的时候，客观上也就关注到了随班就读的学生。随班就读强调调整学校的物理环境，以促进残疾学生能够逐步参加学校的各项活动。融合教育则是一种重组学校资源、改善教学策略以适应学生多样学习需要的教育。各个国家需要根据本国的国情探索适合自己的融合教育模式。我国因地制宜探索出随班就读的发展模式，这不仅没有违背融合教育思想，相反还丰富了融合教育的理论与实践，并为其他情况类似的发展中国家提供了可借鉴的经验。（邓猛 等，2003）[3-5]

第四节　我国随班就读教学模式的演进

前文提到，随班就读是我国融合教育发展的初级阶段。同时，我们也看到，目前我国随班就读的整体教学质量并不高。如何提高随班就读的质量已成为广大教育工作者亟待解决的问题。为了提高随班就读的质量，特殊教育工作者往往更多关注资源教室建设，加强支持保障，对随班就读学生提供个别化的教育和训练，这无疑是十分必要的。但随班就读学生大部分时间是在普通班就读，如果普通班的教学理念、教学模式不能适合随班就读学生学习，那么仅靠课外的辅导训练也是难以奏效的。可见，随班就读的教学质量，既和师资水平、环境与管理、班额大小、随班就读支持系统等有关，也和随班就读教学指导的理念、教学模式有关。（华国栋，2003）所谓教学模式，是指在一定教学理论指导下的一组相对稳定的教学策略、方法的总称。本节论及的教学模式是专指随班就读的普通班教学模式。回顾我国随班就读的发展历史，不难看出，我国随班就读发展中也一直伴随着教学模式的变革。

一、我国随班就读教学模式的演进历程

20世纪80年代后期，为了提高残疾儿童义务教育的入学率，我国政府倡导开展随班就读试验，北京、天津、江苏、黑龙江、山东等地区先后积极开展了随班就读试验，在随班就读实践中也总结了一些随班就读的教学模式。如许多地区提出了"集体教学为主，个别教学为辅"的模式，这与班集体教学中传统的"大一统、一刀切"的教学模式相比，无疑是前进了一大步。对该模式，有的教

师理解为，要处理好"随"与"被随"的关系，首先要保证全班普通学生的教学，其次兼顾随班就读学生的个别教学；另一种理解是，集体教学不能完全适合随班就读学生的需要，要辅之以个别帮助。在操作层面，往往教师先面对全班教学，当全班学生自主活动或作业时，教师对随班就读学生再进行个别指导。该模式的问题是将对普通生的教学与对随班就读学生的教学分开，班集体教学与个别教学对立。如果在大部分时间的班集体教学中没有考虑随班就读学生的特殊教育需要，随班就读学生未能很好地参与，那么仅靠有限时间的个别教学是不能达到理想效果的。有的教师主张，要处理好随与被随的关系，普通学生是主体，随班就读学生是"被随"的，也就是说在照顾好全班学生的同时，有时间、有精力再来照顾随班就读学生。这对随班就读学生也是不公平的。21世纪以来，有的地区和学校在原有"集体教学为主，个别教学为辅"的模式基础上，构建了"集体教学+个别辅导+特殊干预"的教学模式（蒋惠珍，2007）。这种教学模式，一方面以教师为主导调整教学；另一方面以学生为主体适应教学。教师在遵循差异的基础上，尽量让所有的学生参加同样的课程与教学活动，只有在必要的时候，才会改变课程内容与教学方法。其实，教师为了尽量让所有的学生参加同样的课程与教学活动，就必须针对教学中众多失衡问题进行协调。其一，要提高残疾儿童的接受能力，增强其对教学内容的理解；其二，要发展残疾儿童的学习能力，提高其学习行为的有效性。以集体教学为主的同时，必须有个别辅导加以补充。其一，通过个别辅导，实施差异教学，让每个学生（包括残疾儿童）在原来的基础上、不同起点上获得最优化发展；其二，通过个别辅导，对教与学行为查漏补缺，改善教学系统中诸方面的失衡问题。

20世纪90年代初，借鉴国际上合作学习的经验，许多地方和学校在随班就读教学中开展了伙伴助学与合作学习。这一时期，陈云英、华国栋撰文《合作学习与随班就读教学改革》，对合作学习的理论基础、合作学习的操作环节，以及如何让残疾学生融进合作小组进行了阐述。通过合作将学生差异的消极因素转变为积极因素，满足学生心理需要，促进学生情感发展和社交能力的提高。在合作学习中，随班就读学生也能得到更多的帮助和支持。（陈云英 等，1995）但是，合作学习和"集体教学为主，个别教学为辅"模式一样，主要是从教学组织形式上考虑如何在教学中照顾到随班就读学生，满足他们的特殊需要。但如果没有在教学目标、教学内容、教学方法等方面有照顾差异的相应策略,那么仅靠合作学习想要提高随班就读学生的学习质量也是难以奏效的。特别当学生认知差距过大时,有时学生会缺少共同语言,则难以合作。而长期单一的异质合作学习形式,又会使学优生缺少挑战。

北京市昌平区等地的教师在开展智障儿童随班就读实验中,鉴于智障儿童智力水平、认知水平较低,不能按普通教学对其进行要求,便在随班就读教学中实施分层教学,其中,随班就读学生是一个层次,普通班学生分为另外两三个层次。他们围绕分层教学,对教材使用、教学结构、课堂提问、习题设计进行大胆改革,在智障儿童随班就读试验中取得了较好效果。但是,分层教学也有不足:一方面,它有"标签效应",而且这种分层是教师人为划分的,有时并不完全符合学生实际。实施中还要防止固化差异、迁就随班就读学生的低水平做法。另一方面,学生的差异是多样的。如学习方式不一样,学习习惯不一样,学习风格不一样,学习兴趣不一样等。这些方面的差异不都是层次差异,用分层教学不好解释。视障、听障等其他随班就读学生如果智力正常,一般并不需要降低认知层次,否则就会影响他们的发展,而应提供能满足他们感官需要的特殊学习方式,如有的视障学生需要大字课本、放大镜、望远镜,听障学生需要以目代耳等。

有的地区借鉴复式教学的模式,采取"同步和异步相结合"的教学模式,在提问和板演时兼顾几个层次,分步进行教学,既充分发挥了普通儿童学习的示范作用,又能在同步教学中让智障生体会到成功喜悦。(陈云英,1993)这本质上也是分层、异步教学。对于真正意义上的复式教学,特别是跨年级的复式教学,若不是在不得已的情况下,尽量不要采用,因为这不仅加重了教师的负担,而且由于随班就读学生和普通学生学习的内容、进度差别很大,很难实现真正意义上的融合,合作学习也难以开展。

我国香港等地区在随班就读教学中开展协作教学,在随班就读的课堂上除了主讲教师还有辅助教师,他们或和主讲教师共同完成教学,或坐在随班就读学生旁边随时进行个别帮助。这种模式要求,辅助教师要与主讲教师配合默契,不能喧宾夺主,另外要求有宽裕的教师编制,目前这在我国多数地区难以实现。我国苏州常熟地区在开展随班就读工作中,有的学校也采用协作教学,他们让年轻教师或高校的实习学生在随班就读班担当辅助教师,一方面直接帮助随班就读学生学习，另外他们自己也观摩学习主讲老教师的教学，促进自身的提高。一举两得，也解决了教师编制的困扰。

前面提及的教学模式，都是针对随班就读教育对象的差异增大而导致其与集体教学间存在不协调问题，从而对传统班集体教学进行的改进。这些分别是从教学组织形式、教学目标、教学速度等方面进行的改革，也取得了一定成效。但是，为了在班集体教学中有效照顾差异，仅从一两个维度改革似嫌不够，要采用整体的教学策略。20世纪90年代中期，随班就读班级数学教学模式的实验、"六方十八性"整体教学模式实验，就试图分别从教学目标、教学内容、教学方法、教学组织形式、教学评价等六个维度进行整体改革，每个维度针对随班就读的教学特点，提出一些特性要求，如教学目标的差异性、全面性、挑战性，教学方法的多样性、启发性、补偿性，教学组织形式的合作性、灵活性等，倡导者在随班就读教学中进行两轮的实验，也取得了很好的效果。（华国栋，1995）

进入21世纪后，人们对"残疾"概念的认识不断提高和更新，对残障儿童的教育更加强调个体与环境因素的相互作用。教育工作者更加强调教学中对残疾学生的支持帮助，如开展支架式教学等，这些也是适合随班就读的教学方法策略（可以被视为早期的融合教育），但其本质主要还是从特殊教育角度对残疾儿童个体提出的策略方法。

通过上述梳理，我国各类随班就读教学模式的特点与不足情况大致如表1-1所示。

表1-1 我国各类随班就读教学模式的特点及不足

特点 不足 \ 名称	集体教学为主，个别教学为辅	合作学习	分层教学	同步、异步教学	协作教学	"六方十八性"教学	支架式教学
特点	从教学组织形式入手对"大一统"教学改进。	异质合作，形成共同体。	主要针对认知差异的教学变革。	主要针对学习速度差异的变革。	课上多个教师协作照顾学生差异。	围绕教学要素结合随读特点的整体变革。	给随班就读学生提供帮助支持。
不足	集体教学与个别教学对立。	差距过大难合作，优生缺少挑战。	标签效应，可能固化差距。	教师负担重，学生难以合作融合。	教师编制难解决。	对教师要求高，需培训教师。	课堂内容等未整体变革，差距过大难奏效。

二、我国随班就读班级教学模式发展的趋势

由上可见,从20世纪80年代中后期直至21世纪初,我国随班就读教学模式不断变革和发展,其演进呈现了以下的趋势。

一是从关注课堂教学的一个维度到关注教学的多个维度,照顾差异的有效性更高了。这也隐含了一个生态学观点,即学生的困难不是他自己造成的,而是我们设计的课程与教学乃至环境不能适应全体学生需要,因此要全方位进行调整。

二是从关注随班就读学生的低级需要如生活的需要、交往的需要,发展到关注他们的各方面需要,特别是学习和发展的需要,包括高级情感需要。

三是从关注随班就读学生当前学习需要,发展到关注他们未来发展的需要,开发潜能的需要。

四是从关注随班就读学生的个体特殊需要,上升到融合教育高度,关注每个学生的需要。

不同的教学模式有各自的优点和不足,也有不同的运用条件和范围,但无论什么模式,都应有效适应并利用学生差异,促进全体学生学会学习,提高学习能力。而且,随着教学内容、教学对象的不同,教学模式应产生种种变式。

上述随班就读教学模式的演进历程与发展趋势充分说明,随班就读作为融合教育的初级阶段,还需要在新的、更为综合全面的教学模式指导下,走向深度发展,并逐步趋向融合教育的高级阶段。

第五节　融合教育需要差异教学

进入 21 世纪以来，我国的融合教育有了迅速的发展。

一、现阶段我国融合教育的推进及成效

1. 政府重视，出台相关文件及政策

2014 年，刘延东副总理在全国特殊教育工作电视电话会议上强调，"公平"的核心任务是提高普及程度，"质量"的核心任务是提高融入程度。她提出，推进特殊教育改革发展要坚持"五个必须"，其中之一是必须牢固树立全纳教育理念，增强针对性和实效性，培养残疾学生融入社会和终身发展的能力。为了深入实施《国家中长期教育改革和发展规划纲要（2010—2020 年）》，加快推进特殊教育发展，大力提升特殊教育水平，切实保障残疾人受教育权利，国务院办公厅转发教育部、国家发展改革委、民政部、财政部、人力资源社会保障部、卫生计生委、中国残联制订《第二期特殊教育提升计划（2017—2020 年）》。这是继 2014 年《特殊教育提升计划（2014—2016 年）》后，颁布的第二次特殊教育提升计划。该计划的基本原则中强调坚持统筹推进，普特结合，坚持尊重差异，多元发展；总体目标中强调普通学校随班就读质量提高。在重点任务中强调提高特殊教育质量，明确指出实施差异教学，建立特殊教育质量监测制度。在继续推进特殊教育课程教学改革中又进一步强调推进差异教学和个别化教学。

2. 各地积极推进融合教育

进入 21 世纪以来，我国各地大力推进融合教育。如北京市出台了《关于进

一步加强九年义务教育阶段残疾儿童少年随班就读工作的意见》，2013年3月启动"中小学融合教育行动计划"，在1093所中小学、60个幼儿园和55个职业高中建立了随班就读教学点，市属高校对于达到录取标准的残疾学生做到"零拒绝"。

3. 建立资源教室（中心），给随班就读残疾儿童以支持帮助

如北京市2009年资源教室数为49个，2014年增加到283个；2009年资源教师数为53人，2014年增加到437人。甘肃等省一级的特殊教育提升计划中也要求"完善市州特殊教育指导中心和县区随班就读资源中心建设，重点在承担随班就读残疾学生较多的普通学校建立特殊教育资源教室"。

4. 随班就读师资培养培训有所加强

我国开设特殊教育课程的普通师范院校数不断增加，2009年以前只有40多个，2013年增加到150多个。随班就读师资培训、资源教师培训的次数与人次大幅增加。

二、我国随班就读（融合教育）的现状及问题分析

从教育部统计数据看，近年来，在普通学校随班就读的学龄残疾儿童人数呈逐年减少的趋势，从2009年的269163人减少到2013年的187534人，占接受特殊教育的学生比例也从2009年的63%下降到2014年的51%。一方面可能是因为这几年特殊学校数增加（从2009年的1672所增加到2013年的2013所，特殊学校就读残疾学生数从2009年的158962人增加到2013年的177195人）；另一方面可能是残疾儿童进入普通学校就读后，"留得住、学得好"的问题并没有解决。具体分析这一问题，我们会得到如下一些基本结论。

1. 随班就读起点低，重视数量忽视了质量

总体来说，我国随班就读质量与西方发达国家相比仍然有很大的距离。西方国家融合教育是在隔离式教育发展到一定阶段，特殊儿童义务教育已得到实现的基础上逐渐发展起来的。其目的是使特殊儿童与普通儿童一样平等地在普通学校接受适合他们自己独特需要的教育，它追求的是特殊教育的高质量。而我国随班就读的出发点却是在特殊学校数量少、不能满足义务教育发展需要的基础上，以

行政手段较快地将大量未入学的特殊儿童招收进来，使他们有机会接受义务教育。20世纪80年代以来，一系列相关法律法规都明确规定发展特殊教育的方针是普及与提高相结合，同时强调以普及为重点。在具体的实践中，提高特殊儿童的入学率也就成为各地区追求的首要目标，检查与评估也主要集中在入学率的高低上。我们对于质量，即特殊儿童是否能够在普通教室里接受适当的教育，并没有很重视。我国随班就读与西方发达国家相比，从总体上来说还处于较低水平，人力、资源、相关服务等都不足，出现了"混读"的现象，对特殊儿童社会适应能力、生活技能等发展有所忽视，特别是对残障儿童自身的优势潜能开发不够，影响了他们的发展和社会适应水平的提高。经过三十余年的实践，我国随班就读已经发展到由追求数量向质量转化的时期，在今后的发展中，我们不仅应该努力将那些还没有进入学校的特殊儿童招收进来，而且要更加注意提高教育的质量，并注意吸取西方融合教育的经验与教训。

2. 重视了支持系统建设，但对融合教育的课程、教学重视不够

近年来，虽然我国政府大力加强了随班就读支持系统的建设，但对涉及融合教育质量的核心问题即课程、教学一直重视不够，没有创造适合每个儿童（包括随班就读学生）学习的教学。我们虽在融合教育中加强了资源教室的建设，强调为随班就读的学生提供支持帮助，但是随班就读的学生更多时间是在普通班学习普通课程。长期以来我国普通教育实行"大一统""一刀切"的教学，如果随班就读教师不善于针对随班就读学生特殊需要对普通教育课程、教材、教学方式方法等影响教学质量的核心要素做出调整和改进，并在教学中辩证地处理好共性与个性的关系，那么随班就读质量就难以保证。正如关文军博士在论文《融合教育学校残疾学生课堂参与的特点及教师提供的支持研究》中，针对残疾学生在融合课堂教学活动中的参与方式以"被动的有限参与"为主的现象所做的分析，提出教师在课程、教学策略及评价方式方面的调整较少且比较随机，受残疾学生的主动性和能力水平、教师融合教育素养、学校提供的支持资源、个人意愿和学校制度等多方面制约，多数教师并未能针对残疾学生的特殊教育需求设计教学内容和组织教学（关文军，2017）。可见，仅仅注重支持系统的建设，对促进融合教育的发展是远远不够的，更为重要的是不断提高教师在融合教育班级的教学能力，加强对融合教育课程、教学的整体设计。当然，在有条件的地区还应积极推进小班化教学，以使随班就读教师有更多精力去提高教学质量。

三、差异教学是融合教育的必然要求

为了切实解决我国长期存在的"大一统""一刀切"的教学不能很好照顾学生差异的问题，真正实现因材施教，20世纪90年代，在前期大量的研究与实践基础上，我们提出了差异教学的理论。对照我国随班就读（融合教育）发展中出现的问题，我们认为，实施差异教学也能有效提高随班就读的质量，差异教学是融合教育的必然要求，原因如下。

1. 差异教学与融合教育有共同的价值追求

如前所说，融合教育是以公平和平等作为伦理哲学基础的。融合教育价值取向从社会方面来说，是推进教育的民主化，强调人人享有均等的教育机会，不被排斥。这个均等不仅指入学机会均等，而且还包括学习过程机会的均等、成功机会的均等；不仅指形式上的均等，而且还指实质上的机会均等，即每个人的不同学习和发展的需要都得到满足，得到充分的帮助和支持。其价值取向的另一面是促进学生的全面发展，培养学生成为社会的正式成员来面对未来生活。因此，融合教育要求"全体学生的参与"。这种参与是学生自主积极地参与，是学生从自己发展的需要和社会需要出发，有选择地参与，是有效地参与到合作的群体中，相互理解和尊重，优势互补，进行实质性的合作。这体现了融合教育以人的发展为本的理念。

而差异教学就是要求在关注学生共性的同时也要照顾学生的个性差异，在教学中将共性与个性辩证地统一起来，使教学与每个学生的学习和发展最大限度地匹配。其追求的教育价值是和融合教育追求的民主平等、减少排斥、促进全体学生的参与和发展的教育理念完全一致的。差异教学在倡导教育公平，促进每个人的全面和谐发展中更显重要。因为，深层次意义上的教育公平是不同的学生在学习和发展上的需要都能得到满足，而每个人的情况是不一样的，每个人的和谐、最大限度的发展必然是千差万别的，这就需要实施差异教学。

2. 差异教学的特征体现了融合教育的要求

差异教学的特征主要表现在五个方面。

第一，差异教学以测查与评估为施教前提。测查是指通过测量和调查分析，全面了解学生在心理上的量的差异和质的差异，发现学生的优势和不足，了解他们在学习上的不同学习需要。差异测查可以预测学生不同的教育潜力、职业潜力、社交潜力，从而为他们制订特定的教育训练计划，促进他们的发展。评估是对学生的学业水平和学习情况进行考核与评价，它贯穿于整个教学过程的始终。评估以促进每个学生的发展为目标，注重对学生的全面考察，了解个体不同学习需要，为教师提供更多的教育信息。

第二，差异教学以建构系统的、多样化的教学策略为施教的途径。差异教学认为，有效照顾学生的差异，要从教学的整体上来构建教学策略体系，应分别从教学目标、教学内容、教学过程、教学方法、教学组织形式、教学评估等方面全方位地适应学生的差异性需要。比如：教学目标应具有差异性，考虑到不同层次学生的要求，且无论对于哪一层次学生，为他们设立的目标都应在他们的最近发展区内；教学内容应具有可选择性，适合不同学习兴趣、不同学习风格学生的需要；教学方法应灵活多样等。

第三，差异教学以开发每个学生的潜能，提高教学效率为目标。差异教学不是简单的对学习内容的增减，它不仅要使教学适应学生的差异，而且要为不同智能结构的学生提供多元发展机会，达到开发每个人潜能的目的。差异教学体现了以人为本的教学思想，强调要立足于学生的个性差异，采用多样的教学内容、教学过程和教学成果来满足学生不同的需要、学习风格或兴趣等，给每个学生提供适合他们自身的发展方式，促进他们最大限度的发展。通过多种策略使每个人的潜能都充分发挥出来，教师在教学中要面向全体学生，兼顾到不同学生的需要，争取在现有条件下，提高教学效率。

第四，差异教学以平等和谐的教学环境和多方合作为依托。学生的差异与周围环境密切相关。尊重学生的差异，促进学生的健康发展，需要营造一个民主和谐的教学环境。教学环境是教学活动所必需的各种客观条件和力量的综合，创造一个良好的环境促进学生的发展是教学活动取得高效率的前提条件。同时，合作也是差异教学中不可忽视的重要支持。在差异教学中强调的合作既包括学生之间的合作，也包括师生之间、学校与家长之间、学校与社区之间的合作。

第五，差异教学着眼于学生群体，将个别学习、小组学习和班集体学习结合起来,在班集体活动中发展学生的个性潜能。班集体合作学习有利于学生自尊、自重情感的产生,有利于实现教育教学的社会化功能,有利于学生自我意识的形成,在和其他同学的交往过程中逐步认识自己。因此,差异教学追求的是共性与个性的和谐统一。(王辉 等,2004)

不难看出,差异教学的特征体现了融合教育的要求。融合教育倡导的多样化教学不是无的放矢的多样化,而是针对学生差异的不同需要的多样化,从这个意义上说,融合教育追求的教学模式就是差异教学。

3. 差异教学是对班集体教学的改革和发展

融合教育已突破特殊教育的藩篱,要求对教育展开全面的改革,而差异教学也正是围绕促进全体学生的发展,着眼于适应并利用学生的差异,对普通教育进行改革,并且这种改革是在普通班集体教育改革的经验模式基础上的进一步完善和发展。它既考虑了融合教育的前瞻要求,也和我国当前普通教育的改革特别是随班就读的教学实践改革紧密结合。

差异教学模式是围绕教学要素,从目标、内容、方法、评价等方面形成的一个整体性策略组合,该模式较好地处理了教学中共性与个性的关系,能够满足不同学生的学习和发展的需要。当然,差异教学的实施还应根据随读对象的不同和教学内容的不同而采用种种变式。

差异教学自问世起,就已从课堂教学模式拓展到整个教学领域,包括课程计划、课前准备、课外个性化的扬优补缺的辅导训练,家庭、学校、社区的合作等,这也和融合教育要求教育教学的全面变革是不谋而合的。面向全体学生的融合教育,如果要做到适合每个学生的学习需要且能促进他们的自主发展,就必然要求实施差异教学。

第二章
什么是差异教学

　　差异教学是指在班集体教学中，立足学生的个性差异，满足不同学生的学习需要，促进每个学生最大限度发展的教学。差异教学关注学生个体间差异，在教学中将共性和个性辩证地统一起来；差异教学关注个体内差异，扬优补缺，开发潜能；差异教学将学生的差异作为资源开发利用。差异教学追求集体中每一个成员的发展并倡导集体主义精神，在集体活动中发展每个学生积极健康的个性。差异教学思想观点继承并发展了我国因材施教的思想，差异教学通过15个策略有效照顾学生的差异，其中"测查学生的差异"是差异教学的前提，而"课堂上的差异教学策略"则是实施的重点。

第一节 差异教学的内涵及基本观点

教育要以学生为本,满足学生学习和发展的需要。然而,学生是千差万别的。20世纪90年代,针对我国长期以来教育"一刀切"的状况,针对学校教育暴露出的不利于促进每个学生的最大限度发展、不利于培养多种类型的优秀人才的弊病,我提出了"差异教学"的主张。

一、差异教学的意义

差异教学是指在班集体教学中,立足学生的个性差异,满足不同学生的学习需要,促进每个学生最大限度发展的教学。(华国栋,2001)差异教学就是要求教师在关注学生共性的同时也要照顾学生的个性差异,在教学中将共性与个性辩证地统一起来,使教学与每个学生的学习和发展最大限度地匹配。差异教学是适应并利用学生差异的教学。

从某种意义上来说,教育普及还不是真正的教育公平,只有通过提高教育质量,满足不同学生学习和发展的需要,才是教育公平应该追求的更重要的实质性教育目标。(史亚娟 等,2007)

融合教育是建立在公平伦理基础上的教育,关注每个人的发展。我国现阶段积极推进素质教育,强调面向全体学生,促进每个学生最大限度的发展,和融合教育的目标是一致的,但在教学实践层面该如何操作呢?差异教学从理念到策略方法提供了一个现实的模型。

差异教学也是实现优质教学的重要途径。从某种意义上说,优质教学是体现教学公正性、有效性的教学。因此，优质教学的重要标志是使所有学生学会学习，并使他们获得最大限度的发展。勃兰特（Brandt）提出了一系列高效学习的特征，下表列举了其中一些优质教学原则及在差异教学上的推论。（汤姆林森，2003）[27]

表2-1 优质教学实践与差异教学

优质教学实践满足以下条件，学习会达到最佳效果：	差异教学必须关注学生的差异，是因为：
1. 学习内容对个体具有意义。	1. 学生来自不同背景和拥有不同兴趣，不能保证同一个内容符合所有人的需要。
2. 学习内容处于学生的最近发展区，并且学生愿意迎接来自学习的挑战。	2. 学生的学习速度有快有慢，适合某些学生的教学可能对其他学生过难或过易。
3. 学习内容与学生的发展水平相适应。	3. 学生的学习水平存在抽象与具体之分，而学习方式偏好有独立学习与合作学习之分。
4. 学生按照自己的学习风格学习，有自由选择的机会和体验自主感。	4. 学生不可能以相同的方式来学习、不可能做同样的选择或拥有完全一致的学习特点。
5. 在已学知识的基础之上构建新知识。	5. 学生对同一知识的掌握程度不一，所以学生的知识结构会有所区别。
6. 提供社会交往的机会。	6. 学生会选择不同类型的合作伙伴和合作方式。
7. 获得有效反馈。	7. 反馈的方式因学生而异。
8. 学习和运用策略。	8. 每名学生必须学会新策略并以不同方式运用策略。
9. 营造积极的情感氛围。	9. 学生喜欢的课堂环境会有差别。
10. 课堂环境有助于实现学习目标。	10. 学生需要不同的帮助来达到集体的和个人的目标。

从上表中我们不难看到，如果我们也把促进每个学生的高效学习和发展作为优质教学的核心目标，那么，只有实施差异教学才能真正体现有差异的学生都有平等的发展机会，也才能真正促进每个人的最大限度的发展。

正式提出"差异教学"的理论主张后，我们开始了长期的实践研究和具体实验。初期，我选择了北京、天津一些城市和农村学校进行实验，接着，又在中国政府与联合国儿童基金会针对有特殊需要儿童的教育项目推动下，在我国西部多个地区进行试验和实践，直到目前，我们仍在北京、天津、辽宁、江苏、四川、河北、黑龙江、福建、上海、湖北、浙江、山东等地学校进行着差异教学的新一轮实验。总的来看，通过几十年的努力，差异教学的实验取得了一定成效。如北京市昌平区巩华中心小学轻度智障儿童随班就读实验，天津市东丽区实验小学（原为天津市东郊区崔家码头小学）听障儿童随班就读实验，四川省南充市仪陇县视障儿童随班就读实验等都取得了成功。差异教学的改革实验，不仅对特殊需要学生的发展提供了有效的帮助，对学校整体发展也产生了积极影响。如浙江师范大学附属杭州笕桥实验中学（原名杭州市机场路中学），该校的生源主要是进城务工人员的子女和当地农村地区的孩子，其中也有不少学困生与情绪行为有问题的学生。10 多年前，其教育质量在杭州市 80 多所中学中处于倒数水平，但是，经过 10 年的差异教学改革，该校质量在杭州地区进入第一梯队，现已成教育集团的龙头学校，其教学改革成果获得省市奖励。再如，辽宁省鞍山市宁远镇中心小学也是接收听障等残障儿童随读的农村小学，实施差异教学 10 年，成绩斐然，其教学质量、教师队伍建设水平均大幅提升，涌现出两位特教教师和小学正高级教师及大批骨干教师，校长作为优秀教师代表受到习近平主席和李克强总理接见。随着差异教学改革试验的逐步扩大，从事差异教学的学校自发地成立了差异教学合作联盟，现已覆盖全国近 20 个省市，还有许多教师自发地学习和实践差异教学，利用网络媒体登载了不少相关的学习心得和研究文章。有的教师"惊喜地发现了差异教学"，有的教师"在推进素质教育过程中对很多问题感到困惑，看了《差异教学论》一书后，许多问题迎刃而解……"

二、差异教学的主要观点

总结多年研究与实践的经验，我们认为，差异教学的一些主要观点和主张如下。

第一，在班集体教学中，不仅要关注学生的共性，而且要关注学生的个性差异，并且在教学中将共性和个性辩证地统一起来。从哲学角度看，人的个性并不脱离人的共性，个性系统中既包含着共同性，又包含着独特性，普遍就在特殊之中，同一就在差异之中。特殊儿童首先是儿童，他们和同龄的普通儿童有许多相同的地方，在学习目标、认知准备水平、学习方式等方面，都有共同之处。例如，对所有特殊儿童来说，都应该和其他学生一样热爱祖国，都应该具有集体主义精神，都应学会求知、学会健体、学会分享、学会创造等。这就是班集体教学的基础。传统隔离式的特殊教育缺少共性的（如目标等）参照，降低了特殊教育的质量。当然，学生也是有差异的，不仅特殊儿童与普通儿童有差异，普通儿童之间也有差异，这些差异可以表现在智能、兴趣、情感、学习方式、主体意识、学习准备等方面。这既给我们的教学带来了挑战，也是课堂生动的源泉。差异教学立足学生个体间差异，其所有策略都是从共性与个性辩证统一的角度出发的。教育社会学的互动原理指出，在一个教学群体中保持一定的差异，有利于学生之间的互动，而适当的互动是维系人际关系、促进交流和形成集体的重要因素。

第二，差异教学立足个体内差异，扬优补缺，开发潜能。差异教学关注个体内的差异，既注重学生的全面发展，打好全面的基础，从素质结构上体现个体内差异的合理性，又要了解他们差异的表现、性质和形成原因，看到差异的发展变化。有的学习缺陷是由于学习策略没有被激活，有的学生差异是因为没有充分发挥潜力造成，教育应针对学生差异，培养学生良好的品德习惯，根据学生进步情况，客观公正地给予评价，使学生的内因发挥作用，促进学生发展向优势方向转化，开发每个学生的潜能。传统的特殊教育重视了残疾儿童缺陷矫正补偿，而忽视了他们优势潜能的发挥，影响了他们的健康发展。德国著名教育家第斯多惠认为，每一个人都应当追求内在自我和谐培养，严格地讲，和谐培养在每一个人身上又表现出不同的程度，有些人表现出了自己的独创性，又有一些人表现出了另一种特长，所以说通过每个人的不同的自我表现便会产生千差万别。（第斯多惠，1990）差异教学主张多样化的学习方式、方法，调动学生多种感官学习，强调运用自己的优势开展学习。如有的学生通过逻辑推理学习概念，而有的学生特别是智障的学生则往往借助直观教具、学具学习；有的学生通过网络学习，有的学生如视障学生要借助电子放大器学习等。差异教学也关注培养学生学习的兴趣，来诱发学生潜意识，同时重视培养学生的意志力，开发潜能，帮助每个学生实现自我超越。

第三，差异教学满足学生自主学习的不同需要，促进学生有效学习。学生的学习虽然也存在一些共同的规律，但当每个学生真正自主学习时，必然是千姿百态、异彩纷呈的。从一定意义上说，差异是自主学习的本质特征之一，每个学生自主学习的意识、能力，以及需要的指导帮助也是不一样的。关注差异是深入自主学习的必然。差异教学是从个体的情况出发，引导学生学会学习，从而促进他们发展。教与学是一个师生互动、生生互动、自主建构和意义生成的开放性过程，随时都要接受外来的信息，通过真正自由的对话、交流和互动，追求一种主体间平等互换的情境，尊重教学双方的内部情感体验及价值。可以说，主体间动态因素的多向性差异互动是生成合作交往、集思广益、差异互补的教与学过程的重要途径。(程向阳 等，2006)[61]

差异教学以教材为基础，设计开放、可选择的学习内容，在教师的引导下，鼓励学生选择对自己有挑战性的学习内容，用适合自己的有效学习的方式、途径学习。残障学生在普通班学习过程中，其特殊需要往往也不同，对于智障儿童可能要适当降低一些认知要求，并且要给予直观材料等方面的支持，而对于视障、听障等儿童，则是要针对因残疾带来的不同学习方式的需要，给予支持帮助，过多降低教学目标要求反而会影响他们的发展。应不断加强师生、生生的互动、合作。教师通过15个差异教学策略的灵活运用，并注重师生间的相互作用，便能够有效促进学生的自主学习，从而更好地实现学生个性和社会性的发展。

第四，差异教学不是消极适应学生差异，而是将差异当成资源来开发，促进每个学生最大限度的发展。差异教学承认学生的差异，尊重差异，理解差异，但不是消极适应差异，而是对差异具体分析，促进差异向优势方向转化。不是将差异当成包袱，而是当成资源开发利用。从教育的目的性来看，差异教学追求以人为本的教育价值，培养适应社会又能获得自身充分发展的生态人。学生个体差异资源形成了教育生态系统的土壤环境，有利于多样化、个性化人才的养成。(程向阳 等，2006)[60]在一个教学群体内，差异作为一种资源，对于学生的发展和适应，尤其是情感、人际交往、自我认识的发展具有重要作用。如班级中有一位性格孤僻的学生，其他同学学会与其交往、交流的过程，本身就是一种社会适应性的训练环境与机会，是有利于个体与交往对象共同成长的社会化资源。

水尝无华，相荡乃生涟漪；石本无火，相击而发灵光。学生如果没有差异，合作也难有精彩。学生差异是生动的起源，而不应是简单地将其视为必须克服的消极因素或教学负担。由问题情境引发的教学冲突、质疑或充分暴露的错误，都可以视为多元差异思维的结果，并可当作一种难能可贵的材料。教师可以借机不断地追问，引导学生去探究、反思，进行发散性训练，从而打破习以为常的思维定式，灵活地驾驭课堂，驾驭知识。学生具有不同的家庭文化背景、成长经历和个性品质，这些反映到学习中，就会体现出各种各样的学习差异。因而，在学习环境中把学生个体差异作为一种教学生态资源，是教育生态系统发生、发展的基本条件，也是教育生态系统与社会生态系统进行物质、能量、信息交换的基本内容。（范国睿，2000）

差异教学以教育公平的伦理学为基础，从融合教育高度出发，随班就读学生和普通学生都是平等的个体，不存在"随"与"被随"的关系，都是教学的宝贵资源，我们追求每一个学生的提高，但就班集体来说，学生必然是有差异的发展。

第五，实施差异教学的前提是了解学生，实施差异教学的关键是正确理解和实施差异教学策略。为了满足学生的不同需要，教师首先要转变观念，给每个学生均等的学习机会，将学生的差异作为资源来开发，全方位地构建面向全体、照顾差异的教学策略方法体系。15个差异教学策略的实施，能全方位地照顾学生差异。实施差异教学的前提是对学生的全面客观的测查和了解，但这和个别化教学中对学生的测查与了解相比，也有不完全相同的地方。这种测查不是为了给学生分类、"贴标签"，不仅是了解学生的身心特点，而是进一步了解这些特点带来的学习和发展中的不同需要，既要了解他本人的特点，还要了解他和其他同学的差异。如对随读残疾学生而言，不仅要了解他的残疾情况，还要了解残疾给他带来的学习方式、特点的变化，以及在这些方面他与其他学生有什么不同；既要了解他的不足和他的优势，还应了解他和其他同学可以共同学习的知识内容等，从而为差异教学的设计提供基础。

学生的差异是多方面的，且是动态发展的。从教学的角度，我们更关注学生智能的差异、学习动机、兴趣的差异，学习风格、方式的差异以及认知准备的差异等。教学目标既要照顾差异又要对每个学生都应有挑战性；课程多样且可选择，利用选修课程、模块课程、课程资源中心等形态满足学生不同的需要；学生可以有自己的学习方式，教师既要适应学生不同需要，但又要促进学生的学习方式向优势方向转化；教学中既根据学生的差异设计一些动态的、分层分类的学习活动，又要组织好合作学习，将"动态分层"和"互补合作"相结合；倡导以小班为基础，大班、小班、小组、个别教学有机结合的教学形式。针对我国目前班额较大的情况，为了在班集体教学中有效照顾差异，应重视课前的准备、铺垫和课后必要的辅导训练。教师不仅要关注学生知识与技能的差异，也要关注其情感、态度、价值观的差异及学习过程、能力、方法的差异，提升学生积极的学习情感，提高学习能力，促进学生的全面发展。差异教学倡导多元评价，在考虑到一些共同的基本标准的同时，应针对学生差异设计有弹性的评价方式。学生表达成果方式可以多样化，鼓励学生标新立异。在使用标准参照评价和常模参照评价的同时，也应重视本位参照评价，等等。

差异教学自问世以来，在许多学校进行了不同程度的实验并取得了令多方满意的效果，不仅大面积提高了教学质量，而且随班就读学生也得到了提高。

第二节　差异教学与分层教学、个别化教学

差异教学继承了因材施教的思想，但着眼于继承基础上的发展。对分层教学、个别化教学等既有所借鉴，也有所扬弃，更有自己新的内涵。从思想理论、观点、策略方法上形成了自己的体系。

一、差异教学与分层教学

我国曾广泛推广"分层教学"，在克服班集体教学的"一刀切"模式、照顾学生差异等方面，的确起了积极作用，但分层教学尤其是校际、班际的分层，客观上形成了标签效应，伤害了一些学困生，造成了教育的不公平。

分层教学主要是从认知的角度对学生进行分层，而学生的差异是多方面的，如情感态度的差异、学习方式、学习风格的差异。这些差异用分层教学则难以解释，因为有的差异并不是层次上的问题。学习的过程也不仅是认知过程，情感、态度、学习方式差异也影响着学习效果。

分层教学主要是针对课堂的教学方法策略，而要有效照顾学生差异，仅靠课堂教学也是不够的。另外，学生被动分层往往会造成认知差距固化，影响学生的潜能开发。

从照顾差异角度说，差异教学比分层教学涵盖更广，而且已形成了一套方法策略体系。虽然其中也有分层分类的做法（如对智障学生），但这只是方法策略之一，且它对分层分类的策略是有所改进的，它更倡导动态分层、隐性分层，以减少标签效应。

差异教学强调尊重差异、善待差异，给学生自主选择的机会，努力避免出现学生被动分层的状况，促进学生潜能开发。

二、差异教学与个别化教学

教学改革越来越重视学生个性的发展，体现以人为本的科学发展观。人的个性体现在独立自主性、社会倾向性、整体性、独特性等方面，教育应以儿童个别差异为依据。个别化教学、差异教学正是在这背景下产生的。

（一）个别化教学的缘起

在促进学生个性发展的教育改革浪潮中，个别化教学应运而生。个别化教学发端于西方国家。个别化教学是西方学者为了克服班集体教学弊端提出的，个别化教学是和西方追求个人至上、倡导个性教育一脉相承的。虽然个别化教学不拘泥于一对一的个别教学，但个别化教学强调每个人学习的目标、内容和速度等都可以不一样。

个别化教学一般指在教师的指导下，使每门学科的学习过程，按照学生各自的速度来组织。以使每个孩子在学习每门学科时，根据他能力许可的程度前进。个别化教学强调要为每个学生制订个别化教育方案。1975年，美国政府制定《所有残疾儿童教育法》，强调在最少限制环境中提供免费、恰当的公立教育，强调为每个残疾儿童制订具有法律效力的个别化教育计划（individualized educational plan，简称IEP）。从实践的角度讲，个别化教育计划及实施是个别化教学的一种途径、方法或手段，对特殊儿童实施个别化教学是特殊教育发展的必然进程。

（二）个别化教学的困惑和演进

自20世纪80年代后期我国特殊学校进行分类教学改革后，随着教育领域改革开放的不断深化，我国特殊教育领域开始不断引进国外个别化教学的理念、经验和做法，也开始要求为残疾学生制订个别化教育计划，实施个别化教学（当然个别化教学也不只指个别化教育计划）。这对改革当时我国特殊教育照搬普通教育模式，忽视残疾学生的特殊教育需要的现状，起了非常积极的作用，使教学更注重研究学生，从学生实际出发，使教学更有针对性，这对班集体教学是很大的改进。但是，随着改革的推进，实践中也出现了许多问题和困惑。

1. 个别化教育计划实践中的问题

（1）理想与实际脱节。个别化教育计划是一种根据每个儿童身心发展特征和实际需要制订的针对每个残疾儿童实施的教育方案。它既是残疾儿童教育和身心发展的一个总体构想，又是对他们进行教育教学的指南性文件。它是针对残疾学生发展的系统法案，并不是具体的教学计划，尤其后来为了减轻教师制订个别化教育计划的负担，不再统一要求制定短期教学目标，这就造成了个别化目标消失，对教学没有了具体指导意义。教学目标的适度有赖于教师根据教学进行动态调整。期望在半年、一年前制定教学目标，统帅一学期或一年的死板规定，实际上是违背教育规律的。由于个别化教学着眼于个体，强调教学的个别化，没有考虑教学的共性，针对个别学生制定的目标、内容往往缺少框架维度的限制和共同标准的参考，有比较大的随意性。特别在我国，即使在特殊学校，残疾儿童个别化教育计划也大多是由一两位教师在征求家长意见的基础上制订的，不像西方国家有专家参与制订，因而往往缺少对儿童客观的科学测查与诊断，个别化教学计划本身也缺少科学评估。事实上，我们看到的一些特殊儿童的个别化教育计划的制订质量并不高，与其他特殊儿童的个别化教育计划有很多雷同之处，教学目标失当，往往消极迁就了弱势群体。以这种不太完善、不够科学的计划统整教育教学，以此对特殊儿童进行个别化教育，不仅不能促进儿童发展，而且会影响他们的发展。

（2）与实际班集体教学难以对接。个别化教学虽然不拘泥于个别教学，也可以在班集体或小组教学，但其基本特点是每个学生按自己的个别化方案学习，这就会带来以下一些问题。一是我们很难为全班几十名学生各设定一套不同的教学方案。二是目前教师设计的个别化教学计划，实际上大多数是为一个学期甚至更长时间制订的个别化方案，并不能据此开展具体的教学。三是全班每个学生的个别化教学计划难以整合为一个班级教学计划。四是为了适应每名学生精确的准备水平，完整的教学过程会被分解得支离破碎，因而导致系统整体的教学零散化，教学效率不高。个别化教学实施需要一定条件。如对学生的诊断测量要全面准确；对个别化教育计划制订者的教育水平要求很高；班额不能大，最好有协作教师；有一定的设备条件等，这对我国当前的多数特殊教育学校，特别是承担融合教育的普通学校来说，是难以做到的。由于我国普通班级班额普遍过大，在班集体教学中照顾差异本来就有难度，又缺少对个别学生指导的教学辅助人员或支持人员，因此在班集体教学中个别化教学是很难实施的，而且也需要较多的教育投入。事实上，在融合教育中，许多教师忙于制订计划、应付检查，并没有真正很好地了解学生、研究教学，在班集体的实际教学中也没有实施个别化教育计划，个别化教育计划往往只是一个管理工具。

当然，如果学生差异很大且班额较小，或是在特殊学校的班级，有一定的支持保证，是可以考虑实施个别化教学的。事实上，即使在特殊学校，目前实施的个别化教学计划，大多也只是一份个别化教育方案，一学期甚至一学年才订一次，也并不是每节课教学的具体计划。

2. 美国个别化教育计划（IEP）的演进

我国在推进个别化教学过程中出现的问题与困惑，在美国等西方国家也有不同程度的遭遇。美国学者汤姆林森（C. Tomlinson）在她所著的《多元能力课堂中的差异教学》一书中写道，这种个别化教学的做法存在两点不足：（1）我们很难为全班三十多名学生各设定一套不同的教学方案。当每个学生都有各自的阅读任务时，教师不用多久的时间便会感到身心疲惫。（2）为了适应每名学生精确的准备水平，完整的教学过程会被分解得支离破碎，因而导致学习缺少系统性。美国政府在实施个别化教育计划几十年后反思，制订个别化教育计划并没有实现为特殊儿童提供适当教育的理想。（汤姆林森，2003）[2]也正因为如此，美国的个别化教育计划一直被不断修订，其具体演进过程和主要阶段特征如下。[①]

（1）1975年颁布《所有残疾儿童教育法》

强调为每个残疾儿童制订具有法律效力的个别化教育计划；个别化教育计划包括五方面内容（儿童的现有成绩水平；年度目标及相应短期目标；特殊教育措施；服务日期；评估）；制订小组每年至少召开一次会议进行修订。

（2）1986年修订《所有残疾儿童教育法》，颁布《残疾儿童保护法》和

---

① 下文中涉及有关美国特殊教育领域的法案名称的翻译，综合参考了不同权威期刊论文中不同作者的译法。

《残疾婴幼儿法》

要求特殊儿童年龄向下延伸；为婴幼儿制订个别化家庭服务计划。

（3）1990年颁布《障碍者教育法》

进一步扩大特殊教育对象范畴；为制订个别化教育计划提供辅助技术；制订转衔计划。

（4）1997年颁布《障碍者教育法修正案》

强调不能忽视特殊儿童的教育需要；提高特殊教育的有效性；强调障碍者学习普通课程。

（5）2004年颁布《障碍者教育改进法案》

强调学习普通课程，加强教育评价，一般性评价和选择性评价相结合；减轻个别化教育计划的文书工作；加快对个别化教育计划的修订。

从上面的演进过程不难看出，美国个别化教育计划越来越从实际出发，从关注残疾儿童的个性特征和教育需要，到越来越关注障碍者融入社会学习普通课程的特殊教育需要，做到个性与共性的结合。近年来，美国特殊教育质量有所提高，促进特殊教育质量真正提高的原因是建立了以普通学生学业评价为标准的教育绩效责任制，而不是因为通过制订与实施IEP实现了个别化教育。（于素红，2011）这是值得我们借鉴和深思的。

（三）差异教学与个别化教学的联系与区别

差异教学与个别化教学都关注学生个性差异，同样强调教学要促进学生个性发展，它们有许多共同之处。所以，有的老师认为，个别化教学是差异教学的一种类型。也有学者认为，差异（差别）教学是个别化教学的更高阶段。

在我们看来，差异教学与个别化教学的区别主要体现在以下方面。

一是立足点不同。个别化教学立足学生个体，个别化教学的前提是对学生进行个案分析，诊断分类，这就带来了难以解决的标签问题，且随着特殊教育对象的扩大，实际上教师在教学实践中对很多具体学习障碍是很难诊断分类的。

相对来说，差异教学立足群体中的个体（个别在群体中表现为差异）。差异教学直接着眼于学生个体间差异、个体内差异，将每个学生看成平等的一员，不重在诊断残疾类别程度，而重在诊断因障碍不同造成的在学习与发展上的不同学习需要，强调学生自主学习，促进个体相互作用，满足他们的不同需要，并给予帮助和支持。

二是理论基础不完全相同。发展个性是欧洲文艺复兴时期兴起的人本主义思想的一个组成部分。人本主义的核心是人，人的因素排第一，人的价值至上。许多思想家、教育家都有这方面的论述。比如，卢梭认为，每一个人的心灵有他自己的形式，必须通过他这种形式而不能通过其他的形式去教育，才能使你对他花费的苦心取得成效。（卢梭，1978）赫尔巴特论述教育目的时，明确提出要把学生个性作为出发点。杜威的儿童中心理论也强调，一个进步的社会把个别差异视为珍宝，因为它在个别差异中找到它自己生长的手段。因此一个民主的社会必须和这种理想一致，在它们各种教育措施中考虑到理智上的自由和各种才能和兴趣的作用。（杜威，1990）这些都构成了个别化教学的思想理论基础。

差异教学注意借鉴西方现代个别化教学的思想，但更主要是继承和发展我国因材施教的教育思想，力求从我国当前国情出发，构建适合我国教育的教学理论和策略。差异教学倡导者认为，个性是主体与外部生活条件相互作用而形成的，倡导"工具人"与"目的人"统一的"生态人"的教育目的，促进人的和谐发展是教育的核心目标。差异教学立足群体中的个体，追求集体中每一个成员的发展并倡导集体主义精神，在集体活动中发展每个学生的积极健康的个性。差异教学关注个体间差异，在教学中将共性与个性辩证地统一起来；关注个体内差异，扬优补缺，开发潜能。这些理论观点继承并发展了因材施教的思想。《论语·先进》中提到，"柴也愚，参也鲁，师也辟，由也喭"。这就强调了在教育中关注个体间差异。《学记》中"知其心，然后救其失。也教也者，长善而救其失者也"的论述，也体现了关注个体内差异，教育中要扬优补缺的观点。再如《论语·先进》中"求也退，故进之；由也兼人，故退之"，以及《论语·雍也》中"中人以上，可以语上也；中人以下，不可以语上也"的论述，则强调教育者要根据学生的个性特点进行不同的教育教学。这些都体现了东方文化的辩证思想方法。目的是通过教育发展学生的个性，把统一性和多元性结合起来。当然，传统教育中，过分强调学生的先天因素，以及以教为中心等观点都是需要摒弃的。

我们还认为，当今时代，良好个性的形成和发展离不开集体的学习和活动。每个人都是在人与人的交往环境中成长起来的，学生的学习与发展既要靠自己的勤奋努力，也需要同学间的切磋交流、启发碰撞。我们的着眼点是群体中的个性差异，强调教学中共性与个性的辩证统一，强调在社会和集体的共同活动中，在相互联系、相互影响、相互作用中发展学生良好的个性，既实现个体的社会化发展，又满足个体自身发展的不同需要。在关注学生个性发展的同时，也要十分重视集体主义精神的培养。学生集体是由需要和兴趣各不相同，思想、知识、能力各不相同的学生组成的统一体，每个人的潜能越是得到良好的开发，越能对集体有更多的贡献。而集体奋发向上的氛围、同学间的互助友爱，则对每个人来说都是巨大的教育力量。正像苏霍姆林斯基强调的，要使学校里人与人的接触成为对人成长最有利的条件，同时要培养每个人对集体、社会负责的能力——这就是个人与集体的和谐统一。

三是班级教学设计思路不同。我国目前主要是班集体教学，尽管个别化教学、差异教学都可以在班集体教学中实施，但设计思路不同。以培智学校综合课为例。

个别化教学的设计思路是：

个案分析表→个别化长期教学目标→单元统整表→对照课程标准→个别化短期教学目标→单元主题计划→周课题设计→课例设计

差异教学的设计思路是：

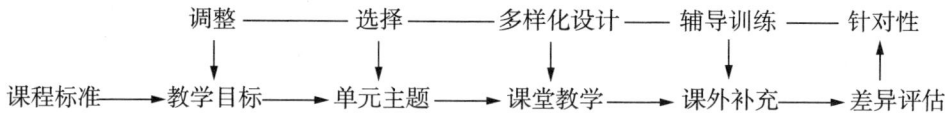

由此可见，两者设计教学的思路方向是不同的，个别化教学是从个别化教育方案出发，集体教学要实现个别化教学目标；差异教学的思路设计，是从共性课程标准出发，结合个性特征实施差异教学，使每个学生更好地适应班集体学习。差异教学设计相对简洁，也更便于教师操作。

四是教学方法策略不完全相同。个别化教学强调教学策略方法的针对性，一般主要从教育安置、课程、课堂教学方法、评价等方面考虑教学如何适应个别需要；差异教学则强调大教育观，从课堂内外等不同的教学要素方面，分别设计15个策略，整体考虑教学中如何兼顾个性与共性，促进全体学生发展。

如果说，对应发展个性的教育可采用个别化教学，那么，对应融合教育则应实施差异教学。融合教育不仅不拒绝每一个儿童入学，而且关注班集体中的每一个成员，期待他们都能得到很好的发展。差异教学立足于群体考虑问题，因为"个别"在群体中体现为"差异"，这与我们追求集体中的每一个成员的发展并倡导集体主义精神的观点和理念是一致的。

第三节　差异教学策略体系

差异教学对融合教育教师的能力提出较高要求，提高教师的专业能力往往从掌握教学策略入手。我们意图通过差异教学策略使差异教学的理论转变为教师的行为。

一、差异教学策略

差异教学策略是差异教学的重要内容。策略是理论与实践的中介，它受制于理论，但更具体可操作；它运用于实践，但又不拘泥于一招一式。

差异教学策略是指在特定的教学任务中，为了提高教学的实效性，在差异教学观念、理念和原则的指导下，根据教学条件的特点，对教学任务的诸要素进行的系统谋划，以及根据谋划在执行过程中所采用的具体措施。

每个策略都有其特定内涵和理论基础，每个策略也有其操作要领和使用条件，这就要求从事融合教育的老师认真学习，并结合各自不同的特殊需要儿童的特点和学科特点，在教学中创造性地加以运用。教师也可根据教学内容和学生的不同情况，将若干策略组成相对稳定的教学模式，探索教育规律，提高教育质量。

当然，每个策略对于实现全体学生充分发展的着力点是不一样的，影响力的大小也不相同，各个策略之间也是相互影响的，这是需要我们进一步研究的主题。

二、差异教学策略体系

为了在融合教育中有效照顾学生的差异,不是个别策略方法就能奏效的。差异教学策略已构成了一个逻辑体系。具体包括:

1. 全面、动态、科学测查学生差异的策略。
2. 选择性的课程和灵活安置的策略。
3. 并列式教学计划与个别化教学计划的制订与实施的策略。
4. 提供认知准备与激发学习动机的策略。
5. 预设与生成挑战性学习目标的策略。
6. 选择和组织教学内容的策略。
7. 多样、启思的教学方法与手段运用策略。
8. 同质组与异质组的合作结合运用策略。
9. 兼顾全体与个别指导相结合的策略。
10. 大面积及时反馈与调节教学的策略。
11. 创设平等和谐学习环境的策略。
12. 弹性作业的策略。
13. 扬优补缺的辅导与训练策略。
14. 差异教学实施的机制与管理策略。
15. 社会、家庭、学校合作满足学生不同学习需要的策略。

在以上策略中,全面、动态、科学测查学生差异的策略是差异教学的前提,而具体的课堂上的差异教学策略则是实施的重点。课堂上各个策略又通过差异教学的课堂模式,形成一个相对稳定的策略体系(详见本书第六章第九节)。扬优补缺的辅导与训练策略则是课堂教学的有效补充,其他策略则是从管理、资源等角度对差异教学的实施提供保障和支持。

三、差异教学策略实施要领

差异教学策略是从差异教学概念派生出来的,因此,实施差异教学的要领大致包括两个方面。

1. 实施差异教学策略必须体现差异教学的本质特征和主要观点。这就要求教师深刻领会差异教学的概念精髓，并对照差异教学的观点，不断反思自己的教学行为。

2. 差异教学策略运用于不同学科、不同年级会有不完全相同的做法和要求。如弹性作业的策略对于语文和数学学科会有不同操作，对小学生和中学生也会有不同要求。同样，不同教师也会有不同的做法。教学是创造性的劳动，每个教师都应从教学的实际出发，创造性地运用差异教学的策略。

教学案例贴近教师生活，便于教师理解教学策略，也给教师提供了教学借鉴。但由于世界上没有完全相同的学生和班级，生搬硬套案例的做法是有害的。我们鼓励教师从自身的实际出发，在理论和实践的结合上创造出有典型意义的差异教学的生动案例。

第三章
融合班级中,学生的差异如何测查

　　全面、动态、科学测查学生差异的策略,是 15 个差异教学策略中的第 1 个策略,是差异教学实施的基础。在差异教学的测查中,我们不仅要关注特殊儿童的残疾类别和程度,而且更要关注因残疾带来的特殊教育需要;不仅要关注儿童的缺陷与不足,而且要同时关注学生的优势与潜能开发;不仅是测查个别学生,而且要对所有学生进行全面、动态、科学的测查,从而提高教学的针对性、有效性,大面积提高教学质量。

第一节　学生差异的测查

要实施差异教学，使教学适合每个学生，首先要了解学生差异在哪儿。

一、差异测查的意义和目的

测查指测量和调查。一方面，通过测量和调查分析，教师可以从多方面了解学生的特点及其特殊教育需要，为教育目标和计划的制订以及特殊教育的实施提供依据。教育过程中实施的"诊断教学法"，实际上就是通过测查和评估，明确儿童的特点与特殊教育需要，从而提供相应的特殊教育。测查不是为了给学生分类、"贴标签"。另一方面，学生也可以通过测查看到自己的优势和不足，从而更好地扬长避短，促进自身发展和提高对社会的适应能力。

日常教学中，我们多数教师不愿意花时间去测查和研究学生的差异，在这方面，学校也缺少对教师的要求和规范，常常是在学生给教师带来麻烦的情况下，教师才会去调查学生、测量学生、研究学生。因此，教师对学生往往认识不全面，也不清楚他们有什么特殊需要。学生学习落后的原因是多方面的，可能是学习态度问题，可能是学习方法、学习习惯问题，可能是学习条件问题，也可能是智力水平和其他同学差异较大，或是有学习障碍等问题。教师只有提高教育教学的针对性，才能事半功倍。假如一个学生在某门学科上学习落后的主要原因是学习方法、学习习惯不好，而教师却认为这是由学生不够勤奋造成的，对他狠批评、严要求，那么就会使学生失去自信、变得气馁，不愿学这门学科，甚至和教师对立，其结果便是学习成绩变得更差。如果一个学生原本存在阅读障碍，而教师却以为他是智力落后,对他低期望、低要求,没有看到他的发展潜力,那么在皮格马利翁效应下,这个学生同其他学生之间的成绩差距就会更大。而针对他的阅读障碍,教师也未给予相应的指导和帮助,这样就会大大降低教育教学的效率。

二、对学习困难的学生,可分别从病源、心理、教育、环境几方面去测查

有些学生学习困难是由某些疾病引起的,如视力残疾影响学生学习。对视力残疾的学生是否需要提供盲文课本或大字课本等,就需要对其视力、视野、视觉功能进行测查,要请眼科医生和专家进行检查。不仅要重视现在测查的结果,还要预测发展的情况。如这类学生是由先天性青光眼、视网膜色素变性等眼疾引起的视力残疾,日后视力还会逐步退化,尽管目前他还有残余视力,但教师应考虑他是否要学习盲文。此外,还要考虑个体因素和环境因素的相互影响。例如,对于视力相同的低视力儿童,其视觉功能却可能是不一样的,教育上的特殊需要就可能有所不同。有的需要学习盲文,有的需要大字课本或辅助器材。这种差异和他们所处的环境(如是否受过早期教育训练)有关,也和其视野宽窄等身体因素有关。总之,我们不能停留在疾病的诊断上,更不能"贴标签",并因此降低教学要求,而应在诊断病情的基础上进一步了解他的学习方式和特点,继而研究其学习上有哪些特殊需要,以及需要什么支持。

学习的过程也是心理活动的过程,心理活动的优劣对学生学习有很大影响。因此,要对儿童的知觉动作能力、语言能力、注意力、记忆力、思维能力、想象能力、兴趣、动机、毅力等方面进行测查,运用心理测验和评定量表进行必要的测量,并在测查的基础上进行科学分析。例如,从韦氏测验中四种部分的得分去分析学生个体内差类型:语言操作力(VO)——"类似""词汇""理解";空间操作力(SO)——"图画补缺""积木模型""组合";注意记忆力(AM)——"心算""背数""译码";知识习得力(KA)——"常识""心算""词汇"。语言操作力是语言智力中同语言性概念和表达有关系的能力。空间操作力是同视空间认知与构成力有关系的能力。注意力和记忆则涉及注意力集中能力

与短时记忆，而知识习得力同知识掌握有关。韦氏测验的总分对我们没有太多价值，而各项测验得分及其分析则有助于我们了解学生个体内差异，从而采取针对性的教育教学措施。韦氏等传统的智力测验指南能够预测学生学习的潜力，特别是语文、数学学习能力，因为我们也关注随班就读学生的长远发展，这就还特别需要了解他们的优势，预测其职业潜力等，对其多元智能进行评估。传统的智力测验对学生学习潜力预测的准确程度，一般认为只有50%左右，这是因为，影响学习成就的还有学习兴趣、方式、习惯等其他因素，要了解这些情况，教师一方面可以通过对学生的观察调查了解，另一方面也可以借助学习适应性量表等对学生进行测量。

对于那些学习困难的学生，不要将其学习困难的原因简单归结为学习态度或智力问题，应对这类学生学习的全过程进行测查。当教师呈现某种刺激时，此刺激被学生的眼、耳等器官所接受，经由大脑运用联想、联合等功能加以解释，然后再由神经传导至手、口等反应器官，通过动作、口语等反映出来。此历程中任何部分信息交往被阻或某一通道工作混乱，即使该学生的其他感知通道正常，都可能造成学习上的困难。例如，有些学生智力正常，但感觉统合失调，就会出现注意力不集中等问题。有的学生会在读、写、算等方面出现障碍，因此，要对他们进行必要的心理测查。

为了给学生安排适合他们的学习任务，就要了解他们有关知识与技能的习得情况，了解他们的认知水平，了解学生在知识与技能准备方面的差异。因此，教师需要对学生进行教育测量。通过对教育过程中学生的表现和成就的测查，教师可进一步看出心理测查如智力测验结果是否准确、符合实际，以便对学生情况掌握得更全面。教育测量常用的方法有：①观察法。观察学生在课堂上的反应，学生的学习过程。②资料法。阅读学生的档案资料，了解他们的实际水平与成绩，具体的缺陷在哪里、程度如何等。③作业检查法。通过对作业的检查，找到他们的知识漏洞，进一步掌握他们学习新知识的难点。④谈话法。教师根据教学内容，结合学生的具体情况，了解学生的兴趣点、理解方面的难点与具体困难。⑤测验法。把本课教学所需基础知识的要点，编制成一些简单的题目，让随班就读学生回答，从而了解他们在基础知识方面的缺陷。在教学测验中，学生取得的成绩是不一样的，学生对成绩优或差的反应是不同的，他们也不一定能从成或败的经验中得到相似的益处。在这方面他们之间存在差异。教师应依据特殊的观察了解每个学生，包括他的自信程度，他的内在动机与外在动机的均衡作用，他把学习成败归因的方式，以及与自我概念有关的经验、背景等。教师要给予学生适当的指导，以帮助他们意识到自己的能力，并在他们能力保持不变的情况下，建立起成绩与他们的个人努力程度之间的明确联系。当然，教师除了要帮助学生寻找自身原因外，也要帮助他们分析造成学习困难的环境因素，改善他们的学习环境。

教育测量的结果，主要是与既定的学习标准相比，一般采用目标参照测验或标准参照测验。另外，也常采用工作分析的方法，将学生学习的内容细致划分，从而了解学习困难的确切所在。例如，学生四则混合计算运算错了，就要进一步分析是加法做错了，是减法做错了，还是乘法、除法算错了。假如是除法计算错了，就要进一步看是商错了，还是什么原因，追寻根源，找出问题所在。

病源测查、心理测查、教育测查常结合使用。对于教师来说，用得较多的是教育测查和心理测查。以上方法，并非每次都用，而是要根据具体情况灵活选择、收集资料。当然，对特殊需要学生还需要进行基本情况的调查和环境的调查，如父母的教育方式、早期教育情况、家庭的环境等。学生周边的环境对学生的发展影响很大，其中有积极的因素，也有消极因素，要认真进行分析。

三、动态测查，各有侧重

了解学生，教师往往感到时间精力不够，其实了解学生是磨刀不误砍柴工，测查也不是毕其功于一役，而是动态地、分阶段地进行，新生（或学期）测查、单元测查、课前（或课中）测查，各有侧重，并在此基础上汇总分析。

新生（或学期）测查：是比较全面的测查，可利用多元智能观察表了解学生的多元智能水平、强项与弱项，利用学习适应性量表了解学生的学习方式、习惯、环境等，运用调查表或心理量表了解学生的心理特征和心理倾向，通过测验了解学生的认知基础等。对特殊需要的学生还应进一步了解其残疾类别、程度，以及由此带来的学习方式变化和在学习课程与内容上的特殊需要。

单元测查：主要通过测验或作业了解单元学习需要的相应的知识与技能。通过调查或课堂观察了解学生喜欢的学习活动。对特殊需要学生还要了解其学习的起点水平，相应考虑学习的内容、方法需要做哪些调整。

课前（或课中）测查：通过课前的调查、练习或课堂的观察，了解学生学习新课的认知基础、学习动机与状态。对认知基础做必要的铺垫，对学习动机进行激发。对特殊需要学生，要进一步了解其在学习上的特殊需要。可询问他本人或助学伙伴，课前向特殊需要学生的助学伙伴了解特殊需要学生的学习困难、对本章节学习的态度、对老师有什么要求等问题，更全面地了解他们的情况。

 案例1：一个"聋哑学生"的教育需要①

【案例叙述】

笔者来到一所学校，老师反映，班上有一个聋哑女生，不知道该怎么教她。我们和该生见面后，趁她不注意的时候，在其背后双手击掌，该生猛地一回头。我们初步判断，该生听力没有问题。我们和该生交流，但她一直不开口。为什么老师、校长、同学都说她是聋哑学生呢？就是因为谁和她说话，她都不开口。我们"击掌测听"发现她没有听力问题，便估计她可能存在心理问题。于是我们就和她"套近乎"，和她说，放学后我们跟你一起回家玩。她是个山区孩子，挺高兴与我们交往，向我们敞开了心扉。后来，我们发现，她完全会说话，且很流利。我们进一步了解她不说话的原因后发现，该生家里很穷，山区没水，夏天能几个月不洗澡，身上会有气味，她刚开始入学时，同学、老师就嫌弃她，不愿意和她接近。该生家里虽穷，但她也有自尊心，她心想，你们瞧不起我，不愿和我接近，我还不理睬你们呢！由此产生了报复心理，谁和她沟通、说话，她都不开口。时间一长，老师、同学都以为她是聋哑人。如果我们把她当成聋哑学生来教，那我们就完全大错特错了！

【案例分析】

对学生的测查要全面、科学，并对差异深入了解分析，不能只看表面现象，要找出影响学生学习发展的主要原因，这是教育的前提。

---

① 本书大部分案例由一线教师提供，并注明了出处，如未注明的，则均出自笔者本人的观察研究记录。

案例 2：失水准的超常学生[①]

【案例叙述】

埃里克五年级时留级了，现在他是班上最高、最大的男生。他的前任老师都说他"懒"，因为他从来不做任何一科作业。有些老师还提到他"态度恶劣"。埃里克从不读老师布置的内容，甚至从不打开他的作业本，还大肆宣称："我憎恨阅读——阅读根本是哑巴的玩意！"这么多年来，他总是到校长办公室挨罚。

埃里克的新任老师注意到，他经常在课桌里私藏小车或卡车的杂志。而且，这些杂志都是给成人读的。埃里克很喜欢拿最新款车子的发动机性能以及速度来向其他同学提问，而且他似乎很了解这些信息，几乎能脱口而出，娓娓道来。从这件事，老师发现他确实阅读并理解了杂志里的文章。但是他的各科成绩还很糟糕，包括阅读。一个周末，埃里克的老师参加了天才教学研讨会。当她听到天才儿童的一些行为特征时，她意识到，埃里克表现出很多天才儿童的行为特征。回校后，她和其他老师还有校长碰了一次头，她大声朗读了天才学生的行为特征，而且问其他老师想起了谁。埃里克的名字一次又一次地被提了出来。这是否说明埃里克学习的问题是由他对学习的不耐烦和沮丧引起，而不是由懒惰或恶劣态度引起的？

老师决定让埃里克参加预考，预考内容包括阅读技能和词汇，还有其他一些学科，然后，老师给埃里克提供了密集式课程教学，借此来验证自己的想法是否正确。刚开始的时候，埃里克似乎不相信老师竟允许他少做以前总要求他做的作业。然而，当他得知可以在课堂阅读时间读他自己的杂志，还可以读其他关于赛车和赛车手的书，他的眼珠都要掉下来了。

结果简直不可思议。短短几天，埃里克就回到了学习正轨，他总是非常快地完成了密集式课程作业，表现出了前所未有的学习热情。他妈妈也说她发现自己的儿子有了明显的转变。两周后，校长到教室视察时，还特意看埃里克是不是因为得了什么重病没来上学，因为校长最近都没看见他被送进办公室挨罚。当然，事实的真相让校长更为吃惊了。

---

① 本案例选自维布纳所著《班有天才：普通班级中培养天才儿童的策略与技能》一书，第219页。

【案例分析】

埃里克学习差，前任老师认为是"懒""态度恶劣"造成的。新任老师对他进行仔细观察了解，特别是新任老师学习了天才儿童的行为特征后，独具慧眼，认为该生学习差是"由不耐烦和沮丧引起"，因而采用"密集式课程教学"等与前任老师完全不同的教学措施，取得了很好的教学效果。该例说明对学生科学测查、了解学生的教育需要是多么重要。

第二节 不同学生教育需求分析

学生有哪些不同的教育需求。如果不了解清楚,怎么能满足学生的需要呢?我们在测查的基础上,要对学生的需求进行分析。

一、普通学生的不同教育需求

(一)不同认知水平学生的不同需求

学生的认知水平参差不齐。认知水平高的学生一般希望学得多些、深些、快些;认知水平一般的学生希望难度适当,进度不过快,易于接受;而认知水平低的学生一般希望学得浅一些,思维难度不要太大,学习速度慢一些。教育教学既要正视学生不同认知水平的需求,同时为了促进学生的发展,也不能消极迁就学生的现有认知水平,学习的目标、内容还应处于学生各自的最近发展区,对不同认知水平的学生的学习都应构成挑战。

(二)学生不同学习类型的需求

学习是有基本规律的,但不同的人,其学习特点又是各种各样的。我们可以从学生如何通过感官学习、如何运用思维加工信息、存储信息,以及学习的习惯、学习所需要的环境等方面,来研究划分学生的不同学习类型。

学生获取学习信息主要是通过看、听、运动还是触摸?邓恩夫妇(R. Dunn, K. Dunn)调查揭示:仅有30%的学生记得他们在标准的课堂时间所听到的东西的75%;40%的学生记得他们谈到或看到的东西,其中一些学生以词语的形式处理信息，而另一些人以图表或图片的形式保留他们所看到的东西；15%的学生通过触觉学习得最好，他们需要触摸物体，写、画以及参与的具体经验；15%的学生通过身体来做能使他们学习得最好。（德莱顿 等，1997）[339]

应当看到，大多数学生是同时通过听觉、视觉、触觉、运动等来进行学习的，但可能有其主要的途径，我们应发现学生学习的主要途径。例如，有的学生喜欢听录音学习，喜欢在与别人交谈中学习和巩固知识；而有的喜欢看画面或阅读学习指导书来学习；有的喜欢边写边画来学习等。了解学生学习上的不同需要，可以充分发挥他们的优势，同时弥补他们的不足。

加工信息主要靠大脑进行，智力水平不同，大脑加工信息的能力也不一样。过去的智力测试，主要侧重语言和逻辑思维方面，现在许多专家提出了不同的看法。美国哈佛大学教育学教授加德纳（H. Gardner）研究证明，每个人至少有8种不同的智能。根据加德纳的研究，学生智力表现方式不是一样的，我们不能只从语言和逻辑思维方面来测查学生的智力水平，应看到他们不同的发展优势，充分发掘他们的全部智力水平，因势利导加以培养。

思维是智力的核心，加工信息主要靠思维。思维也有不同的类型。格里高里（A. Gregore）把思维分为四组：具体而有序的，具体而随机的，抽象而随机的，抽象而有序的。具体而有序的思维者，是以现实为基础的，他们以有条理的、有序的、线性的方式加工信息。对他们来说，亲自动手是一种很好的学习方式。具体而随机的思维者，也以现实为基础，但他们常采用试错法，经常有直觉地跳跃，他们有强烈的发现、选择并按自己的方式行动的需要。抽象而随机的思维者，通过深思来吸收和组织思想、信息和观念，并能在自由的、注重人的环境中更好地发展。抽象而有序的思维者，喜欢用逻辑的、理性的思维，喜欢单独工作和高度结构化的环境。

以上对思维类型的划分是相对的，对每个学生来说，也很难将其截然划分为哪一类型，但他们的差别是客观存在的。划分类型可从不同角度出发，从而得到不同的分类法。但想通过分类将个别差异完全反映出来是困难的。

不同的学生在学习中使用的学习方法和策略也往往不一样。一些研究表明，有的学生不善于进行语义分类编码加工，而有些学生能自觉使用这种学习策略，将有关信息比较分类，以促进学习，并在不断应用过程中强化。

不同人的学习习惯是不一样的。例如，有些学生喜欢早上学习，而有些学生喜欢晚上学习。当学生们的上课时间与他们自己的"生物钟"一致时，他们往往学习更加出色。

声音、光线、温度等物质条件会影响学习，不同的人在这方面需求也不一样。

在学习上，人们有不同的情感需求。有的学习者在有丰富情感内涵的内容和好的学习环境中，会学得较好。

在学习上，人们还有不同的社会需求。有的人喜欢单独学，有的人喜欢结伴学，有的人喜欢成群学。邓恩夫妇认为，大多数在学习上未能发挥潜能的学生，都与同伴影响有关。

由日本教育研究所编制，我国华东师范大学周步成引进的"学习适应性测验"（简称 AAT）是自省式问卷，由学生本人填写。通过分析其结果，我们可以了解每个学生的学习态度、学习方法与技术、学习环境、独立性和毅力等方面的情况。

(三) 学生优势潜能开发的需求

在测查中，要特别注意收集能反映儿童的优良品质的资料，测查学生的优势和潜能，因为这是制订教育计划和改进教学计划的基础。了解这些优良品质，有助于儿童和家长知道能调动多大力量去促进所期望的学习。一些心理学家认为，儿童的优良品质指的是他们的兴趣、先前的经验、重要成就、各种能力、富有建设性的习惯和有用的资源，特别是那些在家里的表现。这是制订教育计划的基础，对于学生完成学习任务也至关重要。

利用兴趣调查表或问卷，观察学生在教室、游乐场和社区的表现，与儿童或家长的谈话等，都有助于教师了解学生的兴趣。

当学生的能力有助于教师实现教育计划时，能力就是学生的优良品质之一。能力是多方面的，善与同学相处，能解决实际问题，能看明白组装玩具、学具的说明等，都是能力的表现。有些能力在学生活动过程中可以被观察到，而有些能力在测验中才能显现。当然，我们也可以给学生一些能力调查表，让学生自己回答具有什么能力，或相互推荐介绍。例如，我们可以利用多元智能观察表了解每个学生智能的强项和弱项，也可以让学生借助多元智能观察表分析自己的强项、弱项，并进行结果比较。

富有建设性的习惯，也是学习的一种重要优良品质，如干脆利索地完成任务，坚持不懈的努力，关注身边活动，注意力相对集中、稳定等。通过在教室和游乐场等地方对学生的观察，倾听家长的反映和介绍，教师可获得这些习惯的有关资料。这些习惯常与行为内容有关，如有些学生做语文作业懒散而做数学作业或参加游戏却劲头十足。因此，教师要全面观察，认真分析。

学习的有用资源包括：家中书籍，适宜学习的环境，适于儿童与父母及其他长辈交流的场所。由于有用资源的调查内容有限，所以，通过向学生和家长询问便可以迅速得到有关信息。

一旦将有关学生的优良品质资料收集起来，就会很容易发现妨碍他们全面发展的能力、作风、信息和态度。在多数情况下，学生发展的障碍是不良品质和缺乏有用的资源所致，如追求娱乐，回避需要付出努力的活动，注意力涣散，家无藏书，没有成年人可与之交谈学校和生活中遇到的问题等。获得有关学生的充分信息，要比只进行一次测验和评分来了解学生需要更多时间，然而所有有用信息并不需要短期内收集起来，日积月累便趋完整。

（四）隐性障碍儿童的特殊需求

学习障碍、情绪行为障碍等被称为隐性障碍，有这类障碍的儿童占特殊需要儿童中的大多数。虽然他们在我国目前并没有被列为随班就读的对象，但客观上他们大多数原本就在普通班。在普通学校他们往往会因为认知水平低、不遵守纪律等，被称为学习困难学生（简称学困生）或有行为问题的学生，因为对学习障碍等的准确诊断较复杂，要求普通教师掌握是不现实的。为弥补"智商—成就"差异（即所取得的成就无法达到其智商水平应该达到的程度），在普通学校，判断学习障碍儿童遇到的问题，可以通过递进式的评估和干预来了解和满足学生不同的教育需要。教师是评估和干预的设计者和实施者，评估内容是学生对教学的反应。随着层级的递进，评估的次数逐渐增多，干预的强度逐渐增大，而接受评估和干预的人数逐步减少。教师要注意观察学生的学习过程，了解他们的不同学习需要并科学分析，寻找形成特殊需要的原因，找出学生发展中的主要矛盾，循证干预，解决问题。实施差异教学，并注意树立学生学习的信心，从而促进每一个学生包括这些隐性障碍学生的发展。对情绪行为障碍的学生，仅靠一般意义上的思想教育、纪律约束是不够的，还需要提供平等参与的学习环境，减少矛盾冲突，必要时需要用行为改变的技术，矫正他们的不良行为，塑造好的行为。

二、随班就读学生的不同需求

过去对随班就读学生的测查，往往只是停留在对残疾类别、程度的诊断上面。如对智障学生，主要测查智商是多少；对视力残疾学生，主要测查低视力还是盲。但是，停留在这个水平之上的结论对教育没有多大意义。我们应进一步探讨这些残疾的类别和程度给其在学习上带来了哪些不同的需要，还要充分挖掘和开发他们的潜能。残疾不能是一种标签，而应看看普遍存在的差异。

（一）随班就读学生因"障碍"带来的教育需求

障碍学生与普通学生一样，他们的需要也是多样的、多层次的。如他们也有生理的需要、安全的需要、归属与爱的需要、自尊的需要和实现自我的需要。在他们较高层次的需要出现前，较低层次的需要必须先得到一定的满足；当较低层次的需要得到适当满足后，他们就可以追求更高层次的需要了。在对障碍学生测查的基础上，我们要进一步分析随班就读学生的不同的学习需求。

智障儿童进入普通班级就读，教师有责任为其身份保密，并利用一切可利用的资源，满足他们的特殊教育需要，为他们的学习和参与提供均等的机会，让他们享受民主、平等的教育。关注他们的差异，要特别注意两点：第一，要关注他们在认知上的差异。学习过程主要是认知过程，如果智力水平低，那么在认知上肯定有不同的需要。在学习内容、学习要求、学习方法上，要力求适合智障儿童的学习特点。教师使用统一的教材，必须有所删减，降低难度，并且适当添加一些基础性的、实践性的内容，力求达到基本的教学要求。教师可采用直观教学，多一点具体形象的材料，可以允许他们学得慢一点，适当增加个别辅导，等等。在作业、考查等活动中，也要区别对待，以使他们确实学有所得，感受到学习成功的乐趣。另外，还要对他们进行智力训练、听说读写的训练、劳动与技术训练、感知—肌能训练、计算训练等。第二，要关注矫正他们的不良行为。智障儿童往往在社会适应能力方面有一定困难，有不少行为问题。他们的行为问题会扰乱课堂，对他们自身的发展也不利。矫正不良行为，培养良好的学习习惯，提高社会适应能力，就是他们的需要。以上只是就一般智障儿童而言，当然，这些儿童个体间还有差异。

听障儿童最基本的特殊教育需要是克服听觉障碍和尽快地形成和发展语言。例如，教师需要创造条件及早为有残余听障儿童配助听器，让他们通过听觉来感受声音，特别是模仿发音，学习说话。

教育教学活动要注意将两种信号系统相结合，对听障儿童尤其如此。由于听障儿童语言的形成与发展落后于生理的发展，并且与他们的生活经验也不同步，也就是说，当听障儿童接受一个个现实具体的刺激物时，反映这些具体刺激物的词语却没有同时作用于他们，而当词语作为刺激物作用于听障儿童时，他们又不能将词语与词语所反映的事物相联系，即不懂得词语的含义。为此，在听障儿童感知事物的时候，家长和教师最好通过看话、书面语的形式同时教给他们词语。同样，在他们学习书面语的时候，家长和教师最好也准备一些实物、图片，帮助他们理解词语。要做到这一点，需要家长和教师注意观察听障儿童的表现，了解他们已有的语言水平，了解他们对教材有哪些地方不懂，在表达过程当中经常出现的问题是什么，以便有针对性地运用直观手段帮助他们逐步发展语言的理解和表达能力。

教育教学活动要与培养听障儿童的语言能力相结合。听障儿童所在学校的每位教师都负有对他们进行语言教学，补偿其语言缺陷的责任。例如，美术课教师可让听障儿童认识和说出各种图形和颜色的名称；体育教师可以教他们说出各种运动器械、游戏和体育项目的名称等。听障儿童相互之间往往会用手语进行沟通。手语形象，表达生动，理解和应用要比有声语言容易，所以在教学和与聋生交流过程中还离不开它。恰当地使用手语，就是说使用手语时仍然要尽可能地与直观事物、口形、书面语相结合，这样可以帮助聋生学习有声语言。应当明确，听障学生学习使用手语并非特殊教育的主要目的，特殊教育的目的还在于培养他们理解和掌握有声语言。只有手语与有声语言结合，手语在理解有声语言意义基础上的运用（尽管表达的顺序与有声语言有不同），手语所起的实际作用才最大。

（顾定倩，2004）

　　视障儿童与明眼儿童相比，更需要有一个安全的环境，更需要得到人们的关爱。失明使视障儿童在生活中会遇到更多的困难，会有更多的不安全感。因此，他们也更需要得到社会和人们的关心、爱护与帮助，如父母之爱、家庭温暖、小朋友们的友谊等。家庭、学校和社会应为他们提供一个足够的安全空间，并尽可能采取无障碍设施。他们更需要得到人们的理解、尊重及必要的帮助。对他们的生理缺陷，任何带有贬低、嘲笑或歧视的口吻，都会使他们受到伤害。如把他们称为"小瞎子"，把他们的话说成"瞎说"，在路上围观、捉弄他们，或用恩赐的语气怜悯他们，等等，都会深深地刺伤他们的心灵。

　　视障儿童与所有儿童一样，也希望成为人们关注的对象，但他们一般不愿意让人们注意到自己的残疾。进入普通班后，他们会担心老师、同学能否接纳自己，担心在学习上能否跟得上明眼同学。视障儿童愿意接受人们真诚的帮助，但对于他们自己能完成的事情，并不都乐意别人包办代替。

　　这类儿童更需要早期训练和早期教育，他们上学求知的愿望更为强烈。在我国有些地区，视障儿童的入学率还很低，在已经上学的儿童中，绝大多数也没有上过幼儿园。研究表明，大多数盲童的智商与普通儿童的没有什么差别，但他们的学业成绩一般还是低于普通儿童。究其原因，主要是因为错过了幼儿开发期，入学太晚。早期的他们都是在狭小孤寂的环境中生长，缺少良好的训练与教育，身心发展受到影响。一般儿童很容易认识的事物，很容易学会的穿衣、叠被、盥洗、行走等，他们掌握起来却很艰难，挫折感、自卑感较早就开始困扰他们。

　　视障儿童更需要进行生活技能和行走技能的训练。生活技能和行走技能是人最基本的能力，是发展其他能力的基础。普通儿童借助视觉，可以随时随地模仿成人的行为，常常在无意中就形成了某些技能。视障儿童则不然，他们必须进行专门的训练。但是，他们大多数在早期都没有受到过这种训练，有的甚至上了学后还不会吃饭穿衣、不会走路、不会上厕所，更不懂得使用钱币购物等。生活能力的低下必然影响他们的认知和学习能力，影响他们的社会交往能力。对视障儿童进行生活能力的训练，可帮助他们克服依赖性，增强自信心。视障儿童入学后，教师要帮助他们尽快熟悉新的环境，帮助盲生学习定向行走技能，形成校园心理地图，并给他们提供安全的、足够的活动空间。（周苗德，2004）

自闭症谱系障碍（ASD 儿童）随班就读，其学习目的和学习任务与普通儿童相比有很大差异。他们学习的内容不仅是学科知识和技能，更需要在普通班级的环境中学习并恰当运用社交规则，获得与人亲近带来的愉悦感受，体验顺利完成某项任务带来的成功体验。这是他们发展出未来融入社会所需要的生活知识和技能，进而发展出与普通人共通的情绪情感的基础。由于在学校环境适应、学业学习、同学交往等方面有困难，ASD 儿童容易感到挫败。让 ASD 儿童在学校获得成功的体验，对他们来说非常重要，这些体验不仅能让 ASD 儿童获得自信、获得进一步学习和发展的动力，也有助于提升他们在班集体中的地位，增强他们对集体的认同感。

ASD 儿童更习惯于结构化环境。教室里的结构化环境包括三条标准：一是在教室空间中，划分出明确的功能区域，比如教师教学区、学生学习区、图书区、板报区、卫生区、物品存放区等；二是每个区域都制订了时间和空间使用规则，比如"图书区只在课间开放，上课的时候学生不能随意去看书""物品存放区存放学生随身携带的衣物，不存放玩具"等；三是每个区域都有明确的标识，提醒每个学生该区域的用途是什么，什么时候可以使用，应遵守的规则是什么。大多数 ASD 儿童擅长"读图"，他们或许难以根据教师的口头提示完成某项任务，但是，他们可以通过图画展示的内容理解要做什么、怎么做。因此，教师在必要的区域、物品上贴上标识图片，有助于 ASD 儿童理解学校生活、接纳班集体，这对低年级的孩子和智力水平较低的孩子更为适用。（杨希洁，2014）[231]

对于肢残和脑瘫的学生，如果他们智力正常，那么学校主要就是为他们提供适合的课桌椅、无障碍的环境，给他们的活动提供方便，除艺体等课外学习之外，一般不需要特别考虑。

（二）随班就读学生的教育起点需求与确定

教育起点就是对学生进行德、智、体、美、劳教育的起始位置。由于特殊需要儿童与其他普通学生有比较大的差距，往往不能和其他学生采用统一的教育起点。特殊需要儿童教育起点的确定固然和教育目标有关，但更和特殊需要儿童的生理、心理发展水平有关。在我们进行了测查后，通过对特殊需要儿童和其他学生发展差异的比较，以及他们自身各方面发展差异的比较，特别是和常模的比较，就会容易看到他们特殊的一面，以及教育的起点位置。

确定教育起点分两种情况：一是对未接受过教育、刚入学的特殊需要儿童，二是对已接受过一定程度教育的特殊需要儿童。对于第一种情况，应在全面了解的基础上，确定教育的各方面起点，特别是特殊需要儿童的语言能力、阅读能力、交往能力、学习兴趣以及语数知识的起点位置，因为这些方面对他今后学习进步的影响很大。对于第二种情况，应在全面了解的基础上，着重确定特殊需要儿童的基础学力起点位置，了解他学习的风格、习惯以及学习新知识的准备情况。特殊需要学生的学习起点，按学习时段的大小，划分为学期起点、单元起点、章节起点、课时起点等，对基础学力的了解也越来越具体。

确定特殊需要儿童的教育起点往往又需要落实到各个相关学科，以各学科的标准为参照来确定特殊需要儿童的教学起点。所以，了解随班就读学生的起点，是从第一次接触随班就读学生时就开始的一项系统的工作，而且这项工作也不可能一次性完成。教育起点的确定要借助观察、调查、测量等手段，而学科教学起点的确定往往要借助学科诊断测验。

（三）随班就读学生优势潜能开发的需求

残疾人将来要自立于社会、造福于人类，更多的是要靠优势和潜能的开发。残障是人与人之间的一种差异。人们通常认为，残障是人生存与发展的一种障碍。但从另一种角度来看，它也可能成为一种优势。如亚斯伯格综合征，它是孤独症谱系中的一种，据说很多科学家和数学家都有这方面的障碍。甚至有学者称："没有亚斯伯格综合征，就没有伟大的科学家。"有这类障碍的人工作研究十分专注，很少受外界干扰，这恰恰是科学家需要的品质。漫画家朱德庸小时候也被诊断为自闭症，但正因为他不像我们普通人那样"不识庐山真面目，只缘身在此山中"，才逐渐形成了自己的优势，其创作的漫画总是让人感到视角独特。再比如，有些聋人眼睛特别灵敏，这是人体自身的一个代偿。在审美等方面，有的聋人也有他的独到之处，而在精细操作方面，如组装计算机系统，有的聋人也比普通人装得好。所以，我们要了解个体内的差异，要了解每个人的优势、潜能在哪里，并满足他们开发优势和潜能的需求。

三、学生需求分析的一般方法

（一）资料分析法

对收集的资料，按照研究的需要可以先排列和编码，然后进行分析。对研究对象从主、客观两方面进行分析，如分析研究对象的主观动机、态度、情感、价值观、方法等，分析家庭、社会、学校教育等方面的影响，并从现在追溯过去背景，了解个案发展变化的基本特点和规律，以及影响个案发展变化的因素。分析时可以运用类属分析、情境分析或量的分析，也可以综合运用这些方法。

（二）类属分析法

"类属分析"是指在资料分析中寻找反复出现的现象以及可以解释这些现象的重要概念的过程。（陈向明，2000）[290]在这过程中具有相同属性的资料被归入同一类，且被一定的概念予以命名。类属的属性可以从各个不同层面寻找，如组成类属的要素、结构，形成类属的原因等。为了使资料分析更加直观、明了，在建立不同类属之间关系时可以用枝形结构图、网状连接结构图等。在设定类属时，要防止犯逻辑错误，如子项相容或过多，当然也要考虑被研究者自己对事物的分类标准，站在被研究者的角度看待事物之间的关系和社会现象。

（三）情境分析法

"情境分析"指的是将资料放置于研究对象所处的自然情境之中，按照故事发生的时序对有关事件和人物进行描述性分析。（陈向明，2000）[292]情境分析要在提供的完整情境资料的基础上寻找故事的发展线索及主要部分。在分析归类基础上将内容浓缩形成一个有内在联系的叙事结构，并对隐含的各种关系进行深入探讨。在情境分析中要注意选择能反映主要情境的照片、录像等资料。

（四）数字分析法

量的分析是针对个案中的数字资料进行分析，通过数字的变化、数字的比较等来反映被研究者的发展变化和本质属性。在量的分析中也可以运用图表等形式，让人一目了然。

以上几种分析方法各有利弊。类属分析通过归类分析，强调了被研究者的有关主题，如他的学习特点等，但往往忽略了事件的情境和事件的连续性，且有的事件可能也无法被分类；情境分析更能贴近被研究者的真实实际生活，但对资料的相同点和不同点分析不够；量的分析虽然给人以精确、简约、有说服力的感觉，但往往忽视了具体的情境和过程，数字也只能反映被研究者的部分特征。因此，在测查学生需求时，以上方法可以综合运用。比如在情境分析中，我们可以按照一定的意义分类系统将描述的事情进行分层，凸显某些主题，也可以突出一些数量特征的变化。同样，在类属分析中也可以在主题下面安排一些故事性描述和分析，以及数量的变化和分析。这样能使我们对被研究者把握得更准确。

在分析的基础上，去粗取精，去伪存真，分析诸多因素，抓住主要矛盾，对被研究者在发展过程中存在的主要问题及其特殊教育需要作出诊断，当然，学困生的情况也有比较大的差异。教师要从分析学习困难的类型和把握个体内在差异出发，分清学习困难的基本症状和派生的二次症状，揭示每个学生的优势和缺陷，把优势作为教育的起点，再逐步逼近缺陷的领域，从而提高教育的效果。

总之，在融合班级中，要想全面、动态地测查学生的差异，我们就不仅要强调了解学生在生理和心理上的差异类别和程度，还要进一步了解其因差异带来的不同的学习需要，以及要进而思考在学习目标、内容、方式等方面如何满足其特殊需求。对障碍学生来说，我们不仅关注障碍学生的缺陷与不足，还要考虑他们的优势在哪儿、潜能在哪儿。在融合班级中，我们不仅仅要考虑这类学生与普通学生之间的差距在什么地方（尽管这种比较是不能公开的），还应该努力了解其他普通学生之间的差异。这样，在实际教学中，我们才能在同一个班集体框架下设计教学。

 案例1：两位智障儿童的不同需要

【案例叙述】

两位智商都是57的智障学生，分别在同一所学校、同一个年级的两个不同的班级随班就读。其中一位智障学生上课时候不断地举手,老师问题还没说完,他就已经举起手。虽然站起来什么都回答不对,但他的积极性却很高。另一位智障学生,从上课到下课都在玩一支笔,同学、老师在做什么事情,他全然不管,一点学习积极性都没有。虽然智商同是57,但是两个智障学生的表现却大不相同,个体差异很大。作为老师,应该摸清楚这些情况并采取针对性的教学措施。

【案例分析】

教师不要只关注残疾的类别、程度,更要进一步了解个体间差异和个体内的差异,了解残疾带给学生学习上的不同需要。针对本案例中"不断举手"的学生,教师应降低问题的难度,或给予支持、铺垫,给他成功的机会。对"玩笔"的学生,教师应了解他的兴趣、爱好,通过生动的教学,先试着去吸引学生的注意。

案例2:课堂问题行为的调查分析①

【案例叙述】

解决随班就读学生小A(患自闭症)融合课堂上的问题行为,需要通过访谈和直接观察,收集资料,了解其问题行为的表现、功能,为后面提出支持性策略提供依据。通过对语文老师兼班主任的访谈,笔者了解到小A的问题行为持续了一个学期以上,基本情况如表3-1所示。

表3-1 小A融合课堂问题行为基本情况

行为	形态	频率	持续时间	影响
发出"叭叭"声 哼唱 自言自语	在课堂上,发出类似"叭叭"或"piupiu"的声音,或自己哼唱歌曲。	5—10次/节	五六秒至两三分钟。	影响同桌。 影响周围学生。
离座蹦跳	课堂上不经过老师允许离开座位蹦跳超过三秒。	1—3次/节	三秒至五六秒。	影响周围学生。

---

① 本案例由北京市西城区融合教育中心陈甜天、王玉玲、潘镭、毕颖男、王莉萍等老师提供。

续表

行为	形态	频率	持续时间	影响
趴在桌子上	上课时，身体上半部分/头趴在桌子上。	2—5次/节	四五秒至两三分钟。	影响自己学习。
不专心	看窗外、天花板、地上，趴在桌上，喝水，不听老师的口令（如：看老师/打开书）。	15—30次/节	三四秒至两三分钟。	
抖手	单手/双手在眼前、耳旁、胳膊上、胸前重复拍打持续三秒以上。	50—80次/节	三四秒至一两分钟。	

如表 3-1 所示，小 A 的问题行为主要表现是：在集体课上离座蹦跳，哼唱，发出"叭叭/piupiu"等声音，趴着，看窗外，不服从指令，抖手等，问题行为大致可以分为三种情形：（一）课堂常规方面：坐姿、趴着、不举手发言、喝水、蹦跳；（二）专心听讲方面：不听从老师的指令，看窗外；（三）其他：目光不追随老师、发言的学生、黑板、书本，自言自语，抖手（刻板行为）。

直接观察发现：在三天的语文课上，当老师和其他学生问答互动时，以及当被要求自己完成任务时，小 A 自言自语、发出"叭叭"声 13 次、趴着的动作出现 7 次，看窗外、房顶或地面共 71 次、抖手 150 多次。行为后果多为：老师叫名字提醒、走上前辅助，有时则忽略小 A 的问题行为继续教学。（见表 3-2）由此推测，小 A 课堂问题行为的功能可能是获得关注和逃避任务。

表 3-2　小 A 行为观察 ABC 记录

日期	活动	行为情境	问题行为	后果
2018.5.22	语文，集体教学(40 人)。	老师要求学生写卷子。	发出"叭叭叭叭"的声音。	先忽略，后老师走近，示意安静。该生笑着说："老师，对不起。"
2018.5.23	语文，集体教学(40 人)。	老师要求学生与同桌轮流朗读课文。	无反应，自己哼唱小曲儿。	同桌小伙伴戳戳小 A，指着书说"你先读"。随后该生大声地读。
2018.5.24	语文，集体教学(40 人)。	语文课上，老师和其他学生一问一答持续 10 分钟以上。	看窗外，抖手，模仿射击动作，趴着。	老师叫他的名字，提醒注意听讲，他会转过头，笑着看老师。

就其行为功能，综合直接观察和访谈可得出以下的结论性陈述：

（1）在集体课上，当老师和其他学生互动时，或者5—10分钟里没有教师或者同伴关注时，小A会发出"叭叭"或"piupiu"的声音，或是离座蹦跳、哼唱等。推测：这些行为的功能可能是获取注意。

（2）当小A被要求独立完成较难任务的时候，会做出发出声音、看窗外等行为。推测：这些行为的功能可能是逃避任务。

（3）班级集体课上，如果普通学校老师较多地让小A站起来回答问题，或者资源教师坐在小A旁边的时候，小A问题行为发生的频率会降低。

【案例分析】

对障碍学生固然要进行必要的心理测查与医学诊断，但作为教师，更应在教育教学过程中了解学生。改变学生的问题行为，首先要通过观察、访谈了解其基线水平。该例中教师正是这样做的，并在这基础上进行了行为功能的分析。

第四章
融合教育中，如何进行课程的调整和学生的安置

本章介绍了在融合教育中如何运用差异教学的"选择性的课程与灵活安置"的策略与"创设平等和谐学习环境"的策略。对学生的教育主要是通过若干课程教学进行的。在融合教育中，为了满足不同学生的教育需要，我们主张课程的多元性与可选择性，而课程的安排又与教育的安置形式有关。教育安置应体现灵活性和动态性，对特殊需要学生，遵循最小限制原则，努力创设一个容纳差异的民主和谐的教育环境。

第一节　课程调整的依据

调整课程的主要依据，是课程标准、教育目标和学生的实际情况。

一、课程调整依据课程标准

（一）依据普通教育课程标准

课程标准是根据各学科的特点、社会对教育的需求，以及一般学生的身心特点制定的，对教学具有普遍的指导意义。融合教育中的障碍学生首先是学生，其次是特殊需要学生。因此，对他们的教育首先要全面贯彻党的教育方针，坚持教育为社会主义现代化建设服务，为人民服务，与生产劳动和社会实践相结合，培养德智体美劳全面发展的社会主义建设者和接班人。

特殊需要学生在普通班学习，普通教育课程标准是我们调整课程内容的一个主要依据。教师应了解课程标准的体系，以及对教学的目的要求；了解确定教学内容的原则和教材编排的特点；了解课程标准对教学工作提出的建议。比如，有的视障、听障学生，智力很好，如果给他们降低要求，学习缺少挑战性，就会影响他们的发展，课程的调整要同学生的发展结合起来。

（二）依据国家对融合教育教学目标和任务的基本要求

原国家教委《关于开展残疾儿童少年随班就读工作的试行办法》（1994年7月21日）中规定："学校应当对残疾学生加强思想品德教育，培养其良好的行为习惯，使其逐步树立自尊、自爱、自强、自立精神。同时要加强对普通学生的思想教育,以逐步形成普通学生与残疾学生互相关心、互相帮助的良好校风和班风。""对视力、听力语言残疾学生的教学要求一般与普通学生相同,特殊情况允许有适度的弹性。对轻度智力残疾学生的教学要求可以参考弱智学校的教学计划、大纲和教材作出安排。对中度智力残疾学生的教学和训练也应作出适当安排。""各科教学应当结合本学科的特点,在教授文化科学知识的同时,注重对残疾学生适应社会生活能力的培养和心理、生理缺陷的矫正、补偿。"

(三) 参考特殊学校课程标准

21世纪课程改革,特殊教育学校的教育目标已进行了重新审定,可供融合学校参考。但要注意特殊教育学校的教育对象一般是中、重度的残疾学生。

培智学校:使智力残疾学生热爱共产党、热爱社会主义、热爱人民;具有爱国主义、集体主义精神;具有遵纪守法和公民道德意识;具有一定的科学文化知识;具有生活自理能力、与人交往能力、适应社会生活能力、职业竞争能力和自食其力能力;能够主动克服自卑心理,具有良好的心理素质;养成健康的审美情趣和生活方式,成为有理想、有道德、有文化、有纪律的,对国家、对社会、对家庭有用的一代新人。

聋人学校:使听力残疾学生热爱社会主义,热爱祖国,热爱中国共产党;具有社会主义民主法制意识,遵守国家法律和社会公德;具有社会责任感,逐步形成正确的世界观、人生观、价值观,努力为人民服务;具有初步的创新精神、实践能力、科学和人文素养以及环境意识;具有适应终身学习的基础知识、基本技能和方法;具有与人交往的能力、适应社会的能力和职业竞争的能力;具有健壮的体魄、良好的心理素质,养成健康的审美情趣和生活方式,培养自尊、自信、自强、自立的精神,成为有理想、有道德、有文化、有纪律的一代新人。

盲人学校:以视力残疾学生发展为本,立足促进全面发展,开发各种潜能,补偿视觉缺陷,使学生初步具有以爱国主义为核心的团结统一、爱好和平、勤劳勇敢、自强不息的民族精神,具有社会主义民主法制意识,遵守国家法律和社会公德;逐步形成正确的世界观、人生观、劳动观、价值观,正确地认识和对待残疾与社会;具有公民意识和社会责任感,依法维权,努力为人民服务;具有初步的创新精神、实践能力、科学和人文素养以及环境意识;具有乐观进取、自尊、自信、自强、自立、立志成才的精神以及平等参与的意识。具有适应终身学习的基础知识、基本技能和方法；具有健壮的体魄和良好的心理素质，养成健康的审美情趣和生活方式，为学生成为社会主义的建设者和接班人奠定基础。

总之，根据特殊学校课程标准，在融合教育中，我们对残障学生的教育目标和任务的基本要求应与对普通学生的基本相同，但要特别注重培养残疾学生自尊、自信、自立的精神，培养普通学生尊重残疾同学，以及助残的精神和能力；教学目标和任务要根据学生的实际情况进行适当调整。需要对残疾学生的状况进行系统的评估，从学生的身体结构与功能、活动与参与以及环境因素方面全面评估学生的特殊教育需求，进而确定特殊教育的内容与课程结构。一般来说，对视力残疾和听力残疾或有其他残疾而智力正常的学生的教学目标和任务的基本要求原则上应与对普通学生的相同或略低；对智力残疾随班就读学生的教学目标和任务的基本要求要适当降低（主要在中高年级学段），但这种"适当降低"不能限制学生的发展。

二、课程调整依据教育目标和学生实际

教育目标是教育目的和要求的具体化。教育目标既要体现课程标准的统一要求，又要体现学生的差异。

对于特殊需要学生，我们原则上不能随便删除一些课程，因为每门课程的开设都有其预定的教育目标，都是在促进学生全面发展方面不可或缺的。

轻度智障学生一般应参加本班各门课程的学习，各门课程要根据智障学生的个别教育计划对内容有所选择，免去不适合他们学习的内容，适当增补联系实际的学习内容。在调整学习内容的过程中，要特别注意学生认知发展的顺序和学科知识的逻辑系统性。

课程内容可在数量上做适当调整。例如，一节语文课，普通学生学习 8 个生字的读写，智障学生学习其中较简单的 4 个生字的读写，其余较难的 4 个生字只要求会认读。再如，普通学生做 10 道数学题，智障学生可只做其中最基本的 5 道题。

课程内容可在学习速度上做适当调整。要求普通学生一节课掌握的内容，智

障生可用两节课或更长的时间掌握。

课程内容可在深度上做适当调整。不会写的繁难生字允许用拼音代替，较大数字的计算可用计算器。在高年级，需要较高水平思维能力的问题，可给智障生做分解，不要求学生必须理解不适合其思维水平的问题。

充分利用综合实践活动，把文化知识融入活动中，帮助智障学生在活动中领悟某些文化知识。可为智障生在资源教室专门开设智力、感官功能、社会适应等训练课程。

听障学生一般应参加本班各门课程的学习。听障儿童语言能力差，而汉语拼音是听障学生学习说话、读词、读句、口语实践的基础，是学习查字典、理解语言的自学工具。因此，语文课上的汉语拼音教学就显得尤为重要，需要教师加大教学力度，实施个别教学。

听障学生虽然不能歌唱，但他们也需要提高审美能力，可以变换其他艺术形式。例如音乐教育中的重要部分——节奏感的训练对他们也是很重要的，因此，他们上音乐课时，可用形体动作的表达代替歌唱的表达。

听障学生要上好体育课，教师的口令就要让他们看得见。

充分利用地方课程和校本课程满足听障学生的特殊需要，若能为听障学生在资源教室专门开设语言训练、交流技能、社会适应等训练课程，将会大大促进听障学生的发展。

融合班级的视障学生一般应参加本班各门课程的学习。对于全盲学生，语文课中的给汉字标汉语拼音、识别错别字等的练习不能做，因为盲文就是汉语拼音的一种表达形式，不区别同音字。数学中的竖式计算法，用盲文书写很困难，因此，在数学教学中要加进更多的珠算教学。可教授视障学生使用语音计算器，加快计算速度，降低解题难度。在艺术课上，盲生可以用粘贴的方法作画，可学会各种手工作品的制作如泥塑等。体育课对盲生的成长是很重要的，跑、跳、投、器械运动、游泳……，他们都可学会，只是老师要用哨音做定向引导，其他学生要保持安静。老师要提前为视障生预见危险，避免危险，可以对体育课的内容、形式、设备、器材做些改进。如盲生跑一百米，跑道旁边系个绳子，中间系个球，球里边有个铃铛，盲生就可以靠声音来辨别。科学、英语、品德与生活、品德与社会、综合实践活动等课程，视障学生都能参与学习。

由于视障学生读书、写字的速度一般比普通学生慢，低视力学生用眼易疲劳。因此，教学内容在数量、速度等方面要适当降低标准，允许繁难字用汉语拼音代替。

可为视障学生在资源教室专门开设定向行走、生活劳动技能、社会适应等训练课程。（韩萍，2014）

总之，课程的调整要有利于学生全面发展和培养良好的个性，同时又不能加重特殊需要学生的负担。

第二节　融合教育中课程调整的方法

特殊需要学生在普通班学习的是普通课程，根据他们的特殊教育需要，要对普通课程做相应的调整。

一、加强基础学科，突出基本概念

这是应对知识量剧增和更新过程加快，以及社会对人才需求的多样性等新趋势的最主要办法之一。基础学科、基本概念反映出自然和社会的一般规律，是学习其他内容的基础，具有广泛的迁移性，也是各种各样人才都需要的共同基础。目前我国课程中基础学科、基本概念定位偏高，使一些学习能力不足或有功能限制的学生，感到学习困难，负担过重，反而削弱了基础学科的教学效果。教师应引导随班就读的学生先学习一些基本的东西。比如，对智障学生，应适当降低共同的基础，并适当分流，采用分级教材，或提出不同程度的要求，以适应不同学生的需要。不过，在削减课程量的同时，教师要提供足以支撑学生基本素养、提高其社会适应能力的核心课程。对大多数特殊需要儿童（智障儿童等除外）也应保证核心课程的学习和基本内容的掌握。

二、必修课程和选修课程结合

目前，对特殊需要学生，应增设选修课，特别是在中学，以满足学生个性发展的需要，发展学生的优势和特长。同时，应针对我国各地社会经济发展不平衡的特点，通过开设地方性的选修课，介绍乡土文化，充实职业技术教育的内容。要在课程理论指导下开设选修课，不能开得太滥，造成知识重复交叉，增加学生负担；也不能只是从学校的师资和条件角度考虑开设选修课。选修课的开设，应从学生个性发展和当地经济发展的需要出发。选修不等于偏科，应处理好发展特长、兴趣和全面打基础的关系。对于特殊需要学生还应开设针对他们障碍的教育训练课程。如盲生的定向行走课程、听障学生的语言训练课程，中学还可以开设职业指导课程等。根据特殊需要学生的特点，有的课程可以选学，甚至不学，这样他们才可以集中精力保证学习适合自己的技术课程。比如，如果学生确实是轻度智障，只能学到三四年级的水平，那么，让他学习中学数理化课程，就不现实。所以，到了中学更多的是引导其学习职业技能，学习适应社会。当一个学生由于某种障碍，对学习某一课程感到有困难或毫无兴趣，而学习另一课程却能达到类似原课程设计的教育目标时，就可考虑用后者取代前者。例如，对于聋生可用艺术欣赏课代替音乐欣赏课，用律动课代替唱歌课；如果是肢残学生，则要为他选择适合的体育课程。但要注意不能随便取消学生的课程，如盲童也应上体育课，课程的安排要有利于他们的全面发展，也要发展他们的优势特长。如有的自闭症学生有绘画方面的天赋，有的听障学生有舞蹈方面的才能或有学习计算机的兴趣潜能，他们都需要在这些方面学习更深的课程。对各门课程应达到的标准，教师可以根据这些学生的教学目标做适当调节。

三、活动课程与学科课程结合

活动课程的基本出发点是儿童的兴趣和需要。教师把儿童自己组织的一系列活动作为课程内容。儿童通过活动学习，获得经验，培养兴趣，解决问题，提高能力。

活动课程重视学生学习的过程、学习的方法，不给出学习结果。它重视学生的实践、直接经验，以学生为活动的主体，按学生心理发展顺序组织学习内容。因此，这种课程有利于学生个性发展，有利于发现和发展儿童的优势，也有利于特殊需要儿童利用各自的生活经验和适合他们自己的方式学习。而学科课程按照本学科的逻辑系统向学生介绍书本理论，有利于学生更好地认识世界。我们应把两类各具特点、各有侧重的课程结合起来，综合运用，扬长避短。

事实上，我国现行中小学课程都兼有学科课程和活动课程的特点。有些学科本来就包含活动，如物理、化学、生物课程的实验课，还有体育、音乐、劳动等课程，以及小学科学课程都包含有许多活动。新课程改革后又增设了综合实践活动课程，但由于受片面追求升学率的影响，有些活动被取消了，或没有发挥应有作用，教学中教师只重视理论教学，重视间接经验教学和结果教学。为照顾学生差异，发展他们的个性，应加强活动教学，将活动课程和学科课程很好地结合起来。对于特殊需要学生来说，活动课程也有利于他们增长学习和生活的经验，并学会与人合作。

四、根据需要开设模块课程

模块课程就是根据实际需要及学生意向，将有些学科适当组合，形成有内在联系，为达到一定的目的，以模块为单位的课程。例如，为了让特殊需要学生理解学习的意义，提高解决问题的能力，可以提供主题性课程。这些主题是现实生活中实实在在存在的、丰富多彩的任务。这些任务大多数是跨学科的，既包括专门的学科知识，也包括根据不同情境迁移信息的一般技能、决策技能、人际关系技能等，诸如就业问题、社会适应问题、污染问题、交通堵塞问题。学生面临这些来自实际的挑战，努力解决这些问题，会更好激励他们学习的积极性，提高解决问题的能力。模块课程的优点是，能适应不同学生的需要，课程目标明确，便于各课程教学间的有机结合，各课程的内容和顺序也可适当调整。

五、提供课程资源中心

课程资源中心可根据学生学习的需要、能力发展和潜能发展的需要，提供有利于发展的课程模式。可为障碍学生开设补偿缺陷的课程，如语言训练课程等。学校还应提供相应的参考资料、图书、程序化材料、计算机终端等。学校可设立资源教室或活动中心，给学生提供相应的活动场所，并安排资源教师、指导教师或专家对特殊需要学生开展教育教学活动。

六、编写多样化的教材

在一个班级中要照顾学生的学习差异，有几种基本的途径：一是同教材，同要求，异进度；二是同教材，同进度，异要求；三是异教材，异进度，异要求。

同一班级学生采用不同教材，学习不同内容，这对于我国班额比较大的情况，显然是难以实施的（少数边远山区的小班例外）。同教材，同要求，异进度，虽只用了一套教材，但由于进度不一，很快就会造成同班学生学习的内容不一样。而且他们需要不同的教学辅导，需要不同的教学媒体，由一个教师来承担这样的教学也是相当困难的。因此，在一个班级中照顾差异的明智的教学策略，应是同教材，同进度，异要求。当然，同教材并不等于教学内容也完全一样，可以对教学内容做适当的调整和组织，以适应不同的教学要求和目标，使水平高的学生在一般水平上得以提高，同时，加强辅导，以帮助有特殊需要的学生。

为照顾学生的差异，不仅课程的开设应该灵活，编写的教材也应有包容性、弹性和适切性，以满足学生的不同类型和水平的需要。中小学课程教学内容的分类程度及分类主题因儿童年龄、学科内容结构的要求以及环境的不同而有所变化。我国现行的教材政策在一定程度上强调不同水平和特色的多种版本，以适应儿童的不同需要。教师可帮助有特殊需要的学生选择适合他们的教材，但教材也只是一种教育资源，为满足特殊儿童的需要，还需要开发更多的多样化教育教学资源。教学方法和教材、教学手段有关。对有特殊教育需要的学生，需要采取哪些特殊的教学手段和工具，教师也应提前做好准备。例如，给盲生提供适合的书籍（盲文课本）和录音带，给智力超常的学生提供可借以深造的教材，给智障的学生提供直观形象的课程等。

七、特殊需要学生课程调整应注意的问题

1. 课程结构的整体优化

课程的产生和发展，受到外部和内部的许多因素的影响。社会结构、科学结构和学生心理结构作用于课程实践和理论本身，促进着课程不断发展。确定课程

的结构要根据系统论的原理,着眼于整体优化,各门课程都不能只强调本课程的地位和作用,应重视各层次、各类型课程的联系,统一规划校内外、课内外的教育教学活动。

2. 加强课程的融合

21 世纪将是不同领域科技融合的时代。为适应现代科学技术的发展和解决人类面临的种种社会问题,需要加强课程内容的融合,甚至开设综合课程。从世界范围来看,开设综合课程是课程改革的一个趋势。如我国现阶段开设的综合实践活动课程。综合实践活动不仅有利于学生综合运用知识,提高解决实际问题的能力,而且对智力水平不高、学习困难的特殊需要儿童在实践活动中理解知识、运用知识也很有帮助。但是,在开设综合课程的过程中,存在综合课程和分科课程内容的重复交叉,综合课程与具有综合性的活动课程的重复交叉。因此,在设置综合课程时,应把各类课程作为一个整体加以考虑,使其在内容和活动形式上既不重复,又相互补充、相互促进。课程的融合加强了学科联系,也避免了因课程太多增加特殊需要学生和家长的负担。

3. 针对特殊需要儿童做调整和选择

在学习普通课程的同时,要对普通课程做必要的调整,并针对他们的缺陷和生活环境安排一些补偿性、适应性课程,提高他们相应的功能水平与适应环境能力,但要尊重学生的选择,结合他们的生涯规划,帮助他们实现自己的理想,提高生活质量。

 案例 1:融合班级的自闭症小学生的课程①

【案例叙述】

表 4-1 某普通学校一名严重情绪问题学生(自闭症患者)的课程(第一阶段)

	星期一	星期二	星期三	星期四	星期五
第一节	运动	运动	运动	运动	运动
第二节	创作	表达	情绪	创作	阅读
第三节	表达	箱庭	瑜伽	情绪	情绪

---

① 本案例由北京联合大学特殊教育学院许家成老师提供。

续表

	星期一	星期二	星期三	星期四	星期五
第四节	注意力	箱庭	瑜伽	表达	注意力
第五节	美术	音乐	政治	历史	劳动与技术
第六节	生物	体育	科学	书法	地理

第一阶段：每天上午第一节至第四节课由陪读人员带领其在特殊教育管理中心（以下简称特教中心）进行康复训练，下午第五节课和第六节课在普通学校，由各任课教师对其进行抽离式的单独授课。

表4-2　某普通学校一名严重情绪问题学生（自闭症患者）的课程（第二阶段）

	星期一	星期二	星期三	星期四	星期五
第一节	运动	运动	运动	运动	运动
第二节	创作	表达	情绪	创作	阅读
第三节	表达	箱庭	瑜伽	情绪	情绪
第四节	注意力	箱庭	瑜伽	表达	注意力
第五节	美术	音乐	政治	历史	劳动与技术
第六节	生物	体育	科学	书法	地理
第七节	英语	科学	语文	英语	数学

第二阶段：每天上午第一节至第四节课由陪读人员带领其在特教中心进行康复训练，下午第五节课至第七节课在普通学校，由陪读人员带领其在班级与同学一起接受各科的学习，其间特教中心的巡回指导教师定期进行指导。

表4-3　某普通学校一名严重情绪问题学生（自闭症患者）的课程（第三阶段）

	星期一	星期二	星期三	星期四	星期五
第一节	英语	政治	数学	政治	英语
第二节	语文	数学	地理	语文	体育
第三节	美术	语文	英语	数学	语文
第四节	数学	语文	生物	英语	数学
第五节	体育	历史	书法	地理	音乐
第六节	劳动与技术	科学	历史	生物	生物
第七节	信息	活动	体育	班会	

第三阶段：全天在普通学校，由陪读人员带领其在班级与同学一起接受各科的学习，其间特教中心的巡回指导教师定期进行指导。

【案例分析】

严重情绪问题学生（自闭症患者）难以融入普通班的课堂学习中。该例中采用三个阶段循序渐进的方式，第一阶段上午康复训练，突出教学常规训练，下午教师单独授课。第二阶段下午由陪读人员带领其在班级与同学一起接受各科的学习，逐步扩大他接触人员的范围。第三阶段才开始全天在普通学校学习。如此，该生就能逐步适应普通班的课程学习。

案例2：个别课程①

【案例叙述】

课程实施要尊重学生不同的个性特征，照顾差异，为每一个学生提供适合自身发展的方式，促进他们最大限度的发展。学校面对智力水平、知识能力、家庭背景不同的学生，开发了适合不同层次学生的个别课程，为每一位学生提供适合的教育。

享学百分百：这类个别课程是针对有强烈学习需求，需要进一步提升知识与技能的学生开设的扬长性课程。在任一学习进程中，学生都可对有需求的学习内容提出申请，填写享学单。学校提供各类资源进行个别化辅导，满足学生的提优需要。

乐学一刻钟：这类个别课程支持学有困难的学生。可利用课后或寒暑假时间，对有需要的学生进行适时、适度、适切支持，为这类学生提供最有效的补救服务。

对于需要进一步接受融合教育服务的学生，学校专门开设了情商训练营、体感游戏个训等干预性课程，针对学生个体情况进行有效干预，预防、纠正不良情绪，辅助感统康复。

【案例分析】

南京光华东街小学是一所开展融合教育的学校。学校依托课程资源中心为每个学生特别是残障学生提供个别课程，满足他们学习与发展的个别需要。这是值得提倡的。

---

① 本案例由江苏省南京市秦淮区光华东街小学吴宁老师提供。

第三节　灵活的教育安置

教育安置，简单地说，就是将学生安排在恰当的组织形式里接受教育。对特殊儿童来说，教育安置遵循最少限制原则，即将特殊需要学生最大限度地和普通学生安排在一起接受教育。

对少数有特殊教育需要的学生，教育安置的形式不能一成不变。有时他们需要在普通班和其他学生一起学习，有时他们需要在资源教室接受补救教学或完成特殊课程，而有些健康欠佳的学生甚至有时无法全天在校学习。要根据不同情况，做出妥善的教育安置，并在保证基本要求的情况下，选择适合课程。

从教育安置方面来说，班级学生人数过多，教师往往难以照顾学生差异。因此，我们主张在融合教育中以小班为基础组织教学，并将大班、小班、小组、个别教学有机结合起来。

1. 小班化教学

教育安置采用小班化有利于照顾学生差异，发展学生个性。小班人数20—30人。在学生人数适宜的班级内，学生回答教师问题的机会多，参与课堂讨论等活动的机会多，师生交流密切。而在学生人数膨胀的班级里，只能有部分学生同教师进行交流，而相当一部分学生被剥夺了权利。被剥夺了参与课堂发言讨论机会的往往是那些性格内向或能力较差的学生。这实际上造成了学习机会的不均等。学生人数多，势必造成相当一部分学生的座位远离教师，难以得到教师的暗示和反馈，不便与教师情感沟通，受纪律约束的程度也小。由于单位面积内人口密度过大，学生的个人活动空间相对受到他人挤占，这往往成为诱发学生争吵和破坏纪律的一个主因。此外，班级规模过大，学生的学习水平、学习能力、学习习惯等方面的差距往往也更大,众口难调。一些特殊需要学生,往往需要教师的特别帮助,但由于学生人数过多,教师便无暇顾及,也难以了解每个学生的学习状况和效果。

许多学校实施小班化教学已初见成效,学生三四人围坐在一起,教师置身于学生当中,亲切和蔼地讲课,孩子姿势自由宽松,教师有精力照顾全体学生,上课时,孩子被提问及自我表现机会大大增加。遇到小组交流时,孩子们七嘴八舌,各抒己见,不再有学习恐惧感。实践证明,小班学生无论是思想品德、行为规范,还是学习方法、动手动脑、交往能力往往都优于目前的普通班。

但同时我们也看到,有的学校虽然实施了小班化教学,但却并没有提高质量。究其原因,不外乎是教师欠缺面向全体学生的意识,没有实施差异教学,以至小班的资源没有得到充分利用。有的学校仍沿用传统的教学模式,没有充分利用空间增加师生交流互动,没有给学生创造更多自主学习、实践的机会。

2. 小班、大班、个别和小组教学的有机结合

我们提倡的小班不是一成不变的。小班化教学要和大班、小组以及个别教学三种教学组织形式结合起来。大班课是将两个或几个平行班合在一起上课,讲课时应用现代化技术手段,讲课任务由最优秀的教师承担。然后上小班课(约为普通教学班人数的一半)学习大班授课材料,进行讨论,让学生发表补充意见。负责小班的可以是教师,也可以是学生中的优秀生。个别教学时,一部分作业由教师指定,一部分作业由学生自选,其目的是促进学生个性发展。有时,我们还需要分组学习。在实际教学中,分组还要考虑小组规模的问题。每个小组人数少,则小组的数量必然会多。每个小组的人数,应适合小组活动的需要。这和学生的能力及需要有关,同时,还应考虑小组的数量不应超过教师能监督指导的数量,只有这样才能保证小组活动的效果。

3. 有条件的学校设置多轨课程,学生适度走班

在同一学校内,可以实施多轨制课程。学生不是被硬性地指定在单一学制内学习,可参与更多学制的学习,以便更适合他们的能力和兴趣。学生可以以某个班级为主,而数学、英语、体育等课程的学习,可根据自己的水平和意愿分别去不同进度、不同要求的班级学习。当然,这会给学校的课程安排及教学管理带来一定的困难。因此,课程的轨制太多也是不现实的。我们主张,在学生已经根据

自己的能力和兴趣参加不同进度、不同学制的小班,而小班中又仅有一位教师、无协作教师的情况下,因小班内学生的差异已不大,课内教学中的分组可以更多采用合作小组的形式,让水平较高的学生去帮助水平较低的学生,集思广益,共同提高。这样不仅有利于提高学业的整体水平,而且还会使小组成员具有多样化的社会特征和能力。特别情况下,学生也可以在资源教室接受专家、辅导教师的个别指导,或运用计算机按个人需要的程序去学习或练习。

如果特殊儿童感到在普通学校就读实在困难,根据需要也可以转衔到特殊学校就读,当然,特殊学校有潜力的特殊儿童也可转衔到普通学校就读。但要对这种情况进行科学论证,并征得学生和家长的同意。

 案例 1：智能障碍学生在普通中学随班就读

【案例叙述】

中度智障儿童,在普通中学随班就读,一般是不可能的,但因为当地没有特殊学校,普通中学就接收了一位中度智障儿童。笔者听了该班的一节语文课,该智障生就认识有限的几个字。但是,经过教育训练后,他在课堂上能安静坐在那儿,遵守课堂纪律,平时也能和同学们一起做广播操,一起活动。有的学生做了什么违纪的事,他也会打"小报告"。尽管"报告"写得不通,字也不对,但是至少他参与了,得到了锻炼。该校有一个校办工厂和一个校办农场,他不参加班上数学、物理、化学等课程的学习,而是在工厂或农场学习生产劳动技术。

案例分析：特殊儿童教育安置要充分利用社区的学校资源和条件,实现零拒绝。与普通学生共同学习部分课程,共同参与学校一些常规活动,也有助于提高特殊儿童的社会适应能力。而用生产劳动技术课程代替数学、物理、化学课程,也体现了对该特殊需要儿童的灵活教育安置。

案例 2：差异教学理念下的特殊需要学生入学安置①

【案例叙述】

按照成都市青羊区教育"零拒绝、无障碍、全开放"的教育环境建设要求，我们接受每一位特殊需要学生的入学申请，按相关流程开展安置工作，为每个学生的安置提供科学的依据。

我们结合家长提供的有资质医院的医学诊断，由青羊区特殊教育资源中心（简称特教中心）专业评估委员会领导下的评估小组进行入学诊断，诊断的内容包括认知、语言、情绪、行为问题、兴趣特长、学习特点等方面。之后，再考虑其生理年龄，由评估小组提出安置建议，评估委员会确定安置形式，特教中心报请区教育局进行安置。

为满足不同障碍类型、不同障碍程度的学生个体发展需要，我们为特殊需要学生提供了三种安置形式。

1. 特殊班（培智班级）

适合对象：中重度智能障碍儿童、孤独症儿童及多重障碍儿童。

入班后，由班级老师对其进行观察记录，根据其适应环境情况，从入学后两周到一个月不等，开展全面教育诊断。一般包括：儿童学习行为调查、学习特点调查、语言功能评量、课程评量，如果运动功能有障碍，则可以增加动作评量。再收集整理资料召开个案会，制订符合儿童个体发展需要的个别化教育计划。低段班以开设主题单元课程为主。鉴于孤独症儿童数学学习差异太大，生活数学课程采取跨年级走班教学。

如果学生综合能力有进步，情绪稳定，家长可提出随班就读书面申请，经特教中心评估小组评估后提出安置建议，由教育局分管科室安排进入普通班级。若学生当前还不适合随班就读，则继续在青羊区特殊教育学校（简称青羊特校）学习。

2. 学前融合教育实验班

适合对象：6—8岁中重度孤独症（多重障碍）儿童。

---

① 本案例由四川省成都市青羊区特殊教育资源中心卞蓉老师提供。

针对年满 6 岁，因为程度很重而不适应（义务教育阶段）特殊教育学校学习生活的学生，青羊特校专门开设了学前融合教育实验班，并实施华德福课程。

新生入学适应环境后，由 2—3 名特殊教育教师共同进行全面的教育诊断。包括：儿童学习行为调查、学习特点调查、PEP-3 评估，并对诊断结果分析和总结，召开个案会，最后讨论制订出本学期个别化教育计划。自 2010 年开办学前融合教育实验班至今，39 名学生全部顺利地升入了一年级。

3. 普通班级

适合对象：中轻度智能障碍儿童、轻度孤独症儿童

对于中轻度智能障碍儿童和轻度孤独症儿童，经入学诊断后，若在常规、行为、情绪等方面没有异常，一般可直接进入普通学校进行学习。若在常规、行为、情绪、适应等方面有一些问题，则建议先安置进入特殊教育学校，通过一段时间调整后，再经评估确定是否可以进入普通班级。

进入普通班级一到两周后，由特教中心老师进行全面的诊断，主要包括：儿童学习行为调查、学习特点调查、教师问卷调查，若在肢体、语言方面有障碍，则增加相应的诊断。

我们根据特殊需要学生的具体情况灵活调整安置方式。如在普通班级就读的特殊需要学生出现异常状况，则对学生情况进行分析评定，与家长共同商订解决办法，例如进行学习调整或就医等。

2013 年秋季开学时，有 2 名随班就读学生回到了青羊特校学习，其中 1 名是在普通学校六年级毕业后不愿到中学去随读的学生，经评估后他被安置到了培智七年级，另 1 名学生是情绪问题特别突出，回特校进行调整；而在特校就读的学生，今秋开学后经评估，有 4 名学生到普通小学随班就读，其中 3 名是参加普通小学的全日学习，周二、周四下午的康复时间段回中心训练，另 1 名是参加普通小学上午的半日学习。

【案例分析】

对特殊儿童的教育安置遵循最少限制的原则，青羊区从特殊儿童需要出发，在科学评估和尊重儿童本人意愿的基础上，对特殊儿童进行了灵活的安置与转衔，实现了特殊儿童入学零拒绝，值得我们学习与提倡。

第四节　创设平等和谐的学习环境

环境影响每个人，创造一个良好的环境，可以促进人自身的发展。

一、尊重差异，创设民主和谐的氛围

（一）环境对学生的影响

许多研究表明，早期环境对儿童智能的发展至关重要，不论个人的遗传潜能如何，不同的环境特别是早期环境，会形成儿童智能的差异。

在不良的文化环境里，成人对孩子语言发展的刺激比较少。这些环境中的儿童语言发展迟缓，尤其是抽象言语功能发展迟缓。这些儿童入学后，当要求通过阅读、听讲、联系上下文等方式来获得新的概念，掌握关联词语或修饰词语时，他们就会遇到困难。和文化环境较好的儿童相比，他们的语言中具体的、表情的、非正式的成分多，句子简单、不连贯、不规范。由于幼儿早期发展不适当，尽管以后其他条件有利，但由于其内部发展的限制和原有的缺陷累积效果，会致使其继续落后于其他同学。随着年龄的增长，他们的认知功能逐渐分化，他们总是积极参加自己能表现出较高能力的活动，而尽量避开自己无能为力的活动，这就会增加原有缺陷，扩大他们和其他同学的差异。

丰富良好的环境因素的刺激，会使人脑神经元树突的生理状态受到合理的锻炼，取得良好的发展。成绩好的学生由于感到自己能取得成功，学习主动积极。教师对成绩好的学生往往期望较高，态度积极，促使他们进一步提高自信心。他们就会按照教师的期望方式积极学习，塑造自己。他们和老师有良好关系，常得

到老师的表扬,情绪愉快,所以思维也灵活迅速。相应地,教师给予他们促进智力发展的刺激也多,如上课提问多,作业有一定难度等,这就更能促进他们智力的发展。而对学困生而言,教师、家长往往对他们期望较低,态度也不积极,这些都会或明或暗地传递给学生,挫伤他们的自信心和自尊心。他们的情绪往往因为经常的失败而沮丧,低落的情绪会使他们思维迟钝、记忆困难。同学们的歧视也会影响他们的学习动机。他们的座位往往又被安排在教室角落或后排,不是处于教学活动的"行动区",与教师交流少,教师提供的信息刺激也少,这些学生往往得不到教师的暗示和及时反馈,这些都会影响他们的积极性,使他们的学习成绩更加落后。

有些特殊需要的学生有时还会因行为问题破坏了周边环境的和谐。例如,智障学生智力发展水平低下,但同时也会表现出社会适应方面的问题。这类学生有些不善于与人打交道,自然会出现很多问题。但我们必须看到,这是由其残障所决定的。所以,对待这类特殊需要的学生,我们要很好地接纳他们,并且还要善于和他们进行沟通和交流。

(二)民主平等的师生关系

师生关系对学习环境有重要影响。教师是学生集体的领导者,但教师应尊重每个学生,承认并理解学生的差异,从每个学生的实际出发并为其提供适合的教育教学,从而促进每个学生最大限度的发展。教师要平等地对待学生而不是居高临下,公平地对待学生而不是有所偏爱。从心理健康角度考虑,教师应能把学生从惧怕权威、缺乏自尊心以及自感不重要等不良心理状态中解放出来;鼓励学生表达自己的思想,理解并认可不同意见的分歧;创造一个谅解和宽容的气氛,鼓励学生自我提高、自我约束和进行创造性的努力。由于教师整天都要接触带有情绪色彩的儿童,他们可能会遇到儿童的敌视或挑衅,依赖或要求,破坏或欺骗,吵闹或捣乱,这些情绪不可避免地会引起教师情绪的紧张或痛苦。教师要有稳定的自我概念,理解儿童,从处于更有利的地位去预计儿童的行为,看待他们的正确观点或错误观点,用较易为儿童所欢迎的和自己所认可的方法去教学。

良好的师生关系,是学生心理环境中的重要因素,师生间若能保持民主、平等的关系,相互尊重,则有利于学生产生积极的情感。当然,这种关系应真诚,没有做作。学生热爱教师的情感会迁移到学习上来，所谓亲其师而信其道，就是这个道理。教师要相信任何学生都有好学上进的一面，包括那些学困生。学生也可以成为教师的助手。魏书生老师的一个经验就是到学生中去寻找助手，他的教学实践中，连成绩最差的学生也能帮着他留作业、批改作业、出试题、评试卷、批改作文。这些年来，他教语文，越来越轻松，根本原因在于他将每一位学生都看作自己的助手。有时，教学中的问题，教师可以和学生商量，教什么、怎么教，请他们出主意，这样不仅使学生能积极参与，而且使教师也更了解学生实际，教学更有针对性。教学气氛也更加和谐民主。

（三）建立和谐的班集体

学生的差异是建设和谐集体的基础。我们应该承认差异，利用差异，开展差异学生间的交流合作，形成和而不同的和谐氛围。

教学班，是学校教学和教育工作的基本单位。班集体的社会气氛（班风）不仅影响学生知识的学习，更为重要的是影响学生的态度、价值观和社会行为的学习。教师的领导方式是班级课堂气氛的重要决定因素。死板的安排、威胁和专制主义的控制，割断了学生与学生之间的联系，使胆小的儿童与集体隔离。这些消极影响会造成学生的紧张、神经过敏和互相攻击。学生干部的品德作风和凝聚力在构建和谐的班集体中也具有重要作用。许多心理学家的研究也表明，专制主义的领导气氛或民主的领导气氛对学生学业成绩影响不大，但是对学生的社会学习、态度和价值观的学习有深刻影响。

班集体中的活动有的是以个人形式进行的，有的是以集体形式进行的。在集体活动中个人与个人、集体与集体之间，免不了会有竞争与合作。学生间的不同关系与不同性质，是影响班级气氛的重要因素。学生之间应提倡团结、友爱、互助、合作的精神，关心集体，以集体利益为重。

二、物理、物质环境满足不同学生需要

（一）积极创造良好的物理环境

构成物理环境的主要因素有湿度、光线、空气、声音、颜色、气味等，它们

直接影响师生的身心活动。一方面，它们可以引起教师和学生生理上的不同感觉；另一方面，可以使教师和学生在心理上产生情绪，形成情感。

环境温度适宜，可提高大脑处理信息和解决问题的能力。吉利兰德关于教学环境温度的实验研究表明：最适宜学生智力活动的教室温度是20℃—25℃，环境温度每超过这个适宜值1℃，学生学习能力就会相应降低20%，室内气温超过35℃以后，学生大脑消耗明显增加，智力活动水平和活动持续时间会大大降低和减少。可见，温度是产生学习成绩差异的一方面原因。

教室内过强或闪烁频率过度的光线，会给学生脑发育带来危害。颜色在促进人的智力活动方面也有重要作用：浅绿色和浅蓝色可使人平静，易于消除大脑疲劳，而深红色、深黄色可使大脑兴奋，随后则趋向抑制，灰暗墙壁会造成阅读困难。经常处在70分贝以上音响环境中，会使人头晕乏力，注意力不集中，而音量适中、悦耳动听的声音可使人轻松愉快，易使人无意中进入智力活动佳境。

（二）努力创设优越的物质环境和先进的信息环境

不仅物理环境对学生智力活动有影响，物质环境、信息环境同样对学生的智力的正常活动有很大的影响。构成学校物质环境的主要因素是教学设施。从学校设施来说，大的有教室、图书馆、操场、实验室等，小的则有实验仪器、图书资料、计算机、电教设备、体育器材等。不同的教学设施的完善情况也在一定程度上影响教学内容和水平，影响学生创造能力、动手能力的培养，造成教学质量、教学效果的一定差异。学校应创造这方面的条件，满足学生学习的需要。

教学，是一个传递信息的过程。学校通过电视、广播、计算机网络、各种社会关系等和外界交流信息。显然，处在丰富信息环境里的学生和处在闭塞山村的学生，其见识水平、学习效果是有差异的。信息有积极的也有消极的，所以，对信息有如何选择的问题。此外，还有认识和加工的问题，在这方面学生也是有差异的。有的学生对各种各样信息能去粗取精，去伪存真，由表及里进行深层次的加工；而有的学生则对待信息像过眼烟云，飘忽即逝，或不加辨别、评价，统统加以接收。因此，教师要给予指导。

（三）座位的编排方式要兼顾学生的差异

座位编排方式，是形成教学环境的一个重要因素。学生对座位的选择也是有差异的。一般愿坐在教室前排座位的学生，大多是在学习上过分依赖教师的学生，可能也有部分学习热情特别高的学生；而愿坐后排的学生，往往是捣乱的或不听讲的学生。坐在教室不同区域的学生与教师、同学的交流情况是不同的。教室前排和从前排到教室中间的地带，课堂气氛比较活跃，坐在这里的学生参与课堂活动及与教师交流的时间和次数明显比坐在教室后排的学生多。坐在这个区域的学生正好处在教师课堂监控的有效范围内，学生自然能较好地约束自己的课堂行为，认真听讲。他们与教师距离较近，正好处在与教师交流的有效区域内。教师可以无意中通过眼神、表情、举止将自己对学生的关注和期望传递给他们，使学生产生心理上的共鸣，从而积极配合、支持教师教学。而坐在后排的学生，压力较小，受到的监控较低，也缺少教师的暗示和积极反馈，因此他们对教学活动的参与也会受到影响。为此，教师在安排座位时，可以将注意力易分散、爱做小动作、学习较困难的学生尽量安排坐在前排居中位置。另外，教师应采取一些必要措施，如定时调换座位，根据需要将座位编排成圆形、马蹄形，通过环绕教室走动等措施，改善空间给学生带来的负面影响。

（四）学校和教师要尽量满足特殊需要学生对环境的要求

我们给特殊需要学生安排座位时，一定要考虑到他们的心理特点与缺陷、当下的心理状态，把他们安排在既有利于自我调节，又能兼顾他们学习方便的位置上。一般把他们安排在教室里光线充足、比较靠前、行动方便、旁边有助学伙伴、有利于与教师交往的座位上。

特殊需要的学生对学校的环境、班级的环境往往还有不同的要求。

1. 视障学生

视障学生中有盲生和低视力学生。盲生随班就读，已在我国取得让人十分满意的效果。只要在教学中满足他们的特殊需要，他们就完全能同普通学生一起学习。盲生的学习内容同普通学生的学习内容是一样的，但使用的课本是盲文的。他们入学前应具备一定的盲文基础，教师也应熟悉盲文。另外，他们还需要盲文字板和点字笔。对于低视力学生，教师应根据其视障情况，提供适当的照明，安排合适的座位，选择最适合他们看书的角度，还应向低视生提供适合他们的大字课本和助视器。考虑到盲生行走的方便，学校要有专用盲道，教室里的课桌椅位置、门窗开启位置，最好都相对固定。

2. 听障学生

听障学生中有聋生和重听的学生，他们听不到或听不清周围的声音。要为听障学生安排适当的座位，使他们听力损失较少的一侧耳朵离教师讲解位置近一些，便于听清教师讲解。教师讲课时应尽量面向他们，以便他们看到并根据教师的口形，了解教师讲什么；为他们多提供板书。有条件时教师应尽可能为他们配备合适的助听器。

3. 肢体残疾的学生

对于肢残学生来说，只要智力正常，接受教育一般没什么困难。但为了他们能独立生活、学习，实现正常的社会化，在环境上需作特别考虑。如校门宽度，入口处有无台阶，台阶的高度，教室门宽度，开关方向，教室大小，桌椅排列，教具与设备的布置，厕所类型（蹲式或坐式），厕所与教室的距离，运动场地大小，地面铺设材料及平坦度，运动器具设置，校内道路的宽度、平坦度，弯道处角度大小等，都要适合他们的特殊需要。例如，对于一个有下肢功能障碍的脑瘫孩子，教师应充分考虑如何使该学生在参与活动时避免受到下肢功能障碍的困扰，如活动设计要方便学生利用轮椅或设计不太受距离限制的活动等。

4. 自闭症谱系障碍的学生

一些自闭症学生有刻板行为，喜欢固定的座位地点或固定的桌椅。为了保护学生视力，教师会定期要求学生换座位。但对自闭症学生，教师宜采取弹性要求。部分自闭症学生有自伤行为，在布置教室时，要特别考虑到那些会引起身体损伤的因素，比如要考虑在学生身体可触及的墙壁上是否有钉子等。

自闭症学生更习惯于结构化环境。教室里的结构化环境应符合本书 65 页所述的三条标准。

结构化地设计教室，有助于自闭症学生适应普通班级环境，降低他们的焦虑。大多数自闭症学生擅长"读图"，在必要的区域、物品上贴上标识图片，有助于自闭症学生理解学校生活、接纳班集体，这对低年级的孩子和智力水平较低的孩子更为适用。

5. 智能智障、学习障碍等其他特殊需要学生

对这些学生来说，除了要有良好的心理环境外，也需要一定的物质环境，如提供各种各样的教具、学具、电教媒体、辅助工具等。具体的设计要因人而异，应针对学生不同情况加以特别考虑。

三、营造积极向上的心理环境

心理环境是影响学生学习的重要外部因素。优化心理环境，为学生提供稳定而积极的情感支持、充分的学习机会和自主的活动与探索，可优化学生的大脑结构与功能，促进他们身心健康发展，提高学习成效。

（一）教师要发挥表率作用和树立为学生服务的思想

教师在儿童的心理环境中有至关重要的作用。从心理角度来看，教师不应只是传授知识，还应帮助学生学习，培养他们的学习能力。教师是学生集体的领导者，他必须要有良好的领导作风、品质和才能，成为学生的表率。教师对学生的期望是一种无形的环境因素，它能在有意无意间对学生的学习积极性产生重要影响。心理学家罗森塔尔（R. Rosenthal）和雅各布森（L. Jacobsen）关于教师期望的经典实验，以及后来众多有关的实验研究都表明，教师期望能影响学生学习活动。因此，教师应对学生做全面了解，根据学生不同的情况，寄予不同的期望，并尽可能使期望水平高于各个学生现有水平。对学习困难生，要让他们对自己充满信心，并引导他们采取适当归因的方式进行自我评价，使其体会到只要勤奋努力，一定能学好，以激发他们学习的热情和积极性。

教师要树立为学生服务的思想，无条件地关心和照顾学生，给学生以信心、勇气。要建立互助的师生关系，教师不能居高临下，不能逼迫学生学习，而是要帮助他们学习。教师的热情和同情心对学生的心理有着很大影响。这一点对小学生更为重要。热情的教师易于同学生打成一片，给学生更多情绪上的支持。他们同情学生，平等地对待学生，多采取表扬和鼓励，少用批评。一些研究表明，教师表扬的次数与成绩无关，但教师的批评和指责与学生的成绩负相关。当教师热情并多方鼓励时，其教学工作较为成功，学生行为更富有建设性，学生也更富有创造精神。

教师帮助普通学生了解同学间的差异，但不强调残疾。孩子对待残疾的态度非常容易受到成人的影响,因此在融合教育班级中,如何引导学生看待"残疾"问题非常重要。

(1)将"聪明"和"愚笨",解释为学习速度"快"和"慢"。

(2)将"有怪异行为的孩子"解释为"行为方式不同的、感觉不一样的孩子"。

(3)将"不合群的孩子、不搭理人的孩子"解释为"不知道如何跟同学交往的孩子",或者"有自己特殊表达方式的孩子"。教师可以引导学生观察这些孩子的行为,让大家观察、分析、猜测他们独特的言语及行为,还可以充分发挥学生的主动性,让他们充当"小助理"或"小教师"角色。

引导学生将"残疾"看成是人与人之间的差异,不仅有助于普通学生接纳残障学生,也有助于残障学生更积极地接纳自己。在班级活动中,教师可以多创设一些情境,帮助学生从积极的角度看待差异。

(二)营造积极向上的班风、校风

竞争通常是一种激发自我提高的动机的活动形式。在这种活动中,人们为了取得好成绩,而与别人展开竞争。合作,则是一种集体活动。在这种活动中,个人之间相互协作,以期达到某个共同目标。竞争与合作,都意味着在同一集体中的个人之间广泛地相互作用,而并非是与他人无关的个人活动。集体中的许多活动,或是同时唤起合作与竞争的行为,或是交替地引起合作与竞争。小组比赛,就是两个合作集体间的竞争。同一个小组的成员,在为一个共同的、能显示个人之间差别的小组目标而努力时,相互间也可能会发生竞争,或几个小组在为达到一个共同目标时,彼此也可能会发生竞争。往往是合作中有竞争,竞争中有合作。

竞争对人格的发展,既有有利影响,也有不利影响。有利的一面是,能激发个人的努力和提高工作效益,进一步提高个人所树立的标准和志向,以及缩小能力与成绩间的差距。小学年龄段的儿童,在竞争条件下比在默默无闻条件下往往能更加努力地学习与工作。他们对男女生间、小组间、班级间比赛的这些日常竞争,较能做出积极反应。在与其他同学相处时,他们能获得对自己能力的比较实际的估价,并能较好地发现自己的局限性和尚未显示出来的潜力,从而克服一些有碍的人格特征。竞争还使集体的生活变得更富有生气，避免或减轻儿童对日常作业的单调感，增强他们的学习与工作乐趣。

竞争，也有不利的一面。在某些情况下，竞争可能会引起学生过分的紧张和焦虑，进而抑制学习。它可能引起能力差的学生产生不能胜任的感受，并导致他们在"不能胜任"的活动面前表现出畏缩情绪，降低他们在集体中的地位。竞争，可能会导致紧张、敌对、报复等消极的集体风气。在这种风气中，冷漠、不正直、欺骗会抵消因胜利而表现出的喜悦。在这种气氛中，证明成绩的优异并获得权威人物欢心就成为主要目标。相反，活动的内在价值、创造性却不强调了。最后，当给优异成绩以过分评价时，学生就会迷恋于提高自己的地位，而看不到人的真正价值。把别人的成就看作是威胁和挑战，于是出现要么胜过别人，要么否认别人成就的现象。而适量和适度的竞争，显然不会出现消极的影响和削弱集体的团结。在我国社会主义市场经济体制下，在培养学生合作能力的同时培养学生的竞争能力，是十分必要的。

对开展融合教育的班级，我们更强调同学间的合作，同学之间保持良性的互动。例如，对他人的成果给予赞许，对失误给予包容；当有人表达求助需求时，可以提供合理、便利与适度的支持，但不能过度帮忙等。

除了合作与竞争对学生的心理发展、学习成绩有很大影响外，班级与学校中学生的优秀成果或良好表现得到鼓励，不良行为受到抑制，爱科学、讲文明、团结向上、严谨认真、勇于探索的风气，民主平等的人际关系，可以忽略的或适当的惩罚，以及集体的凝聚力等都是心理环境的重要方面。

融合教育班级，班主任在制订学期工作计划时，要充分考虑障碍学生的特殊需要和对班集体其他学生带来的影响。根据他们的个别教学计划，调整完善班主任常规工作计划。

在制订班主任工作计划时，要注意以下几个方面的问题。

一是在了解本班学生情况时，要特别注意对特殊需要学生健康状况、残疾程度、思想状况、学习成绩、爱好和特长等情况进行细致了解。

二是培养团结友爱、互助合作、宽容大度、积极向上的班集体，使特殊需要学生融于班集体之中。普通学生要主动与特殊需要学生交流，做朋友；特殊需要学生要有平和的心态与同学交往，接纳并感激同学们的帮助。在班会上，特殊需要学生有与其他同学一样的发言权。特殊需要学生不是班上的旁听者，也不是班上的宠儿，而是班上平等的一员。

三是对特殊需要学生也必须进行常规训练，包括熟悉环境、课堂常规、集合排队、校内行走规则、上操、劳动等，培养他们良好的思想品德、学习习惯、劳动习惯和文明行为习惯，纠正不健康的行为习惯。

四是允许特殊需要学生参加各种有益的课外活动，包括游戏、参观、旅游、社会实践活动、劳动、运动会、文艺演出、兴趣小组活动等。活动中根据特殊需要学生的实际安排其力所能及的任务，并安排互助伙伴，特别注意安全。

根据特殊需要学生的意愿和能力，以及同学们的意见，特殊需要学生可以是班委会成员之一。特殊需要学生像其他同学一样，要遵守学校的规章制度，要记考勤。特殊需要学生也有入少先队、共青团的权利，也有被评优、评先的权利。

五是特别注意对特殊需要学生做耐心细致的思想工作和心理咨询工作，区别思想问题与心理问题。

六是与其他任课教师搞好分工合作，例如，主动向任课教师了解特殊需要学生的情况，召集有关人员为特殊需要学生制订个别教学计划等。

(三) 促进积极的自我概念

自我概念，是一个人具有的有关"我是谁？""我应该怎样表现？""别人怎样看待我？""我归属何处？"以及"我可能成为怎样的人？"等观念组织而成的信仰系统。

自我概念，是通过社会化的过程逐步地、连续地展现出来的。在人的相互影响中，个人是从与那些对他来说是重要的人的关系中来理解与评价自己的。一个在人生的一切情境中常常受压抑或被忽视的人，其自我概念就没有什么发展的机会。由于学习对于感觉的依赖很大，因而自我概念也影响学习，自我概念的因素涉及学习的主观方面和社会情感等方面。

在影响人们自我价值感的许多因素中，成功与失败的经验是其中主要的一种。研究资料表明，没有一样东西能像一张好成绩报告单那样，对学生自尊心起那么大的作用。学生保持他们的自尊心往往受下列三种因素的影响：①成就动机的类型；②自信心；③寻求成功与避免失败的行为。成就动机是指用特定的成就标准所测定的适当而优异地完成工作的愿望。成就动机主要有两类，即内在动机和外在动机。不过，靠成就动机本身并不能保证学业优秀，个人取得好成绩还有赖于他的自信心。一个学生的自信心，是表明他对某项任务所需要的个人能力的主观估价。自信心十足的学生，将选择能获取成功的行为；自信心不足的学生，却选择能避免失败的行为。

每个学生对待成功或失败的态度并不一样。从成功或失败中，不同学生会寻找出不同的原因，这些归因的不同对日后的学习态度具有重要意义。由于学生对成绩优或差的反应的差异，他们不一定都能从成或败的经历中得到相似益处。因而，教师应依据针对性的观察了解每个学生，了解他们的自信程度，内在与外在动机的均衡作用，其将成败归因于控制轨迹的方式，以及与自我概念有关的经验背景等。教师要给予学生适当指导，以帮助他们意识到自己的能力，并在他们能力保持不变的情况下，建立起成绩与勤奋之间的联系。教师也要帮助学生树立现实的目标，使学生产生成功的体验，这种体验本身又能增强学生的自尊心。

为促进自我概念的发展，可在不同情况下对自我作用做有意识的检查，或请旁人对自己的行为做有意识的、真实的评价。教师在课堂上应鼓励学生参与集体活动并作出贡献，以增进积极的自我概念发展。在这方面，让学生直接参与计划他所属集体的共同工作更能增强其价值感。教师要采取让所有学生对一个共同目标作出贡献的措施，甚至帮助班上最差的学生去分担共同的义务。当个人能在实现一项集体活动目标中有所贡献时，他将体会到力量感、重要感和价值感。这些感情对自尊心的促进是必不可少的。

为发展真实而平衡的自我概念，教师应创设一种使学生不怕评价、鉴定而能自由地表现自己的氛围。这样，学生才能发展对自己的洞察力，并在融洽和不断增进的关系中发展与他人的联系。学生正是在关怀他的教师身旁，通过无忧无虑地不断尝试，逐渐形成自我概念，并建立起自尊心的。

 案例1：以平常心看异常行为[①]

【案例叙述】

李老师班上的新生中，有一名自闭症孩子，名叫王景。王景一下课就不停地

---

① 本案例由中国教育科学研究院杨希洁老师提供。

转圈圈。同学们好奇地问他:"你这么转不晕吗?"他也不说什么。一连几天下来,同学们觉得王景很怪异,不愿意和他接触。李老师担心这会让大家排斥王景。于是,在班会课上,李老师说:"经过这几天的共同学习,同学们有的成了好朋友,有的还不熟悉。我们的班会要让大家更好地了解彼此。怎么了解呢?老师把所有同学的名字,还有老师自己的名字,都写在纸条上,一人一张,放到这个盒子里。老师每一次抽出两张纸条,纸条上的两位同学互相问对方一个问题。如果问不出来,老师可以给你提示;要是回答不出来,老师也可以帮忙回答。"活动开始了,由于同学们的问题和回答都很有意思,加上李老师幽默的引导,大家都很开心。班会进行了一会儿后,李老师将写有自己的和王景的名字的纸条抽取出来,李老师先问:"王景,你为什么一下课就不停转圈圈?"王景不说话。李老师走到他身边,对所有学生说:"这个问题,老师知道一些。王景喜欢转圈圈,是因为转圈圈让他觉得舒服。每个人都有觉得舒服的事情,有的同学喜欢挠痒痒,经常要妈妈帮他抓背,班上谁是这样的?(有个男生大声说'我',大家都笑了)有的同学喜欢坐过山车,觉得很刺激,是不是啊?(更多学生点头说'是')。"李老师接着问:"同学们是不是觉得王景获得舒服感的方式跟大家不一样?"得到学生肯定的回答后,李老师强调,每个人的感觉是不一样的,只要这种方式不妨碍到其他同学活动,大家就不用觉得奇怪。

【案例分析】

融合的环境是承认差异、尊重差异的环境,残疾也是差异的一种现象。该案例中,教师巧妙地通过活动引导学生将王景的转圈和学生常见的挠痒等行为对照,从而使学生认识到看似怪异的行为也只是差异的一种表现,要以平常心看待。

 案例 2:"同在蓝天下"的主题班会①

【案例叙述】

小宋 1 岁时高烧致聋,双耳听力损失 95 分贝。她的母亲是位医生,家庭教育环境很好,小宋从小接受康复训练,为其以后的学习打下了良好的基础。从小

---

① 本案例由北京市第二聋人学校原校长叶立言老师提供。

学到初一，小宋的学业成绩很好；升入初二后，功课难度加深，使她感到学习吃力，她的成绩开始下滑。小宋抱怨自身听障，变得沉默寡言。她把学习退步的主要原因归结到自身残疾上。同学们也觉得她是个"特殊人"，渐渐疏远了她，全班48名学生中有15人平日里仅与她打打招呼，一般交往的有29人，交往较深的有3人。为了扭转班上越来越不和谐的人际关系，班主任崔老师认为，只有让大家了解小宋，才能帮助小宋克服自卑心理。为此，崔老师策划了一个"同在蓝天下"的主题班会。

为了使班会产生好的效果，崔老师邀请了张校长、小宋的母亲和她初一的班主任庄老师出席班会。班会在铿锵有力的贝多芬《命运交响曲》中拉开序幕。小陈同学讲的小故事《失聪的发明家——爱迪生》，让同学们感受到了身残志坚的力量。在热烈的掌声中，佩戴无线话筒的小宋走到台前饱含激情地向同学们介绍了自己的成长历程，她边讲边展示自己的照片、画作和荣誉证书，令在场的所有人赞叹不已。许多同学被此情此景感染，争先恐后即席发言，讲他们所了解的小宋。一些鲜为人知的感人小事通过大家的发言得以揭示。小宋与同学们一起表演了自编自导的小品《交换快乐的日子》，她那甜甜的微笑始终挂在嘴边。崔老师也为大家朗诵了小诗《希望》，张校长慷慨激昂的讲话把班会推向高潮。在《爱的奉献》的乐曲中，张校长、小宋的母亲、庄老师与大家一起点燃了象征爱心的红蜡烛，烛光中师生们沉浸在充满爱的氛围中。两周后，崔老师又做了一次调查，有36名同学与小宋增加了交往，交往较深的有4人，只是打打招呼的同学减少了7人。和小宋一起做功课、一起聊天娱乐的同学逐渐多了起来。小宋在学习上勇于克服困难的自信心增强了，学习成绩也有了明显的提高。

【案例分析】

通过班会增进同学之间的相互了解，创设和谐的集体氛围，是一个行之有效的措施。该案例中，教师有目的地引导学生发现小宋的闪光点，从而使同学更愿意与她交往，也让小宋看到了自身的优势，树立了自信。

第五章
怎样制订融合教育中的差异教学计划

融合教育教学，是在普通学校课堂教学的基础上发展起来的新教学形式。这种教学既强调全班学生在学习目标、内容等方面有共同的要求，但也承认有些学生会有不同的学习需要。特别是有障碍的学生。后者虽然人数不多，但却和普通学生之间存在着很大差异。教学计划是对教学的总体设计和安排。为了在班集体教学中有效地照顾学生差异，在教学设计时就要充分考虑学生的差异，研究在教学中如何兼顾他们的不同学习需要。为了方便教师面向全体制订教学计划，我们提倡在融合教育班级实施并列式教学计划，必要时辅之以个别教学计划。这也是差异教学的重要策略之一。

第一节　并列式教学计划及其制订

普通学生和障碍学生都是课堂学习的主体，都应该在教学中各方面得到发展。可以说融合教育教学就是谋求所有学生都得到全面发展的、照顾差异的教学。

我们一方面要把班级整体教学设计好，因为没有一个好的、高水平的班级整体教学，特殊需要学生就不会得到良好的影响与教育。所以，融合的班级是他们随读成败的重要条件，必须要搞好整体教学设计。教学活动设计需要教师按照一定的教学理论，运用相应的教学策略，将教学目标的实现转化成教学活动，再根据教学设计的思路，选择和调整教材和教学资源等。另一方面要把特殊需要学生在教学过程中的各种活动安排好。让他们能够随着整体教学的进程，完成自己的学习任务。后者一定要与前者融为一体，一般不是另外附加的教学活动。要把两方面都做好，就必须贯彻"面向全体，注重融合"的设计思想。在这里，"面向全体"实际上就是"照顾差异"的同义语。

一、并列式教学计划

并列式教学计划是针对班集体教学的计划。并列式教学计划从内容方面来说，和其他教学计划一样，也包括教学目标、教学内容、教学措施等，只是在形式上分为两部分，一部分的教学目标、内容、措施等是针对班上学生的共性设置，而另一部分的教学目标、内容、措施等是针对班上学生个性差异设置。教师要协调两部分的计划，在教学中将学生的共性与个性辩证统一起来，从而最大限度地满足每个学生的不同学习需要。

融合课堂教学的核心问题，是在保证全班整体教学效果的前提下，让特殊需要学生也能得到相应的发展。在课堂教学中，要把对特殊需要学生的教学活动融入整体教学活动之中。不能置整体教学于不顾，单独对特殊需要学生施教。当然也不能不管特殊需要学生，使融合教育流于形式。

融合课堂教学的特点，就是在普通课堂教学中包含了特殊教育方面的教学，这方面的教学活动，一定要在特殊教育教学理论的指导下进行。一方面，在适应障碍学生的特点、补偿障碍学生的生理、心理缺陷，开发他们的各种潜能、培养其适应社会的能力、满足他们的特殊需要等方面，教师要发挥主导作用，调整教学；而另一方面，学生作为学习主体也应努力适应教学，残障儿童与普通学生积极互动、合作，实现共同成长。

基于上述的认识，教师才能较好地进行课堂教学的设计。

二、并列式教学计划的制订

制订并列式教学计划一般分三步进行。第一步，针对全班学生的共性，按照课程标准和学科内容的要求，结合教师的教学经验，对教学目标、内容、措施进行整体设计。第二步，针对少数学生的情况和不同的学习需要，对共性的教学目标、内容、教学措施等进行适当调整，有的地方要拓宽加深，有的地方要降低教学要求，有的地方要改变教学方法等，以使教学对每个学生都构成挑战，并适合不同学生的需要。第三步，协调教学计划中针对全班学生与少数学生不同学习需要的两部分的内容，通过教学设计，使共性与个性和谐统一，尤其是要设计好如何利用学生的差异资源，通过学生互动，促进每个学生都学得更好。

在具体操作中，各学校的并列式教学计划形式不完全一样，有纵向并列，也有横向并列。纵向并列式教学计划是形式上将教学计划分为左右两部分，而横向并列式教学计划实际上是将针对个性设计的计划横向穿插在针对班级学生共性设计的教学计划中，又被称为插入式教学计划。有的学校为了强化学生的自主学习，在教学计划中将学生的学习活动和教师活动分开叙述，甚至要求教师写学案，这些都可以从实际出发灵活安排。但要注意的是，课堂上师生活动是一个有机整体，学生自主学习的水平往往和教师的有效指导密不可分。要根据普通学生与特殊需要学生的共性，去寻求更多、更好的融合点，以使他们能够在一起听课、一起活动、一起练习，尤其要努力做到优势互补，相互启发，从而共同提高和发展。同时，也要关注他们的差异与不完全相同的学习目标，在同一时间段内，安排既有联系又有区别的学习与活动，使他们分别达到自己的挑战目标。

在现实教学实践中，我们发现，有的教师对学生了解不够深入，教学设计过于简单；有的教师调整教学目标只是做数量加减，而没有细致地考虑目标程度的变化，以及不同学生实现目标所需要的时间和手段的不同；有的教师的教学措施过于笼统，没有针对性，不同学习活动缺少有机结合和整体的优化等。这些都是需要改进的。

实际工作中，教学计划按功能一般分为两类：学期教学计划和课时教学计划。(有的学校还要求教师制订单元教学计划) 因此，融合教育中并列式教学计划相应也分为两类。

学科学期教学计划是依据学科课程标准和教材制订的教学计划。学科教师在制订全班学期教学计划的同时，根据所教班级中特殊需要学生的个别教学计划，提出针对特殊需要学生的相应内容的落实计划。特殊需要学生的长期教学目标可能安排到各科教学中去。如将语言目标分配到语文课程中，将数量关系目标分配到数学课程中等。将难于融入分科课程的目标安排到资源教室中小组教学或个别补救教学中，将康复类目标安排到资源教室的康复训练中，将适于在家庭和社区中应用的目标安排到家庭与社区支持活动中。

学期教学计划参考式样如表 5-1、表 5-2、表 5-3、表 5-4 所示。

表 5-1 学期教学计划参考式样（1）

科目				第　　学年　　第　　学期	
班级			任课教师		
教科书			出版社　　第　　册　　年　月第　版		
教学要求					
一般要求				特殊要求	

表 5-2　学期教学计划参考式样（2）

单元	教学内容分析						
	重点		难点		措施		
	一般	特殊	一般	特殊	一般	特殊	
1							
2							
……							

表 5-3　学期教学计划参考式样（3）

周次	教学进度	
	时间	内容
1		
2		
……		

表 5-4　学期教学计划参考式样（4）

学生情况分析（班集体学情与特殊需要学生分析）
……
提高教学质量的具体措施
……

学科单元教学计划、课时教学计划（教案）是具体教学活动的实施方案。其中要体现对学期教学计划的落实，当然包括对特殊需要学生个别教学计划的落实。（请见案例）

 案例：变色龙（片段）①

【案例叙述】

教学目标	1. 引导学生体会变色龙的外形特征、生活习性。 2. 运用学到的观察、表达方法，观察喜欢的小动物，写一篇关于小动物的作文。 3. 激发学生对动物、大自然的喜爱，增强保护动物、保护环境的意识。

---

① 本案例由江苏省南京市鼓楼区古平岗小学黄永艳老师提供。

续表

重点、难点	重点：灵活运用学到的观察、表达方法，仔细观察你喜欢的小动物，写一篇关于小动物的作文。 难点：课文中对变色龙外形和捕食动作的描写方法是一个难点。
学情分析	1. 教材分析 《变色龙》这篇文章用叙事的方式，向我们展示了变色龙的三个特点：①能根据环境变化改变自己的体色；②眼睛能独立活动；③捕捉食物的速度惊人。文章语言生动、有趣。 2. 学生学习情况分析 本班学生基础较薄弱，有相当一部分学生理解能力较差，因此，"双基"教学一直是我长期以来教学中的重点。第一课时中，孩子已经熟读课文，掌握了生字，初步理解词语和文章的内容。第二课时需要加深对变色龙各方面特点的理解，以及对作者描写方法的掌握。由于学生以前对变色龙的认识只是表面的、肤浅的，因此他们无法找到需要建构的旧知识，而要学好这篇课文，就需要真正看到变色龙的外形，再结合课文的描写，才能真正领悟作者的写作方法。所以，课前的资料收集和课上形象的辅助教学是必不可少的。在抓课文关键词句，深刻领悟的基础上，用大量的变色龙的图片增强学生的直观感知，必定能激发他们的兴趣和感受，同时也能帮助他们更好地理解课文中的词句，在此基础上，进行写作的训练才能取得较好的效果。 3. 学生学习能力差异分析 班内有三种层次的学生（教师心中有数，不公开），第一层为学习能力较强，逻辑思维、语言组织和表达能力较强的学生，这样的孩子只有几个。第二层为学习能力和表达能力一般的学生，这样的孩子占绝大多数。第三层为自控能力较差，学习能力也较差，语言表达有困难的学生。针对这三种层次的学生，第二课时我采取差异教学的隐性动态分层和互补合作相结合的策略。 对于第一层的孩子，我鼓励启发他们说出自己的见解，并在小组讨论时帮助其他同学，对于第二层和第三层的孩子，我让其通过在小组内讨论、同学间互相帮助，达到锻炼思维、锻炼表达能力的效果，并给他们在课堂上展示的机会，引导班级各层次孩子发挥出更好的水平。
课前活动	1. 收集有关变色龙的资料。（变色龙，学生平时是不能见到的。课前指导学生收集有关变色龙的资料很重要，为缩小同学间已有知识水平的差距起了很大的作用） 2. 第一课时学完以后还有哪些问题没有解决，留待第二课时讨论。
课时	第 2 课时

续表

教学过程（预设）		
教师活动	学生活动	关注差异
教学过程： 一、导入 1. 同学们，今天我们继续学习课文：变色龙（读课题）这是一个有自己特异的本领的朋友，它叫变色龙（再读课题）。 2. 这些词语你会读吗？指读词语。 （出示）连续　准确　依然　判断 　　　　距离　绘声绘色　指手画脚 　　　　介绍　名副其实　凶相毕露 3. 同学们再回忆一下，课文按事情发展的顺序，依次写了哪三部分的内容？（发现变色龙；端详变色龙；放回变色龙） 4. 通过上节课的学习，你还有哪些疑问？	学生读准词语，复习巩固第一课时基础字词的内容。 回忆自己已学过的内容，找出本课与已有知识的联系，激发阅读兴趣。	三个层次的学生的记忆能力存在差异，对于已学过的知识，尽量提问记忆能力较差的学生，其他层次的学生再进行补充和纠正，激发全班学生深入阅读课文的兴趣。
二、精读课文 （一）发现变色龙 1. 请同学们打开书本，默读课文 1—8 自然段，边读边想：想要发现变色龙，容易吗？你从哪里知道的？ 2. 学生自己读课文。 3. 交流：不容易发现变色龙。 ＊大家在绿叶丛中找了一阵，没见到"怪物"，以为是小李在开玩笑。 ＊小李用手一指，豆藤上真的挂着一条绿莹莹的四脚小蛇，皮肤和豆叶一模一样，很难发现。（出示，朗读句子） 4. 是啊！变色龙隐藏得这么好，怪不得很难发现啊！那我们发现时，该是怎样的惊讶，怎样的惊喜呢？ 我请一人读中非工人的话，一人读小李的话，旁白所有学生一起读。看看谁能把当时的情景表现出来！ 5. 男女分读（男生读中非工人的话，女生读小李的话，旁白所有学生一起读）。 （二）端详变色龙 1. 我们意外地发现了变色龙这个"怪物"，还把它好好地端详了起来。请同学们快速浏览课文 9—15 节，看看我们在端详的过程中发现了变色龙哪三方面的特点？ 2. 学生读书，小组交流。 （出示）＊外形	学生认真赏析课文内容，抓住关键词句，表达自己的见解。 学生示范读法，再把自己读好句子的方法教给大家，最后带领大家一起读。	提问时注意选择不同层次的学生，先提问学习能力一般的第二层次的学生，激励他们的学习积极性，注意帮助他们准确地、语句通顺地表达自己的意思。让第三层次的学生得到启发，也能发表一点自己的观点。最后，由第一层次的学生补充，并提升回答问题的层次，鼓励他们分享给大家有个性的体验。表扬他们正确的学习方法、自主的学习能力。让每个层次的学生都有事儿干。

续表

教学过程（预设）		
教师活动	学生活动	关注差异
*捕食 *变色 3. 你对其中哪个特点最感兴趣？选择那个部分，好好读读。在你印象深刻的语句下面圈圈画画。 4. 学生小组互助学习，教师巡视全班，帮助指导。 5. 交流（按学生的发言，随机出示）。 *外形 (1) 教师出示一张变色龙的图片，指名一个学生朗读课文第9节（出示）。 (2) 你对它的什么部位感兴趣？请学生结合其中的语言文字谈谈体会。读出感受。 读了这么多，大家想不想看看变色龙的样子？（出示图片） (3) 大家再回过头来看看课文第9节，想一想作者是按照什么顺序描写变色龙的呢？（渗透观察顺序：全身—头—身躯）在介绍变色龙身体的某一个部位时，也紧紧扣住了它的特点（身体的颜色、嘴巴的形状等）。 同学们，在介绍一种小动物的时候，首先要仔细观察，再抓住它的特点，按照一定的顺序写。（出示） (4) 是啊！看着作者笔下的变色龙，再结合1—8节中我们刚发现变色龙时的感受，真可以用第一部分中的一个字概括，那就是（板书）——"怪"。 (5) 齐读第9小节。 *捕食 (1) 面对这么怪的变色龙，"我们"大声叫喊，指手画脚，变色龙的反应如何？如果你就是"我们"中的一员，你会怎样想、怎样说？ (2) 变色龙如此迟钝，"我们"真的有点担心了，它如何捕捉食物呢？别急，请大家自由朗读第12自然段（出示第12自然段）。想一想：你感受到了什么？在相关的词语下面圈圈画画。 (3) 交流。 "快"（板书）：迅雷不及掩耳之势、还有相当的距离、"刷""刹那间"。 你还知道哪些表示时间短的词语？指导朗读。	学生按小组交流。小组内由组长组织，每个学生根据座位号轮流交流自己的理解。 学生认真赏析课文内容，选择自己最感兴趣的内容进行深入的阅读。通过小组讨论的方式，让有明确目标的同学互助，互相补充各自感受中说的不完整的地方。互相纠正表达有问题的语句。	学生之间的交流是一种互相之间的启发和修正的过程。适时表扬有新见解的学生，让所有学生认识到读文章时边读书边思考的重要性。 在这一部分提问时，注意三个层次的学生都要兼顾到，让每个层次的学生都获得展示的机会。学生要认真听同学发言，尊重同学，听完别人发言后对别人给予鼓励和表扬，再说出自己的想法。听后能及时给予补充，相同内容不再重复，同一个方面的内容说完后再进行下一个方面内容的学习。让每个层次的学生都能有所得。

续表

教学过程（预设）		
教师活动	学生活动	关注差异
"准"（板书）。指导朗读。 "变色龙的舌头长"（引导学生观察插图）。看看书上变色龙的舌头长吗？这么长的舌头对它捕食有什么作用呢？指导朗读。 (4) 男生朗读第12节。 (5) 变色龙之所以能既快又准地捕获食物，首先靠的就是它那双奇特的眼睛。读读课文第11节，你觉得它的眼睛奇特在什么地方？ 交流：每只眼睛能单独转来转去从而产生立体感，看图片（出示）。 (6) 真奇特啊！这在脊椎动物中可是独一无二的！怪不得朋加沙这么喜欢变色龙，要绘声绘色地向别人介绍它呢！谁来做朋加沙，也来绘声绘色地读一读？指读第11自然段。 ＊变色 (1) 变色龙、变色龙，它到底会变色吗？同学们到文章中找找它变了几种颜色？（绿、棕、浅灰色） (2) 同学们，我们也来试试看，假如放在枫叶上，变色龙会变成——（红色），假如放在枯草丛中，变色龙会变成——（枯草色）……（图片出示）呀，变色龙不但会变，而且变的颜色还真多啊！变色龙，果然名副其实。（出示）（板书：多） (3) 你还能用哪些词语来夸夸变色龙？（名不虚传、名正言顺、变色专家） （三）放回变色龙 1. 变色龙样子怪、捕食快又准、变色有趣，如果能捉一只带回家，那该多好啊！行吗？为什么？ (1) 数量不多，很难碰到。 (2) 变色龙很可爱，它们有自己的家园，有适应自己生长的地方。 2. 我们要保护它们，便将它放回了原始森林。变色龙是放回去了，可老师还是担心有人会伤害它，下面请大家设计一条保护变色龙的公益广告，好吗？ 小组合作，交流。 全班交流。 （四）关注学生上课前提出的问题有没有解决。	全班交流，学生通过抓关键词句，准确表达自己的见解。 学生边读边看，边思考，边交流。	注意了解不同学生朗读的过程与方法，给予针对性的指导。

续表

教学过程（预设）		
教师活动	学生活动	关注差异
三、运用与拓展 1. 其实，不仅数量不多的变色龙我们要保护，自然界中的其他小动物我们也要保护。让我们人类和动物和谐地生活在地球上吧！ 2. 小练笔指导：仔细观察一种小动物，灵活运用学到的观察、表达方法，写一篇关于小动物的作文。 出示：几张小动物的图片，引导学生说说如何描写其外形。（猫、鸽子） 3. 作业 （1）课外观察你喜欢的小动物，灵活运用所学到的观察、表达方法，写一篇关于小动物的作文。 （2）阅读契诃夫的作品《变色龙》。	通过小组讨论的方式，让每个孩子都得到训练的机会。其他学生帮助修改。再由每组推荐一名同学说给大家听。其他学生可帮助进一步修改。学生观察图片，灵活运用学到的观察方法并表达，其他学生补充。	在这一部分提问时，先选择能力较强的第一层学生概括作者描写变色龙的顺序和方法，再指导其他学生仿造作者的方法对给出的动物的外形进行描写。

【案例分析】

这是一份并列式课时教学计划（教案）。与普通教案不同之处是，该教学设计除了关注学生的共性以外，还特别关注了学生的差异。该教学设计对学生学习能力的差异进行了具体的分析，并针对学生在学习中的不同需求，在"关注差异"一栏对教学展开预设，指导学法，紧密围绕重点内容，力求人人参与，以优带差，促进不同层次学生都得到提高。建议当学生学习能力差异较大的时候，除了加强合作学习以外，也要给学生在学习内容、方式、作业等方面提供一定的选择机会，以满足不同学生学习和发展的需要。对于残障的孩子，更要照顾其不同的具体学习需求。

第二节　个别教学计划及其制订

个别教学计划是指针对个别学生生理、心理、个性发展及教养状况等特点，专为他们制订的适合个人学习与发展需要、缺陷补偿以及发挥个人潜能的教学计划。个别教学计划是为满足少数学生的特殊需要而制订的，它往往只是反映了在班级教学计划之外的特别需要考虑的教学目标、针对性教学措施等。个别教学计划的实施，旨在促进学生更好适应班集体的学习，帮助其适应未来融合的社会。因此，除了个别教学计划以外，教师还应制订上节所述的班级学期教学计划、单元教学计划和课时教学计划。

一、个别教学计划的类型

个别教学计划的制订与实施，可依据其不同的教学目标和在达成教学目标时所采用的措施，分为4种主要类型。

1. 诊疗型

这种计划适用于个别治疗教学，教学前应先诊断个别学生的能力与特殊需要，再根据诊断情况制订明确具体的行为目标和采取针对性的教育教学措施。

2. 指导型

教师虽为学生制订教学目标，但可以让学生本人有某种程度的自由来决定如何达到此教学目标，教师仅处于指导地位。为便于学生自己开展活动，学校设有学习资源中心，可提供多种活动，丰富学生的学习经验，同时备有多套测验，供学生使用。

上述两种计划主要用于语文、数学主科学习，而在其他学科特别是选修科目学习上，可以采用下述的合同型教学计划。

3. 合同型

可让学生选择适合其兴趣的教学目标，再根据已拟定的教学计划和特殊教材开展学习活动。学生自己决定学习活动后，就与教师制订个人计划或合同，在计划中明确阐明要做什么，这通常由学生自己定。然后，师生共同商量学习或工作要达到的标准，还要说明学生满足上述标准后将得到什么收益。这种计划的优点在于学生能按照自己认为最适宜的活动和速度进行学习，从而达到目标。

4. 独立型

这是指由学生自己制订学习计划，自由选择学习活动和研究方法，没有明确的行为目标，着重给学生提供学习经验。这种计划较适合智力好、学习基础好或具有深造能力的学生。

以上4种不同的计划，按编排的前后顺序反映了学生在计划中不同程度的独立自主成分，前面的计划更强调行为目标，后面的计划更强调给学生提供学习经验。教育必须尊重个人的发展愿望，适合个人的需求和特点，关注个人的自主发展。这些计划可以综合运用，如有关知识与技能的学科，可以多强调行为目标，而有关探究、创造或审美的学科，则可以多注重为学生提供高品质的经验。

二、个别教学计划（诊疗型）的制订

不同的个别教学计划在内容上不完全相同，制订方式也比较灵活。但个别教学计划一般应包括学生的基本情况，教学的目标或目的、针对性的课程或教学措施等。这里着重介绍诊疗型教学计划的制订。

个别教学计划是针对学生的个别需要而制订的，因此，制订的基础是对学生的全面深入的了解。个别教学计划可以分学科制订，也可综合各科制订（这时也可称为个别教育计划）。单科制订易深入具体；综合各科制订便于各科协调实现共同的目的或目标。具体操作时可在长期目标部分将各学科的目标并在一起，而在短期目标制订时采用分科的方式，这样可以集两种做法的优点。短期目标既要考虑和长期目标的一致性，也要考虑学生的已有经验、当时的学习生活和学习环境，使短期目标处在学生的最近发展区内。制订个别教学计划也可以是针对学生单方面的发展，如针对某缺陷的矫正计划或补偿计划等，像定向行走个别教学计划、语言训练个别教学计划等。这种专项教学计划，更具体，便于操作。从实用出发，个别教学计划形式上可以有分有合。第一部分"基本情况"，任课老师人手一份，以方便大家一起交流学生的基本情况。第二部分"长短期目标"。各学科都有目标，可以各科自订。至于针对性的措施，也是要求每个学科老师自己订。必要时再综合。

综合各科制订的个别教学计划，一般每年至少制订一次。个别教学计划不能由班主任或任课教师一人制订，通常先由固定人员和非固定人员组成教育评估小组。固定人员一般包括学校校长（教导主任）班主任、特殊教育教师、心理和教育测验人员等，非固定人员一般由其他任课教师、相关的服务设施人员，以及儿童的父母组成。评估小组的任务是为学生拟订个别教学计划，审核个别教学计划，对学生进行恰当安置，指导教育教学活动，并在计划实施过程中协调方方面面的工作，给予必要的咨询和指导，同时负责对教学计划执行情况进行评估。评估小组制订计划时要注意尊重学生在教学目标等方面的个人意愿，调动他们自身的积极性。随着学生年龄的增大，可以吸收学生参与一起制订。为了有效实施差异教学，加强教师之间、教师和相关人员之间的协作是非常重要的。当然，由于我国教师编制的限制，我们现在很难做到在课堂上进行教师间的协作教学，但在课外特别是在交流信息、研讨问题、商定计划等方面必须密切合作。

三、个别教学计划的内容与式样

个别教学计划的内容一般包括六个部分。

1. 学生基本情况

（1）自然情况：姓名、性别、出生日期、民族、身体状况（身高、体重、发育）等。

（2）病因、病史情况：致残原因、发生或发现时间、残疾种类及程度等。

（3）诊疗康复情况：诊疗单位、残疾检测方法、治疗、康复训练等。

（4）家庭情况：成员、成员与残障学生的关系、职业、文化程度、成员对残障学生的态度、家族病史、经济状况、住址、邮编、电话等。

（5）教养教育情况：自幼养护人、教养方式、教养态度；言语水平、生活自理能力、智力发展水平、与人交往能力、学习能力、目前学习水平等。

2. 教育安置意见

（1）安置方式：普通班，普通学校中的特教班，部分时间在普通班、部分时间在特教班，普通班结合巡回指导、普通班结合资源教室等。

（2）受教育程度：年级、不同学科所处的年级水平等。

（3）使用文字：盲文、普通字体、大号字体等。

（4）提供服务的形式：班主任、辅导教师、助学伙伴等的安排。

3. 教育教学目标

（1）长期目标（学年度或学期目标）：包括情感、态度和价值观，以及知识与技能、缺陷补偿与潜能开发、社会适应能力等方面的发展目标。

（2）短期目标（单元目标）：细化分解长期目标。

（3）课时目标（教案中体现）：落实短期目标。

4. 教育教学措施及相关服务设施

（1）提供为学生开展特殊教育所需要的指导教师。

（2）提供合适的助学伙伴。

（3）提供适当的教材。

（4）提供能够补偿缺陷、挖掘潜能的培训方法。

（5）选择面向全体学生兼顾特殊需要学生的教育教学方式方法及教学手段。

（6）提供满足个别学习及缺陷补偿的资源教室及训练时使用的仪器设备、教学材料、教具、学具、良好的教学环境等。

5. 实施计划的周期、完成计划的时间及负责人

在计划中，还应估计学生要用多长时间才能完成所要学习的目标，明确开始实施每一行为目标的日期和预计达成这一行为目标的日期。

谁给学生提供的有针对性的教育教学以及在什么时间进行，需要多长时间，都应在计划中明确，有时采取的教育教学措施还需要周期性反复。

6. 教育评估

任何一种成功的教学，在教学过程中都要不断进行评估。通过评估，教师可以了解学生的学习目标实现情况，目标制订是否偏高或偏低，并对教学方案进行修正。评估可以跟教学同步进行，即形成性评估，也可以在教学单元告一段落或学期终了时进行，即终结性评估。具体用什么方式方法评估，以及评估的标准是什么，要在计划中反映出来。

（1）评估主体：随班就读学生自我评估、教师评估、同学评估、家长评估等。

（2）评估方法：访谈、问卷、测验、观察记录等。

（3）评估结果：教育教学目标是否实现；提供的教育教学措施与服务设施是否得当；随班就读学生学业是否取得了进步；缺陷是否得到了补偿；潜能优势是否得到了开发等。

（4）改进意见：针对评估结果提出的进一步改进和发展的建议。

从终身学习的观点来看，教师要培养学生自我指导的、独立的学习能力。帮助学生树立"我能学好"的信心，并支持弱势个体去实现自己的生活理想。帮助学生制订适合自身的学习计划，有助于学生养成独立自主的学习习惯，使其充分发挥自己的潜力和优点。学生借助有效的支持，可以充分发挥个人的能力和长处，调控自己的学习过程，自我评估学习质量，自我激励，从而不断提高个人学习或在集体学习中的质量。

个别教学计划参考式样如表 5-5、表 5-6、表 5-7 所示。

表 5-5 个别教学计划：基本情况

姓名		性别		民族		出生日期	
身高		体重		发育		残障种类	
残障程度	智障：智商： 社会适应： 听障：右耳： 左耳： 视障：右眼： 左眼： 其他：			总体评价	智障：轻度□ 中度□ 重度□ 听障：重听□ 聋□ 视障：低视力□ 盲□ 其他：		
致障原因				致障（或发现）时间			

续表

医疗单位			检测方法			
诊疗、康复情况						
住址			邮编		电话	
家族病史			经济状况			
家庭成员	姓名	与残障儿关系	职业	文化程度	工作单位	
教养	自幼养护人					
	最喜欢的家人					
	教养方式					
	教养态度					
教育	言语水平					
	生活自理能力					
	智力发展水平					
	与人交往能力					
	兴趣与潜能					
	学习能力					
	学习基础					
安置	安置方式					
	受教育程度					
	使用文字	普通字□ 大号字□ 盲文□，其他：_____				
	提供服务的形式	班主任安排：_____ 指导教师安排：_____ 助学伙伴安排：_____ 其他：_____				
校长意见		班主任签字		家长签字		填表日期

表 5-6　个别教学计划：长期目标

完成时间：

					评估
情感、态度和价值观					
知识与技能					
缺陷补偿与潜能开发					
社会适应能力					
语文	识字写字	阅读理解	口语交际	语言积累	写作
数学	数与运算	空间与图形	统计与概率	综合运用	
品德与生活	情感与态度	行为与习惯	知识与技能	过程与方法	
科学	科学知识		科学探究	情感、态度和价值观	
艺术					
体育与健康					
……					

表 5-7　个别教学计划：短期目标

学科：　　　　　　　　　　　　　　　　　　　　　任课教师：＿＿＿＿＿＿

单元	知识与技能	过程与方法	情感、态度和价值观	缺陷补偿与潜能开发	完成时间	评估
一						
二						
三						
四						
……						

注：根据学生的实际需要，可有针对性地选择主要科目，制订长、短期目标。

案例：长、短期目标的编写实例①

【案例叙述】如表 5-8、表 5-9 所示。

表 5-8　李××学生的长期目标

学生基本资料	姓名：<u>李××</u>　性别：<u>男</u>　出生日期：<u>1986 年 12 月 5 日</u> 实龄：<u>8 岁</u>　就读学校：<u>××小学</u>　年级：<u>三</u> 填写日期：<u>1995 年 8 月 2 日</u>
目前状况与分析	1. 学习类型属沉思型，学习通道习性属视觉性。 2. 学习动机弱，注意力不集中，记忆力差。 3. 语言发展迟缓，表达能力差。 4. 个性退缩，没有信心。 5. 智商 95（韦氏儿童智力量表，语言智商 93，操作智商 99）。 6. 语文：不熟悉部首查生字；有构音缺陷；能辨别二年级程度的字音达 70%，字形达 60%，理解课文内容能力达 70%。 7. 其他学科正常。
学年目标	1. 在本学年结束前，将可利用汉语词典查生字。 2. 在本学年结束前，将可朗读三年级程度的课文。 3. 在本学年结束前，将可理解三年级程度的课文内容。

表 5-9　李××学生的短期目标

教学目标	相关的服务设施	教学地点	教学时间	开始和预定达成日期	评估	负责教师
能用汉语词典查出并念出生字的注音符号正确率达 100%。 能正确阅读课文达 90%。 能正确辨别课文的字形达 90%。 能正确地说出课文的大意达 90%。	接受构音缺陷矫治	资源教室	每星期四次 每次各半小时	1995.9.10—10.28 1995.11.1—12.30 1996.3.1—4.15 1996.4.20—5.25	观察习作，自编测验	资源教室林××老师

---

① 本案例由我国台湾地区林美和老师提供。（摘自《特殊教育课程与教学》第 233—234 页）1981 年台湾师大创刊《资优教育季刊》，并将《特殊教育通讯》改为《特殊教育季刊》。台湾特殊教育学会对两刊五年多来发表的文章，精选并分类汇编，形成六本书由心理出版社发行，《特殊教育课程与教学》是其中一本。

【案例分析】

该例中,教师对学生情况分析全面、具体,制订的教学目标有一定的挑战性,且可测、可评,便于操作。

第三节　教学计划的实施和评估

教学计划在实施的过程中需要不断调整和评估，以更好适应实际情况。再好的计划，如果一成不变地去实施，也会遭遇失败。

一、并列式教学计划和个别教学计划的联合运用

为学生制订个别教学计划有利于教师因材施教，但为学生制订个别教学计划对教师提出了更高的要求，仅靠普通班的教师个人难以完成，因此也增加了教师的负担。尽管个别教学计划并不拘泥于一对一的教学，但将每个学生的个别教学计划和实际的班集体教学对接，往往也有一定困难。

在普通学校普通班中我们还是主张在班集体教学中主要实施并列式教学计划，对于那些在某些方面和其他同学差异比较大，仅靠班集体教学已难以满足他们的需要，对他们还需要进行专门的辅导训练的学生，这时就还需要再制订个别教学计划。个别教学计划所要反映的，是并列式教学计划中不能反映的、对教育个别学生来说却又十分需要的内容。个别教学计划在目标要求、教学内容、方法和时间安排等方面要注意和班级并列式教学计划衔接一致。

二、教学计划的评估

在实施教学计划的过程中，要不断对教学计划进行评估和修订。通常，在学生的实际学习成效与预期达成目标的时间不一致，或出现影响教育效果的因素

时，教学计划已不适应学生的情况，就需要对其进行评估和修订。对于并列式课时教学计划，教师要根据课堂的实际情况随时予以评估调节。有经验的老师都知道，制订再好的课时教学计划，在实际课堂上也不能一成不变地执行。而对于个别教学计划，往往需要召开评估会进行评估。不论是每年一次的评估会或经常性的评估会，一般都包括以下内容。

（1）将该生实际表现水平与个别教学计划中的每一项预期目标做比较。

（2）评估为该生提供的特殊教育或相关服务（如语言治疗、物理治疗、职业训练等），如将原先提供的服务期限和实际花费的时间进行比较。

（3）确定个别教学计划修正的内容。如果学生提前实现了个别教学计划中的目标，在评估会上就要讨论该生是否仍需要特殊服务，服务内容是否要改变，是否原先低估了该生在某项学习活动中的能力等。评估小组成员通过讨论共同回答上述问题，必要时可让学生自己也参加讨论。

学生未能实现教学计划中的学习目标时，要针对学生的情况进行具体的分析，并找出其中主要的原因。一般来说，出现这类情况可能会有以下原因。

（1）不适合的或不实际的教学目标。

（2）教学计划、方法措施失当。

（3）缺乏足够的教学资源。

（4）不切实际的时间分配。

要针对该生的情况具体分析，找出其中的主要原因，并进一步对个别教学计划进行调整、修改和补充。

  案例：融合班听障学生刘××的个别教学计划[①]

【案例叙述】如表 5-10、表 5-11、表 5-12 所示。

---

① 本案例选自华国栋主编《特殊儿童随班就读师资培训用书》一书，第 383—385 页。

表 5-10 综合情况

学校：×区×小学　六年级 1 班　　　　　　　　　　　　　　　　　　编号：001

学生姓名	刘××	性别	男	民族	汉	出生日期	×年×月
父亲姓名	刘××	文化程度	中专	工作单位	北京××工厂		
母亲姓名	胡××	文化程度	大专	工作单位	北京××商店		
家庭地址	××区××街××楼×门 00		邮　编	—	联系电话	—	
教育诊断								
医学诊断	残疾类别与程度：全聋（左耳 100 分贝，右耳 120 分贝）。 致残原因：药物致残。 致残时间：两岁时一次生病，母亲自己给孩子选择药品及剂量。 补偿措施：经过三年康复中心的听力康复训练。						
学习活动综合状况	1. 对学习有较高的兴趣，课上精神饱满，专心听讲，积极参加全班性的集体学习。 2. 学习基础扎实，在学习的过程中能较少受外界干扰，出现错误不气馁，主动寻求老师的帮助。 3. 能够按时、认真完成作业。 4. 因对同伴的发言不感兴趣，在小组学习时不愿意听同伴发言。 5. 出现问题只愿向老师提问，而不愿意向同学请教，甚至对于助学伙伴有时也采取不信任的态度。						
家庭教养情况	1. 经过一学期的指导，家长比较重视培养孩子的社会交往能力，经常主动请同学做客，有时甚至带领一些学生开展"雏鹰假日小队"的活动，在活动中创造机会让孩子积极与同学交往。 2. 积极培养孩子多方面的特长，为孩子配备了电脑，鼓励孩子充分利用网络查找资料，开阔视野。 3. 家长能指导孩子的学习，遇到孩子在心理上出现问题而家长自己解决的结果不满意时能主动与老师沟通，商量解决问题的办法。						
家长期望	有时不能比较客观地看待自己的孩子，对孩子的要求过高，总想让自己的孩子与同龄的孩子一样，以适应今后的生活。						

表 5-11　学期计划

学科：语文　六年级 1 班　姓名：刘××　　　　　　　　　　　　　　编号：001

学习水平现状分析	1. 基础知识扎实，能正确使用所学的字词，读懂句子，理解课文的主要内容，体会文中人物或作者的思想感情。 2. 能有感情地朗读课文，积极积累词汇和美文佳句。 3. 能比较清楚地叙述自己所见、所闻、所感，并表达自己的真情实感。 4. 想象能力还有待进一步提高，不愿意写想象作文，即使根据所给的线索进行了想象，范围也比较狭窄，内容不够丰富。
学期目标	1. 加强意志品质的培养，客观地看待自己以及他人对自己的评价。 2. 能够学会教材所要求的生字词，结合上下文的内容理解句子的意思，体会作者的思想感情。 3. 能清楚明白地叙述一件事，表达自己的真情实感。 4. 在学习的过程中继续培养与人交往的能力，学会在遇到问题时主动寻求同学的帮助，找到解决问题的方法。
培养措施	1. 坚持每周谈心制度，在谈话的过程中了解学生阶段学习情况，找到学习中的问题，及时予以补救。 2. 学习两课后，及时进行反馈，及时补课。 3. 在课堂教学活动中，通过学生的表情、助学伙伴的反映，随时了解学生的学习状况，能够当堂解决的及时解决，不能随时解决的，课后也要及时了解，进行补救。 4. 继续发挥小组合作学习的作用，鼓励学生在合作学习时既作为倾听者，又作为参与者，也可以成为帮助者，而不仅仅是一位受助者。在帮助他人的过程中既巩固自己所学，又体会成功。 5. 建立"一帮一"互助小组，使他成为一名指导者，在帮助他人的过程中自省学习状况，随时客观地评估自己。
期终评估	（评估标准、方法及结果）
任课教师意见	 签字：_____　日期：_____

续表

学生家长意见	签字：＿＿＿＿＿＿　　日期：＿＿＿＿＿＿
教导处意见	签字：＿＿＿＿＿＿　　日期：＿＿＿＿＿＿

表 5-12　月/单元计划

六年级 1 班　姓名：刘××　2003 年 9 月　　　　　　　　　　　　编号：001

月/单元培养目标	1. 针对期末试卷中反映出来的问题，结合小学语文第十一册对听说读写的要求，使学生先通过学习，读懂课文内容，简洁地概括课文的主要内容，并敢于当众有感情地朗读课文，表达自己的感受。 2. 学会本单元的 25 个生字，31 个词语，并能用指定的词语造句。 3. 读懂句子的意思，了解关联复句中两个分句之间的关系，并正确选择所给的关联词。 4. 通过小组合作学习理解四首古诗的意思，并合作写出《古诗研究报告》，提高收集资料、整理资料、运用资料的能力。 5. 阅读理解毛泽东诗词的内容，结合所收集的资料体会诗词表现出来的磅礴之气。 6. 能比较清楚地叙述自己的想象，写出题为《假如我是＿＿＿＿》的想象作文。
具体培养措施	1. 个别分析上学期期末试卷中反映出来的优点与不足，共同讨论本学习的奋斗目标，使学生了解自己在新的学期应该做什么，怎样才能达到自己制订的学习目标，尤其是要注意倾听他人的意见，在比较、筛选的过程中提高自己分析问题的能力。 2. 建立"一帮一"互助小组，让该生扮演帮助他人的角色，在帮助他人的过程中既巩固自己所学的知识，又逐渐认识到自身的价值，增强继续学习的信心。 3. 学习一篇课文后利用午休时间检查学生对知识的学习情况，及时发现问题，及时补救。对于学得比较扎实的知识，及时表扬，并共同分析原因，找到继续有效的方法。

续表

月/单元 培养目标 评估	（评估标准、方法及结果）
任课教师 建议	
学生家长 建议	

【案例分析】

该例中，教师不仅了解学生的残障类别、程度，更进一步了解他的学习基础和特点，以及学习上的特殊需要。制订的教学目标和采取的教学措施也有一定的针对性。建议对学生听障带来的特殊需要展开进一步的分析。

第六章
怎样在融合课堂中开展差异教学

在普通学生与特殊需要学生融合的班级课堂中，如何实施差异教学，促进每一个学生充分发展，是差异教学的重点，也是难点。围绕课堂教学的要素，设计差异教学的八个策略是：提供认知准备与激发学习动机的策略、预设与生成挑战性学习目标的策略、选择和组织教学内容的策略、多样、启思的教学方法与手段的策略、同质组与异质组的合作结合运用的策略、兼顾全体与个别指导相结合的策略、大面积及时反馈与调节教学的策略、弹性作业的策略。这些策略的联合运用，能够促进融合课堂中每一个学生的有效学习，提高融合课堂的教学质量。

第一节　提供认知准备与激发学习动机

差异教学立足于学生个性发展，并不是为了将学生差异拉平，但客观上，学生学习水平差距过大会给班级课堂教学带来一定的困难。有些学习差异是可以调节的，如认知准备的差异、学习动机的差异等。如果教师在课前注意让学生具有相应的知识与技能准备和情感准备，那么学生在学习新知识时，起点水平就会有所提高，差距就会缩小一些。

一、认知准备的不同水平及对学习的影响

1. 知识内在的逻辑联系

各学科知识都有内在的逻辑结构。学校的学习，是建立在一系列带有认知特点的已有学习基础上的。在完成各个学习任务的成绩上的许多差异，都是由学生在学习新任务开始时就已具有的差异造成的。学生已具有的、已掌握的知识基础和技能程度对日后的学习有重大影响。研究表明，如果在学习新课前让实验班学生掌握了与新知识有关的原有知识与技能，改善了认知先决条件，其教学效果比接受传统教学的两个对照班会高 0.7 个标准差。（李蔚 等，1992）

2. 不同的知识能力准备水平影响学习的迁移

用现代认知心理学术语来说，有意义的学习过程是原有知识同化新知识的过程。学生原有的知识状况，特别是基本原理和概念的掌握情况，也就是认知结构的水平，直接影响新知识的学习，影响知识与技能的迁移。"温故而知新"就是这个道理。客观上，学生存在不同的认知准备水平。如果我们在教学新知识前，

帮助一些学困生具备必要的认识前提，特别是帮助他们提高对概念、原理的概括水平，就能促进学习的正迁移，有利于缩小他们和其他学生学习新知识的差距，提高他们学习新知识的质量。我们曾经进行的课堂教学实验也说明，课前帮助每个学生达到认知准备的要求，是保证大面积课堂教学质量的关键策略之一。

认知准备既包括与新知识相关的知识与技能、能力，也包括必要的体验、经验等。残疾学生因为残疾，在一定程度上活动范围受到了限制，往往缺少必要的生活经验和体验，教师尤其应注意这一点。

教师应分析学生的已有知识、技能、经验等与教学内容或要求之间的落差，课前辅导必要的知识、技能或弥补阅历、经验的不足，可以增强新知识和学生已有知识能力之间的联系，帮助特殊需要学生具备必要的认知准备，从而有利于缩小他们和其他学生学习新知识的差距。教师也可在课前为特殊需要学生提供课堂学习所要掌握的主要内容清单，并安排他们适当的预习，提高学习新知识的质量。

二、提高认知准备水平的方法

为了保证学生学习新知识的起点水平，可以采取以下方法。

1. 测查并掌握与新知识相关的知识与技能

教师在课前的教学设计中，首先要分析清楚新知识学习所需要的知识准备和技能准备，这不仅要从知识的内在逻辑体系来确定关键所在，还要从学生学习的过程分析来确定关键所在。对于学习新知识必要的知识与技能准备，可以通过一定的测试引导学生了解自己的准备情况，并做相应的补救，使每个学生都掌握。为了不给学生增加负担，可以每个单元测查一次。特别是理科学习可以采用此种做法。

2. 学生自主学习，收集相关资料

学生学习新知识的准备不只是知识与技能的准备，还有经验与态度、能力等方面的准备，引导学生参与一些与新课学习有关的社会活动和科技活动，丰富他们的经验和阅历，收集与新课主题相关的资料，如作者介绍、文章发表的背景等，对他们顺利学习新课也是非常必要的。学生不同的经验和阅历也为课堂学习

提供了丰富的差异资源。这在文科课程的学习中尤显重要。

3. 对新课进行预习

对于有些新课内容可以让学生先预习书上的知识，并在这一过程中发现学生感到困难的地方，课上重点突破。教师可以给学生提供一些自学的提纲和自学的方法，长期的预习也可以培养学生自学的意识和能力。但准备让学生采用探究性学习方式学习的内容，就不适合让学生先看课本，否则，学生如果从课本中已了解到概念推理的过程和解决问题的过程，就可能会失去自主探究的兴趣。

4. 课初的反馈和补救

如果学习新课需要的知识与技能并不复杂，根据教师的经验，多数学生也不会有什么困难，那么就可以在上课伊始，通过提问、板演等方式了解学生的准备，以旧引新。但这时应重点了解学习基础较差的学生。如果发现有的学生没有掌握，就可以通过同学的互助或教师提供辅助材料等帮助他们在课上及时解决困难。

三、学习情感动机的差异及对学习的影响

学生学习的过程不仅仅是一个认知过程，其中也蕴含丰富的情感因素，而且情感动机深刻地影响着学生的认知过程。

1. 学生学习情感、情绪的差异

情感、情绪是人的意识对一定客体的态度体验，具有波动性与感染性。积极的学习情感、情绪有助于提高思维的敏捷性、灵活性和记忆的效果。学生在完成某项学习任务、开始学习新内容时，除了存在认知方面的差异以外，通常在情感、情绪方面也有很多不同。有些学生对学习很有兴趣，积极向上，愿意学习；有些学生则将学习看作是一种义务和要求；有些学生甚至害怕和讨厌学习等。布卢姆把学生参与学习过程积极性的高低，称作学习的"情感前提特性"。这种情感前提特性受学生对特定的学习课题所持的情感态度、对学校的态度、对学习的态度以及对自身态度的制约。（Bloom，1976）有的学生虽然热爱学习，但因为某些原因一度焦虑、苦闷、感到威胁或暴躁，这些情感、情绪也会影响学习。

布卢姆认为，在系列学习任务中，学生是带着与新任务有关的、以前的学习经历而进行学习的。在某项学习任务完成时的情感、情绪特点，可在后继学习中

反映出来，并对学习产生积极或消极影响。具体说，在一系列任务学习中，学习任务 1 时，因学习成功而获得满足感的学生，受到学习成功的激励，具有搞好学习的自信心，在情感、情绪方面为学习任务 2 做好准备；相反，在学习任务 1 时失败的学生，在心理上受到消极的影响，怀疑自己的学习能力，就不可能为学习任务 2 做好情感、情绪准备。那些带着兴趣和热情进入后继学习任务的学生，比没有兴趣和热情的学生学得更容易，速度更快，达到的成绩水平也更高。这就要求我们在教学中给特殊需要学生提供成功的机会。

不同的学生在情感、意志等方面也存在差异，特殊需要儿童在这方面往往有特殊的需要。有各种障碍的儿童将自己与其他学生相比往往会产生自卑感，对学习没有信心，教师应鼓励他们，不能威胁、惩罚，同时要教育其他学生不嘲笑他们。事实上，有些学生在遭到教师的奚落甚至谩骂后，整节课都低着头，没有心思再听课学习；有的则在长时间单调的刺激（经常挨批）后习以为常，对什么都满不在乎，甚至出现种种扰乱课堂的行为。

2. 学习动机的影响因素

动机是发动并维持活动的倾向或意向。学生的学习要取得好的效果，首先要有学习的动机和愿望。动机与学习之间是相辅相成的关系。美国教育心理学家凯勒（J. Keller）设计的学习动机模型中有四个要素，即"注意""相关""信心"和"愉悦"。首先，学生要注意到学习的内容，他才有可能产生学习动机，对于那些有感觉统合失调或情绪行为障碍等问题的学生，往往由于自身原因没有注意到学习的内容，也就不可能产生学习动机；学生注意到学习内容，但认为和他不相关，如有的学生认为学习外语没有用，他也不会产生学习动机；有的学生虽然注意到学习内容，也认为和自己相关，但却认为自己没有能力学好，缺少自信，也难以产生强烈的学习动机；学生在学习中，如果具备了前几个要素，在学习的过程中又很愉悦、高兴、有满意感，学习动机就会持续上升。当然，在学习情境中，动机的产生不仅为了满足个人的发展和情感、情绪需要，还有社会发展的需要因素，还有赖于学生的志向水平与价值观。因此，我们还应对学生进行学习目的方面的教育。

如果学生在学习前不具备相应情感前提，还没有内在的学习动机，教师就要想方设法激发学生的学习动机，譬如在教学前提出一些与新课内容相关的、难度适当的、学生感兴趣的问题，激发学生求知的好奇心，提高他们学习的兴趣，从而增强学生的学习动机。

应付考试的教学仅仅是从传授知识与技能的角度来组织课堂。但实际上，学生在课堂上的学习不仅是通过听讲和思考，而且也是通过经验和感情来获得知识与价值的。课堂上如果缺少温暖和谐的师生关系，缺少多向信息沟通，如果教师不具备移情、积极关注和真诚等条件，就难以引导学生真正有效地学习。而任何教学内容和方法，只有能够激发学生生动活泼的思想，唤起他们真挚而深刻的感情，才能真正起到教育的作用。

四、激发学生学习动机的方法艺术

教师走进课堂，首先要做的就是激发学生的学习动机。因为，只有当每个学生都有强烈的学习愿望时，才能产生良好的班集体学习效果。教师应从知、情、意、行统一的角度去组织一堂课，以认知活动为主线，并通过这条主线去发展学生的各种心理品质。

1. 根据学生年龄特点，提出学生感兴趣的问题

学习往往从问题开始。但是，不同年龄的学生感兴趣的问题不一样。有位小学教师教学"分数的初步认识"时，从《西游记》中猪八戒嘴馋要分大饼的故事说起，这个问题适合低年级的小学生，但不适合中学生。一位中学教师教学"对数表"一课时，她不是急于介绍对数表的知识，而是首先提出一个问题："一张纸的厚度是 0.0863mm，折叠 30 次后有多高？"她将新授知识转化为中学生感兴趣的问题，从而使每一个学生都对这节课产生极大兴趣，积极主动地学习。因此，教师要了解学生的年龄特点，了解学生感兴趣的问题。当然，年龄相仿、水平不一的学生感兴趣的问题也不完全相同，有时需要设计一组问题，以满足不同学生的学习需要。

为了培养学生的创新精神，我们要鼓励学生自己大胆提问题，敢于挑战权威，教师在引导学生对问题梳理分析的基础上，突出课上要解决的本质问题，并在这一过程中，逐步培养学生的问题意识和提出有价值问题的能力。当然，学生提问题的能力水平也是不一样的，教师要区别对待，并予以引导。另外，学生由

于自身阅历、经验和理解能力的限制，有时也需要由教师直接提出关键问题。

2. 挖掘教学内容本身蕴含的情感因素，培养学生学习兴趣

很多教师利用本学科的特点，培养学生的学科兴趣，使其产生积极的学习情感。如有的教师在数学教学中，适当讲些数学史知识以及数学在现代科学中的作用，在课堂上形成一种氛围，激起学生对深入学习数学的渴望。例如，学习"圆的周长"时，介绍我国古代数学家对圆周率的贡献，这些贡献对数学发展起到了推动作用。这样，学生不仅学得趣味盎然，而且还受到了爱国主义教育。有的老师把上好初中物理序言课看作培养学生物理学习兴趣的关键，他们会准备几个趣味小实验，如让学生倍感意外的"小鱼煮而不死"的实验，有趣的小孔成像实验。这些实验的演示，能够让学生对物理课充满兴趣。至于语文、外语等人文学科，其内容中更是包含了丰富的情感因素，教师要充分挖掘，并借助情景、活动等感染学生。如《圆圆的沙粒》一课，教师让学生想象立志成为珍珠的沙粒在蚌壳内几十年牢狱般的生活并写成一篇小作文，对学生进行励志教育。兴趣引发的学习动机有时是无意识的。教师要通过多种方式和途径激发学生对所学内容的兴趣，而不是仅靠"分数"来调动学生学习的积极性。

3. 学习内容对学生有挑战性

学习内容对学生要难度适当，有一定的挑战性，引起其头脑中新旧知识的矛盾、冲突，从而激发学生学习动机。但是客观存在的学生差异，很难使同一内容对所有学生都能构成挑战，在保证共同基本学习内容的基础上，要给学生自主选择学习内容的机会。

另外，教学要联系实际，特别注意联系学生生活实际，从而使学习变成学生的内在需求，激发他们学习的动机。如有的物理教师教学共振知识，从洗衣机的振动说起，教学反冲运动内容时，又和航天火箭升空联系，使学生感到物理就在身边，学了很有用。

4. 提高教师自身魅力和教育水平

"亲其师"，方能"信其道"。许多学生喜欢某门课程，往往是因为喜欢某位教师，不喜欢学习某门课程也常常是因为不喜欢教这门课程的教师。而决定教师在学生心目中的形象、地位的是教师的师德，特别是教师能否公平、公正地对待每一位学生，以及教师对学生关爱的程度和教师的学识水平等。

教师在教育教学中，要注意维护学生的自尊和培养他们的自我效能感。学生有了自尊，往往对自己有较高的期望和要求，会强化学习动机。教师还要引导学生在学习中正确归因，将成功归因于自己的努力，学生如果相信自己有能力达成目标，就会为了获得成就而不断学习。教师还要培养学生的意志力，学生意志品质好，学习中遇到困难也能努力克服，从而保持学习动机的稳定持久。

教学是技术也是艺术。有经验的教师往往能从学生的需要出发，自如地驾驭教学，还能借助幽默的故事、生动形象的多媒体，甚至自己的神态语言等牢牢地吸引住学生。如有的英语老师让学生将学过的教材和语言材料设计成种种情境，有的还改编成小剧目，在课堂上生动活泼地进行表演；有的坚持开展多种多样的趣味竞赛活动，如单词接力赛、歌曲大奖赛、诗歌朗诵赛、表演比赛、讲故事大赛；有的坚持课前五分钟英语角，在轻松自如的学习中训练学生的口头表达能力等。"善歌者，使人继其声；善教者，使人继其志。"（《礼记·学记》）从趣味化的教学中，学生体验到了掌握知识的乐趣和创造的欢乐。

当然，为了使学生对学习产生强烈的动机，教师还要善于发现学生的优势学习领域，给他提供学习成功的机会，并创设一个民主和谐、自主学习的环境。

 案例1：正比例应用题教学

【案例叙述】

我曾在北京市昌平区巩华镇中心小学听了特级教师张丽珍教学"正比例应用题"一课。该课的教学目的是让学生借助公式"速度等于路程除以时间"，理解正比例应用题的特点，正确列式解答。该班有一名智商63、伴有语言障碍的学生。张老师在教学中一直重视该生的认知准备，学习正比例应用题对该生来说，最主要的是掌握基本的正比例应用题的结构特点，并能正确列出比例式。比和比例、解比例、公式"速度等于路程除以时间"等知识是先前学习的内容，也是学习本课必要的认知准备。那位智障学生对这些认知准备未必已经掌握。张老师课前帮该生进行了复习，做了些解比例的练习，并让他计算了新课例题中的比例式，减少了学习正比例应用题的困难。课堂练习时，其他学生完成的正比例应用题有多种变式，难度不断加大，而该生一直反复练习最基本的正比例应用题，但完成的几道题答案全部正确，这对于一个轻度智障的学生来说，已是了不起的成绩。

【案例分析】

张老师提前帮智障生复习与正比例应用题相关的旧知识，并进行一定的练习，降低了智障生学习新知识与技能的难度，从而帮助他实现了该课的学习目标。张老师长期坚持课前帮助该生做好认知准备，在教学中满足他的特殊需要，使该生最终在普通班顺利地完成了小学学习。

 案例 2：《纪昌学射》①

【案例叙述】

在学习《纪昌学射》这节课之前，教师通过预习单的形式对学生的学习兴趣和难点做了调查。

调查发现，虽然学生都能知道课文内容，但只有 15.4% 的学生能做到准确而简练地概括。其他学生存在的问题有：丢失主要信息（92.3%）、内容不简约（41%）。可见，虽然即将升入小学高年级，但大部分学生在简练概括课文内容上还需要教师的指导。根据这一情况，调整后的教学中，教师注意提供具体的支持：依据文本的特点，按事件的起因、经过、结果的思路帮助学生概括。

调查还得知，学生不理解或者感兴趣的词语主要集中在"梭子"（比例为 56.7%）和"虱子"（比例为 30%）等词语。学生最感兴趣的细节是"把虱子看大"（比例为 63.3%），最感兴趣的问题是"为什么飞卫让纪昌先练眼力"（比例为 36.7%）。

在《纪昌学射》中，资源教师先让小 A（自闭症谱系障碍）自读一遍课文，询问他是否喜欢这个故事，得知本课不是他喜欢的内容。同时，资源教师就文本提了一些问题，了解了小 A 的理解水平并得出以下结论：

（1）在朗读课文方面，小 A 在督促下能够粗略读完。不认识的词语有"纪昌、妻子、穿梭、梭子、虱子、聚精会神、百发百中"等。朗读错误 11 处，主要问题为：不恰当地停顿，如"飞（停顿 1 秒）卫"；漏读后重读，如"要（想）学会射箭"。

（2）在内容概括方面，小 A 知道大意，但概括不完整，只知道起因（纪昌

---

① 本案例由北京市西城区融合教育中心陈甜天、王玉珍、潘镭、毕颖男、王丽萍等老师提供。

找飞卫学射箭），经过（怎么学）和结果（学得如何）"丢掉了"。不会概括寓意，但能用描述性的话表达自己的理解："纪昌学会了射箭"。

（3）在信息提取方面，小 A 存在"读不懂题意""张冠李戴"和"以想象代替阅读、脱离文本"的问题。如阅读第 2 自然段，回答"纪昌是怎么练习眼力的？"时，小 A 的回答实为练习的结果，即"有人用针刺他的眼皮，他的眼睛也不会眨一下。"问"纪昌练习了多长时间？"，小 A 回答"很长时间""四年"（文中没有四年的字样，实际应该是三年）。

（4）在人物分析方面，小 A 能够有最基本的理解，但难以根据文本作答。小 A 回答："纪昌是一个专心、好好学习的人。"老师追问："从哪句话能看出来？"

小 A："就是有人用针刺他的眼皮，他的眼睛也不会眨一下。"

【案例分析】

融合教育课堂关注每个学生的认知准备，当然更要关注残障学生的认知准备水平。针对语文课的特点，教师从朗读、概括能力、信息提取、人物分析等方面了解学生的基础及准备情况、困难与问题所在，明晰了该课的教学重点，同时课前对残障学生及困难学生也做了必要的辅导。

案例 3：爱举手的学生

【案例叙述】

一位轻度智障的学生，上课特别喜欢举手回答问题，有时甚至没有等老师将问题说完，他就举手了。开始时，老师也让他回答问题，但他又经常回答不出，久而久之，老师不再叫他回答，他的学习也就更差。后来该班换了老师，这位新老师对他的情况作了分析：该生回答不出，说明他的知识与技能比较缺乏，能力也比较差，但他积极举手说明他有学好的愿望，希望得到老师的表扬和肯定，有这方面的需要。于是这位老师对他加强辅导，并有意识地给他出一些简单易答的问题，甚至课前就该问题对他先做辅导，这样他就能回答上课的提问了。当他回答正确时，老师即给予鼓励，后来该生的进步很快。

【案例分析】

教师应保护学生积极学习的情感，还应给他们创设成功的机会，这些对于学习困难的学生尤其重要。

第二节　预设与生成挑战性学习目标

教学要取得好的效果，首先要有明确的目标。甚至有研究结果显示，在教学中有明确的教学目标较之无明确的教学目标，效率可以得到很大提高。

一、挑战性学习目标因人而异

教学目标，是指教学活动主体预先确定的，在具体教学活动中所要达到的，利用现有技术手段可以测度的教学结果。它是教学目的的具体化，在具体教学活动中可以适当调整变动。教学目标具有定向、激励、测度、聚合的功能。教学目标内含学习目标。

1. 学习目标及其影响因素

学习目标，是指学习活动的主体在具体学习活动中要达到的预期结果标准。它是教学目的在教学中的具体体现。学习目标制约学习内容，制约学习方向，影响教学的效率和质量。学生在目标意识上是有差异的。学生为自己设立目标时常受以下因素影响。

（1）家长的要求

父母的要求与子女对成就的愿望关系密切。子女成就的愿望随年龄而加强，家长对子女要求愈高，则子女对自己成就的愿望愈强烈。父母教养水平的高低影响学生设立的目标的高低。

（2）学习成绩的影响

西尔斯（R. Sears）曾将小学四、五、六年级的学生分为 3 组：第一组为成功组，他们平日的成绩优秀；第二组为失败组，由班上成绩最差的学生组成；第三组为混合组，由语文成绩较优而数学成绩较差或语文成绩较差、数学成绩较优者组成。在测验前，让他们以过去的经验为依据对自己的测验成绩进行估计。结果成功组志向水平较高，估计的成绩符合实际情况；失败组的志向水平甚低，甚至低于自己的实际成绩；而混合组志向水平则高低不等。志向水平的高低是和学生为自己设立的学习目标直接关联的，它们是一件事的两个方面，志向水平高，往往为自己设立的学习目标也高。

(3) 与人对比的感应

优等学生知道自己的学习成绩位于同班同学之上，他们设立的学习目标较高；中等学生处于居中的位置，他们往往采取中庸之道；至于差等学生，其志向水平并非完全低下，可常常显示出不符实际的情况，他们对自己没有信心，没有明确的学习目标，或定目标较低。因此，教师应根据各个学生的不同情况，帮助他们设立好适合其水平的、又有一定挑战性的目标。

学习目标的差异不仅体现在认知水平上，还表现在情感、意志水平和操作水平等方面。由于遗传和后天环境的相互作用，学生在这些方面也存在明显差异，有的学生逻辑思维能力相对较差，但他的形象思维能力、动手能力不一定差，他的学习意志、学习态度等方面也可能很好，所以考虑目标的差异性应当全面。

2. 挑战性学习目标的意义与要求

对根据学生认知的差异制订教学目标，有几种不同的观点。一种观点认为，遗传决定学生能力水平，教学目标要适应学生现有水平，教学应体现量力性原则。美国心理学家桑代克等人则认为，心理能力的发展就是具体知识、技能积累，从而把发展目标和学习目标等同起来。苏联心理学家维果茨基则认为，教学应走到发展前面，他认为，儿童有两个发展水平，一是现有发展水平，由已经完成的发展程序的结果而形成，表现为儿童能够独立地解决智力任务；第二个是潜在发展水平，是那些尚处于形成状态，是儿童有可能达到的较高发展水平，即在有指导的情况下，依靠成人的帮助，在集体活动中通过模仿和自己的努力以解决问题。这两个水平之间的区域称为最近发展区。最近发展区的理论为我们揭示了儿童潜在的发展可能性。两种发展水平之间的动力状态是由教学决定的。我们赞同维果茨基的观点，因为人的认知能力是一个开放系统，环境的改变能使它发生变化。

挑战性目标应处于学生的最近发展区内，并促进潜在发展水平的实现。挑战性是经过努力才能实现的目标。学生的发展很大程度取决于教学能否激发、启动那些正待成熟的心理机能。挑战性目标也最有利于调动学生学习的主动性、积极性。因为每个学生的最近发展区是不一样的，因此挑战性的目标必然是照顾差异的，反过来说，照顾差异的梯度目标只有对每个学生的学习都构成挑战时才是有意义的。消极的、迁就学生水平的学习目标对学生发展是不利的。

我们的教学过去是根据班上的平均水平制订全班统一的教学目标，这个平均水平是虚的，结果造成学优生"吃不饱"，学困生跟不上，中等生也失去了上进心。教学目标应当体现差异，考虑不同层次要求，但是无论对于哪一层次的学生，为他们设立的目标都应在他们的最近发展区内。

二、师生共同制订教学目标

1. 学习目标的挑战性、系统性、全面性

什么是挑战性目标呢？简单地说，挑战就是要让学生"跳一跳"，经过努力才会达到。挑战性目标应该处于学生的最近发展区。

近年来，我们发现，在融合教育课堂上，许多老师为特殊需要的学生制定的目标太随意、简单，缺少挑战性。我们认为，在低年级，原则上不应当降低目标。这一点，我们曾经进行过视障、听障、智障学生随班就读的试验。在四川一些山区开展的盲童随班就读试验中，教师对盲童从小学一年级到六年级都没有降低要求。对听障学生也做过类似的成功试验。随班就读学生中，最困难的是智障儿童，但从理论上讲，轻度智障学生可以在不降低要求的情况下学到小学三、四年级。我们也曾在北京市昌平区开展过针对智障学生随班就读的试验，智障学生甚至从一年级跟班就读至六年级。所以，为低年级特殊需要学生制定目标时，不应该过分地降低要求。如果对低年级特殊需要学生过多降低要求以后，他们到了中、高年级就没办法跟班，也就更谈不上融合了。我们认为，低年级数学学科只能对难度特别大的（如应用题）等降低要求。计算教学可以将数字控制小一点，但是基本的法则等还是要学的。语文学科的阅读和作文要求可以降低一点等。如

学生学习有困难，更多的是应给予帮助、支持，但是，基本的、迁移性强的知识原则不宜降低要求。到了高年级可以适当降低难度，这样，这类学生就能顺利地融合在普通班。而其他水平好的学生应实现分析、综合、评价等认知层次较高的目标要求。

制订教学目标应有长、短期的考虑，长期目标如年度目标、学期目标，短期目标如单元目标、课堂教学目标，它们共同形成了一个树状目标体系。课堂教学目标处于枝状末端，是由学期目标、单元目标分解而得到的。为特殊需要学生制定的课堂教学目标，要和学生的长期、短期发展目标一致。这里要注意两种关联：一种是纵向关联，也就是本学科内容的前后联系，有利于教师掌握学生学习发展的过程，随时补差、堵漏，更好地完成学习任务；一种是横向关联，即水平方向的关联，也就是要考虑本课所学习的内容与其他学科是否有联系。当然，在分解过程中要考虑到每节课教材的内容和学生的特点及知识的准备，照顾不同学生的需要。

每个学生的短期目标应处于各自的最近发展区内。如果学生已经掌握了目标据以建立的行为，显然这一目标就是不适合的；反之，如果学生还未学到目标所据以建立的行为，还没有做好相应的准备，那么这一目标也是不适合的。如阅读教学中，以批判分析课文为目标，但如果学生还未理解所选课文的性质，那批判、分析就不是适合的目标。如果学生对要实现的目标有兴趣，就会产生我们期望的行为。如果目标是重要的，但是学生还没有兴趣，教师就应想方设法努力使学生对学习及其相关行为产生兴趣，并逐渐形成实现目标的动机。

课堂教学目标应包括学科知识、基本技能、思想情感、态度、价值观、过程与方法等方面。目标中的学科知识不仅指本课时要学习的知识范围、数量，还应指出学生的认知能力发展水平。如低水平的"了解""知道"，中等水平的"领会""理解""运用"，高水平的"分析""综合""评价""解决问题"等。基本技能一方面是指学习的基本能力，如听、说、读、写、计算、绘图等，另一方面是指动手能力（操作、制作、使用工具与仪器设备），还有运动、表演能力（跑、跳、体操、舞蹈、唱歌）。当然，不是每一堂课都要包括上述内容，要根据教学的需要来选择。思想情感、态度、价值观方面包括许多内容，关键是根据学科核心素养的要求，结合该课学习内容确定对学生进行哪些思想品德、态度、价值观的教育，要确定具体内容，不穿靴戴帽、空洞说教。在开展融合教育的班级，在情感、态度、价值观、意志等方面，针对全班学生特别要结合教学内容进行尊重差异、助人为乐、共同成长等方面的教育，针对特殊需要学生，还要提出具体的培养目标，特别是残疾人自强自立的要求。过程与方法方面的目标要特别强调针对每个学生，特别是要符合特殊需要学生的特点，如帮助学生学会主动参与学习过程，学会选择适合自己的学习方法，学会学习等。

对特殊需要学生还应突出缺陷矫正补偿方面的目标，如对听障学生语言训练方面的具体目标，对智障学生智力训练、社会适应能力训练的具体目标以及发展他们的优势潜能方面的具体目标。这些目标的实现都要有计划地落实在具体的教学中。在不同的学科教学中也要有所侧重，如语言训练可以在各科教学中结合进行，但在语文课上更要重点训练。在实际教学中，要注意协调特殊需要儿童的学习目标和普通学生的课堂学习目标。

2. 学习目标的表述

课堂学习目标的表述一般包括以下几个部分。一是行为主体，如"××学生"；二是行为动词，要能描述学生形成的可观察、可测量的具体行为。可以利用课程标准中对行为动词的描述。尽量用具体明确的行为动词，如"写出""背诵"等，少用"了解""喜欢"等比较含糊的说法；三是情境或条件，即完成行为的情境、使用的手段、供给工具、提供的信息和提示等，如"在同学帮助下""借助词典""提供提纲"等；四是表现水平或标准，这可以是定性的或定量的。标准一般分三类：时间限制、准确性、成功的特征。如"5分钟读一篇课文，错别字少于5个"。当然，对于情感、态度方面的目标不能强求量化、具体。

教师在备课时可以从认知、情感、行为等方面为全班大部分水平比较接近的学生制定共同的目标，同时也为处于上下两头的学生参照共同的目标制定适合于他们的目标，并在教学计划（教案）中反映出来。在目标制定上，我们不能只照顾学得好、学得快的学生，也不能保护学得慢的学生，约束学得快的学生。

3. 师生共同制定教学目标

教学目标应由师生共同制定，教师可以从认知、情感、能力、行为等方面指导学生制定目标。这些目标的实现往往是整合在一起的。另外，虽然情感、价值观、能力、方法等方面的目标，仅仅通过一节课的教学也不一定会有明显效果，但是，我们在教学中仍然要有这样的目标意识。制定的教学目标应具有定向、激励、聚合的功能。在教师的引导下，学生结合自身情况，将教学目标内化为自己的学习目标，这样才会产生巨大的学习动力，并使目标起到导向、调控等作用。

如果一个学生明确了学习目标、学习内容的意义，了解了学习的范围，能控制自己学习的情境，支配自己学习的活动和速度，那么他是能学好的。但多数教师往往会担心，学生自己制定的目标标准会太低。事实上，我们的研究实践表明：一般情况下，学生能制定适当稍超过自己目前水平而可达到的目标。因此，教师要相信学生，和学生一起商定他们的学习目标。

教师要引导学生从社会需要的角度，结合自己的特点来制订自己的长、短期发展目标。当前我们应围绕现代社会需要的核心素养，重新定位教育的目标。如创造思维、想象能力、决策能力和解决问题的能力，利用资源、信息和技术的能力及人际交往的能力；也应有个性品质方面的发展目标，如自尊、自重、责任心、诚实、正直、自我约束等。每个学生都应该明确他们长期的全面发展的大目标，并不断充实调整自己的目标，使它更具有时代的气息。学生还应在教师的指导下，制定短期学习目标，通过短期目标的实现，最终实现长期目标。在学习过程中也可以对学习目标适当调整，以更符合自己的情况。

课堂教学目标一般先由教师制定。教师要紧密结合教学内容制定目标，可以先考虑全班共性的教学目标，再根据学生的差异，进行调整和梯度设计，引导学生适级而上，挑战自我。对于基本的、重要的学习目标，即使学困生有困难，也不能随便降低，而是要提供更多的支持和帮助。在课上揭示教学目标，让学生明白，并转化为自己的学习目标。教学目标的揭示，固然可将目标直接公布在黑板上，但也可用迂回的方法。例如，在一节小学五年级数学课的开始阶段，教师在黑板上出两道数学题：①求 10 和 14 的最大公约数和最小公倍数；②求 12、14、16 三个数的最大公约数和最小公倍数。然后发问："同学们看看这两道题有什么特点？再想想我们今天要学什么呀？"学生比较了这两道题的特点后恍然大悟，齐声回答："今天要学习求最大公约数和求最小公倍数的联系和区别。"这样，全班学生就都明确了今天这节课的学习目标。然后，在学生完成这两道题的基础上，分组讨论求最大公约数和求最小公倍数之间的联系和区别。这节课学生不仅掌握了求最大公约数和求最小公倍数之间的联系和区别，而且初步学会了比较和分析，明白了集思广益的道理。这和全体学生有明确的学习目标是分不开的。

三、课堂教学目标的调整与生成

我们在教学前要依据课标、教材和学生的实际情况对教学目标进行预设，但在课堂上它不是一成不变的，有时需要调整，甚至生成新的教学目标。课堂上，学生也需要灵活地作出适当调整，以适合自己的需要、兴趣和水平。

1. 学习目标的调整是为了更好地体现目标的挑战性

教师应尽可能制订有一定梯度、不同类型的目标，给学生选择的机会，如小学朗读的目标可以是没错别字、不丢字、不添字、吐字清楚，或连贯、流利、正确，或有表情地朗读。教学目标应当体现差异，考虑不同学生的需求，但是无论对于哪些学生，为他们设立的目标都应在他们的最近发展区内。不能借口照顾差异，降低要求，迁就低水平，这样不利于学生的发展。有的老师对学困生的要求都只停留在"识记""了解"层次上，对他们缺少必要的思维要求和训练，长期下去，学困生的发展会受到一定的影响。有的老师为学困生删减的知识内容太多，没有挖掘其潜力和着眼于其发展，导致其同其他学生的差距越来越大，直至跟不上课。这些都是我们制订体现差异的教学目标时需要注意的。教师应鼓励学生根据自己的情况，选择适合自己的挑战性学习目标。

挑战性学习目标不是静态的，更不是教师课前一个人设计确定的，而是需要根据学生的学习状况不断予以调整，特别有关过程和方法等方面的教学目标，更不可能一成不变。师生都应有不断调整教学目标的意识，从而最大限度地挖掘教学的潜力，提高教学的效率。

2. 从课堂实际出发调整和生成新的学习目标

课前设计的学习目标，在课上往往发现不一定符合学生的实际情况，特别是不符合部分学生或个别学生的情况，因此有时需要对预设目标作出调整。有的教师调整目标时简单化处理，如对一般学生是围绕三个知识点的目标，而对学困生就是一个知识点目标。其实，学生间实现目标的差异更多的是程度的差异和学习速度的差异，而不是目标有无的差异。在当今信息化的时代，学生有很多获取知识的途径，他们在课堂上也会成为信息源，并给教学带来许多契机。教师要抓住这些机会，充分利用这些资源，生成事先没有设计确定的、新的学习目标。这些目标可以是知识、技能方面的，也可以是情感、态度方面的，或者是过程和方法方面的。在互动生成的过程中，实现师生的共同成长。

 案例1："四的乘法口诀"教学

【案例叙述】

笔者听过一节"4的乘法口诀"数学课，课上教师要求一般学生达到三个学习目标，即"会借助生活情境理解乘法口诀""会编乘法口诀""会用乘法口诀解决生活中的问题"，而对班上两个学困生只要求第一个学习目标，即"会借助生活情境理解乘法口诀"。这几个学困生开始学习时，正如教师估计，的确不会编"一四得四""二四得八""三四十二"等乘法口诀。老师教"一四得四"。在黑板上呈现一个卡车的图片。一个卡车，四个轮子。反应快的学生举手了，口诀"一四得四"就说了出来。然后，出现两张卡片，别的学生又说："二四得八。"这时，两个学困生还是没有举手，也不会编口诀。但是，当黑板上出现七张卡片的时候，有一个学困生举手了。老师让他回答，他一口说出："四七二十八。"这说明，借助其他同学的回答、启发，他终于明白了"四七二十八"，会编四的乘法口诀了，而这正是我们期望的。

【案例分析】

即使对于学习困难的学生，原则上也不能随便降低教学要求，而是要提供更多的支持帮助，对于低年级的教学更应如此。该例中，教师为学困生设定的学习目标中，没有"会编乘法口诀"，而事实上在其他同学启发下，他们也能达到这一目标。学习困难的学生往往在教师、同学的影响帮助下，能学得更好。

 案例2："达尔文和小松鼠"教学

【案例叙述】

笔者在四川省一所农村小学听过一节题为"达尔文和小松鼠"的语文课。上课伊始，教师用录放机模拟大森林里的各种声音（当时学校没有计算机），并用几组投影片叠加演示了达尔文小时候在森林观察树上小鸟，一只小松鼠沿着他的身体爬到肩上的情境。全班学生包括一名智障和几名学困生都兴趣盎然地观看演示,沉浸在大森林的氛围里。这时,教师适时地提出学生感兴趣,同时又是实现教学目标的关键性问题:"小松鼠为什么能爬到达尔文小朋友的肩上?"全班学生踊跃举手,教师请一位学困生回答。学困生回答:"达尔文小朋友喜欢小松鼠,不打它,它就爬上来了。"教师适当引申,实现本课一个目标——学习达尔文热爱小动物,热爱大自然的精神。接着,教师又问,"还有其他答案吗?"班上约有一半学生举手,回答是"达尔文观察小鸟太入神了,一动未动,小松鼠就把他当树桩爬上去了"在该答案的启发下,全班学生实现了另一个教学目标——学习达尔文聚精会神地观察事物。班上随读的智障学生虽然未想到第二个答案,但听了其他同学的回答,也明白了要认真观察的道理。

【案例分析】

该例中,教师设计的学习目标全面,其中不只有知识目标。另外,教师采用一问两答的做法,既照顾了学生的差异,也以优带差,促进全体学生实现了该课的目标要求。

 案例 3:被降低学习要求的低视生

【案例叙述】

一位低视力的学生,智力正常,学习成绩在班上处于中等水平,但在笔者听的一节中学英语课上,教师因其是随班就读学生,而降低了对她的学习要求。其他同学有三个方面的学习目标,而她只有一个最低层次的目标。

【案例分析】

普通学生获取学习信息是眼睛看、耳朵听,但案例中的学生主要靠听,眼睛看不清。对她的教学主要应在学习方式上照顾差异,而不是降低教学要求。针对低视力的学生,我们可以为其放大字,给其必需的、适当的光源。另外,尤其要丰富其听觉通道,让她从听课当中获取更多的信息。

要分清不同类型、不同个体的特殊儿童学习上的不同学习需求,视觉障碍的学生如果不是多重障碍,智力是正常的,一般并不需要在认知上降低要求。在普通班往往只有智障儿童需要降低认知层次,对其他特殊儿童,教师则应提供更多的支持,帮助其实现挑战性学习目标。

第三节　选择和组织教学内容

现在的学生，早期教育相差悬殊。和普通学生相比，特殊需要学生由于感官器质性损害或智力偏低、精神疾病等原因，其学习和发展更是受到很大影响。因此，一般而言，特殊需要学生的接受能力与普通学生相比有着一定的差距，这就要求教师在融合教育中要适当调整教学内容。

一、开放可选择的学习内容

所谓开放可选择的学习内容，是指教学内容要以课标为依据，但又不拘泥于教材，从学生差异出发，给学生提供开放的学习空间，学生可以自主选择适合自己的学习内容。

1. 以课程标准和学习目标为依据

在融合教育中，需要尽可能让残障儿童接受同等教育。因此，应尽量不改变教学内容与教学要求。在一个班级中照顾差异的、明智的教学策略，应是同教材、同进度、异要求。当然，同教材并不等于教学内容也完全一样，可以对教学内容作适当的调整和组织，以适应不同的教学要求和目标，使水平高的学生在一般水平上得以提高。同时，加强辅导学习困难的学生，以使其达到基本要求，跟上一般的进度。

调整教学内容的主要依据，是课程标准和学生的实际情况。各科课程标准是根据各学科的特点、社会对教育的需求，以及一般学生的身心特点制订的，对教学具有普遍的指导意义，是我们调整教学内容的依据。教学目标是教学目的、要求的具体化。教学目标既要体现课程标准的统一要求，又要体现学生的差异。对班上有特殊教育需要的学生，应制订适合他们的挑战性教学目标，教学内容也要随之作相应的调整，从而保证教学目标的实现。教材是教学的主要资源，是实现课程标准和要求的重要载体，但即便是使用多样化的教材，也难以保证适合不同学生的需要。另外，教材是相对稳定的，不可能随时根据社会和科学发展的变化调整有关内容，因此对教学内容进行相应的调整，只有教师能够完成。

2. 联系学生的生活和经验，开发差异资源

要按照学生的认识规律，安排教学内容。如先教一般三角形，再按角的大小，分化为锐角三角形、直角三角形、钝角三角形等。调整教学内容还要依据学生状况，联系学生的实际经验。例如，农村的学生对教材中"去供销社买化肥"的情节内容不会难以理解，但城市的学生却没有这样的体验。这就要求教师在保证教学要求的情况下，对教学内容作出选择和调整。再如，有些小学生很聪明，但学习长度单位、时间单位时却发生困难。究其原因是经常在家独自玩一些比较复杂的玩具，和其他同学在外游玩少，对时间和长度缺少具体的生活体验，从而造成学习困难。教师尤其要了解有特殊教育需要的学生的实际情况，如认知水平、知识基础、学习态度、兴趣、习惯等。这些学生之间的个体差异很大，例如，同样是视觉障碍学生，低视生一般可通过助视器采用明眼文字进行学习，而盲生则要学习盲文。即便是盲生，也不是千人一面，盲生中失明时间的早晚、残存视力的多少，直接关系到他们学习的内容、方法和效果。6 岁后失明的盲童，脑中储存着不少视觉形象，教师的语言能勾起他们原有的视觉记忆。这同先天盲生不一样，所以选择的教学内容和教学材料也应不一样。

生长在不同环境下的学生有不同的生活体验和经验，他们自主学习的途径和方式也不完全一样，这本身就是重要的差异资源。这些资源可以给课堂带来丰富多彩的内容。学生差异资源具有潜在性、不确定性、丰富性。教师设计开放的、可选择的学习内容，要充分利用学生的差异资源，并根据学生差异资源的特点，科学地进行开发利用。

3. 设计开放式学习内容

我国同一班学生所使用的教材基本是统一的，也即学习内容存在共性。但教师不能照本宣科，应以教材为基础，将学习内容设计成开放的、可选择的，给不

同学生结合自己的学习水平、学习经历和学习兴趣选择适合自己学习内容的机会。如一位小学教师在全班学生复习了本单元学习的成语后，要求学生利用10分钟时间想象作文。每篇作文应用不少于3个成语。这是一个保底不封顶的开放性课堂作业。结果，有的学生作文像神话故事，有的像散文，有的像说明文，作文题目、题材各异。有的学生作文达到了基本要求，用了3个成语，而有的学生作文甚至用了十几个成语。每一个学生都在自己独特的背景上，作了一篇有个性的文章。

二、科学调整教学内容

融合教育教学内容的选择，往往是先由教师参照普通教育的内容针对特殊需要学生的实际作出调整、选择。分析残障学生功能障碍与教学内容呈现方式之间的矛盾，在集体教学之前适当调整教学内容及其呈现方式，便于残障学生获取知识信息。

（一）调整、选择教学内容的基本要求

1. 系统性

教材本身是有系统、有结构的。调整后的内容仍需具有良好的逻辑结构。这对于学生在学习中形成良好的认知结构非常重要。学困生的知识结构之间的联系质量不高，是因为相关知识间没有建立联系或某种联系建立得不够完善。没有联系的知识不能被激活，而联系微弱的知识则不容易被激活。这些知识就属于学生没有掌握的知识。因此，教师在教学中应特别注意帮助特殊需要学生沟通和加强知识的内在联系。也可以把章节的核心概念网络化，用于对特殊需要学生的辅导。

教材都是按照一般学生的认知规律，由浅入深、由易到难编排的。如果不能把握教材主线，删去了一些主要内容，就会给后续学习带来困难。如数学中整数运算删减过多，分数、小数运算就难以学习。在整数运算的有些内容方面，即使有些学生存在困难，也要通过辅导帮助，使其掌握。当然，对他们的认知层次要求可低一些，可适当删去思考性强、数字大的题目。

2. 可接受性

调整教学内容，还要考虑到不同学生的可接受程度。对于一些轻度智障的学生来说，小学中、高年级的一般内容也会让他们感到困难。教师花了不少气力，收获也不大，而且会挫伤智障学生的信心和学习积极性。教学中应删去过难的、思维技巧要求高的内容，补充贴近他们生活、他们感兴趣的内容，以腾出时间、精力，反复强化，巩固最基本的知识与技能。如语文课中笔画多的、冷僻的字，可不要求他们掌握书写，只要求他们"认识"；需要反复揣摩、含义深刻的句子不要求他们理解，只要会读，一般了解即可。教学内容的调整要适度，既要通过调整适应不同学生的要求，又要考虑到差距适当，能在同一课堂中进行教学。

3. 实用性

调整教学内容，还要考虑到内容的实用性，考虑到他们将来生活的社区对教育的需要。那些特殊需要学生，特别是轻度智障的学生，接受义务教育后，将要走上社会，他们学习的知识与技能对他们将来自立于社会应当是有用的。我们不仅要保留教材中有实际应用价值的知识，而且可以适当补充一些与当地生产、生活实际密切联系的知识与技能。如数学课中教会他们认识钱币，学会计算；语文课中教会他们写应用文，以及与工农业生产、生活实际有关的字、词、句等。

（二）调整、选择教学内容的具体方面

教学内容的调整、选择可围绕以下几方面进行，即内容的数量和范围、内容的深度和难度、内容安排的顺序和进度，以及作业安排等。

1. 数量和范围

影响教学内容的因素，有课程标准、教材、教学目标、教师个人倾向、学生智能水平、教学时间等。其中非常重要的一个因素是学生的智能水平。教师应根据不同学生的学习水平，按照他们的不同学习目标，选择适合他们学习的内容的数量和范围。内容的数量和范围可用概念、词汇、定理、法则的多少和种类等来表示，也可用教材中的数量（如页数）来表示。对于特殊需要学生，应着重学好最基本的事实、概念和原理。这些内容适用范围广，迁移性强，时效性强。

2. 深度和难度

内容的深度和难度，与内容所反映的是陈述性知识还是程序性知识有关，与知识的认知层次、内容的直观或抽象程度有关。有深度和难度的知识是要求学生努力克服障碍才能学好的内容，特别要求学生有一定的学习技巧、解题技巧。内容的深度和难度自然与学生的智能水平及准备程度有关。有的研究表明，同样的教学内容，不同学生掌握的程度可在57%—98%，准备得差或智能差些的学生，往往掌握得较少、较浅。深度和难度也与教学的速度有关。有时只要给学困生足够的时间，他们也能学好有关内容。当然，教学内容的深度、难度还和教师在教学中能否化难为易、深入浅出有关。教师在教学中要为残障的学生多提供直观材料，直观材料不仅有利于学生掌握抽象知识，也有利于学生形成丰富的表象，还有利于学生的形象思维从低级向高级发展。教师应给学生提供生动的形象信息，让学生借助图画、投影等材料去联想和想象。对于特殊需要学生，教师要帮助他们分解内容的难点，降低对解题技巧的要求，从技巧教学转到实践教学上来，提供给他们实践的内容和机会，让学生多动手、多实践。在教学中注重知识的发展过程，注意指导学生掌握必要的元认知内容，帮助他们学会学习的方法。

3. 顺序和进度

确定教学的顺序和进度，是课堂教学的重要决策，学习内容的范围和深度在很大程度上也决定于教学的顺序和进度。教学顺序指的是教学系列活动中各项活动应具有的关系，确定进度就是决定一系列教学活动进行的速度。教学的顺序和进度，反映了教师处理课堂教学内容与掌握程度这对不可避免的矛盾的方法。教师有许多内容要讲，也希望学生在课堂上能学到尽可能多的东西，如果教师讲得太多太快，有些学生便掌握不好；但如果为使全体学生都能掌握教学内容，讲得过分详细，放慢教学的速度，就可能牺牲教学内容的广度和深度了。

教学的顺序，可理解为按照不同教学方法编制的活动顺序，也可以指按照教学内容编排的顺序。教学内容的顺序一般从知识的逻辑顺序和学生学习心理发展的顺序考虑。知识概念间有一定的逻辑顺序，如果把概念定为学习的目标，每个目标能分解成一些子目标，每个子目标又都取决于前面一些子目标的学习，从而形成目标层次，实现这些子目标的教学步骤就成为教学的顺序。不同的知识概念、不同的教学内容排列原则，就会出现不同的教学活动顺序。例如，有一种观点认为，规律的发现就是从许多事例中概括出一般结论。根据这种观点，教学活动的顺序是首先举出若干事例，然后让学生从中概括。如让学生自己验算"5×3＝3×5、25×4＝4×25、135×8＝8×135"。在此基础上概括出"a×b＝b×a"。另外一种观点认为，规律的发现就是验证假设的过程。根据这种观点，教学活动的顺序首先应提出假设，然后搜集证据。在小学教学中一般采用先举出若干事例，再概括结论的顺序。确定教学顺序也要从学生的学习特点和需要出发。为了能在教学内容的编排中照顾学生差异，教师可根据知识概念间的内在联系，从本班学生认知水平出发，按照一般的内容排列原则，将有关知识概念按先后次序进行线性排列，同时考虑到一些有特殊教育需要的学生，再进行一些分支的排列。

教学进度的确定，一般要明确三个问题：谁决定进度，为谁决定进度，决定进度的依据是什么。中小学教学中一般还是由教师决定教学进度。整个班级进度一致，而教师在个别学生身上所花的时间则有长有短。一般教师在教学中感到有足够数量的学生达到预定标准后，教学便进入下一个单元。基础单元课的进度可能较慢，因为教师希望所有学生都能掌握学习内容。确定教学进度时采用什么参照？如果是确定全班的教学进度，最好采用以前的学生成绩作为参照；如果是确定对特殊需要学生的教学进度，而学习课程中某单元是掌握下一单元的必要条件，则可以采用绝对的学习标准。为使个人学习进度和班级学习进度基本保持一致，以便跟班学习，一方面可通过加强辅导，提高特殊需要学生的学习基础和学习速度；另一方面在保证那些基础的、重要的学习内容达到一定的学习标准后，其他学习内容可以适当降低标准。

（三）调整、选择教学内容的具体步骤

在具体进行教学内容的组织调整时，一般按照以下步骤进行。

1. 认真研究教材的内容及逻辑顺序，把握住教材中的知识点、训练要点及教学的关键点。

2. 根据班上特殊需要学生的情况，为他们制定系列的梯度目标。

3. 根据设定的目标对教材内容以及相应的学习活动作相应调整，调整时要考虑学生的共性和差异，既要满足不同学生的需要，又要能保证学生在一个课堂里共同学习。

调整内容应遵从先宏观后微观的原则，重点是单元教学内容。具体做法有删、补、改、排。删，即删去一些非重点的和与其他单元知识联系不紧密的，而对有些学生来说又特别困难的学习内容。补，对学困生来说，就是补充一些实用的、基础的知识与技能。还可以补充有利于直观演示、动手操作的教材内容，便于这些学生学习。对学有余力的学生来说，可以补充发展性的、探索性的内容，或现代科技、社会发展所需要补充学习的内容。改，就是对内容的分量、难度、顺序、进度等方面作出调整，并使教材的内容及形式更加适合多媒体传递信息的特点。排，就是将调整后的内容按照一定的逻辑顺序和学生已有的知识经验排列起来，有全班教学内容的排列和适应个别学生分支的排列。如对智障学生，就要删除难度大、用于扩展与提高的部分，充实基础知识、基本训练的部分。为解决教材中较难理解而又必须理解的部分，可以设计一些铺垫内容，减缓梯度，帮助他们克服困难，掌握重点、关键的内容。

4. 根据调整的内容提供必要的辅助材料和工具。如给有的学困生提供自学提纲和解答提纲，给有的学困生提供习题的类型和过去学生解过的相似习题。给听障学生提供助听教材、板书内容、图片或在有注音的文字，给智障的学生提供直观材料，给超常学生提供补充读物、工具书，给盲生提供可触摸的实物、盲文教材等。

（四）多样化的学习活动

小学生特别是障碍学生的学习内容一般由教师帮助他们对现行课本内容进行调整，但这也要和学生的自主学习相结合，给学生自主选择学习活动的机会。这就要求教师为学生设计多样化的、适应学生差异的学习内容和活动。例如，一位教师根据班上学生的情况，将他们的学习划分为4种类型，在教学"营养"单元的第一个知识点时，为他们设计了不同的学习活动，供他们选择学习。（维布纳，2003）

表 6-1　"营养"单元不同的学习活动

单元：营养				
关键知识点	听觉型/分析型	视觉型/整体型	触觉-肌肉运动知觉型/整体型	拓展运动
吃东西要有营养，这意味着我们要从日常的五种主要食物类型中进行选择：面包、谷类、米饭和面食类；蔬菜类；水果类；牛奶、奶酪和干酪类；肉、家禽、鱼、干豆、鸡蛋和坚果类。	请写出一份三天的食谱，使你吃的食物能够保持营养平衡。这份食谱中，每天都要有三种肉食和两种小吃。计算出每天的卡路里、脂肪摄入量和每种食物种类的百分比。	找各种各样的食物图片，把它们贴到食物类型表的恰当栏目中。用这些图片，制订出三天营养平衡的食谱，包括早、中、晚餐和小吃的计划。	画出三天内你要吃的食物图片，食物来自五个类型，保证营养平衡。每天应有三种肉食和两种小吃。制作一个饼图，显示每天的各种类型食物量的百分比。	调查那些没有保持营养平衡的饮食计划（例如阿特金斯计划、苏格巴斯特计划），为什么它们声称可以帮助人们控制体重的同时，仍然能够提供良好的营养。说明这些计划中包含或排除的食物类型。

多样化的学习活动有赖于教师的精心设计，教师要发挥自己的创造性，并有意识地积累这方面的资料，可以开展团队合作，逐步形成多样化的学习活动的资料库。

 案例 1：台湾是中国的领土

【案例叙述】

笔者在辽宁省鞍山市宁远镇小学中心校听过一节主题为"台湾是中国的领土"的思想品德课。班上有一个听障学生。课前，老师布置了作业，请同学们广泛收集资料，然后说明：为什么台湾是中国的领土？

每个学生的兴趣不一样，经验、能力不一样，获取信息的途径、方式也不一样。课堂交流时太丰富、生动了。比如，有的学生从大陆板块结构的角度来说明，台湾岛和大陆是同一个板块，海水下是连着的，所以，台湾岛是中国的一部分。有的学生喜欢文学诗歌，于是就声情并茂地朗诵了余光中的《乡愁》："我在这头，母亲在那头……"，说明台湾是中国领土。有的学生喜欢看历史故事，就从郑成功收复台湾说起。还有一个学生，喜欢唱歌跳舞。她就边唱边跳《阿里山的姑娘》,唱后还解释说:"阿里山的姑娘最喜欢穿红色服装,中华民族就喜欢红色。结婚穿红衣服,春节挂红灯笼。高山族是中华民族的一个部分,所以台湾是中国的领土。"那位听障学生喜欢摄影,他就展示台湾老兵游行时,汗衫上的四个大字"我要回家",还有横幅标语"我离家几十年了,让我回家看看吧",说明台湾是祖国领土。

【案例分析】

每个学生获取的信息、学习方式都是不一样的。开放式的资料收集任务,满足了不同学生的学习需要。而当学生把所有资料都汇总到课上并进行了充分交流后,便极大地丰富了课堂,加深了所有学生对"台湾是中国的领土"的认识和理解。而且,更可贵的是,这种品德教育符合学生的年龄特点、心理特征,也就更容易感动每个学生。听障学生也选择了适合自己的学习活动,他的学习资源也与大家分享。

 案例 2:两步应用题教学

【案例叙述】

笔者曾观摩轻度智障儿童融合班级的两步数学应用题教学。对于一般的学生,教师一开始就给出了两步应用题。让他们理解题意,分析数量关系,并正确列式解答,而对智障学生来说,虽然也学这一内容,但要调整教学,降低难度,增加坡度。教师先呈现一步应用题。然后,将一步应用题的问题变为中间问题,过渡到两步应用题,给智障学生一个台阶,逐步地提高要求。应用题里的数字也改用简单的数字。同时给应用题配图,图文并茂。这样就降低了智障生学习的难度,支持他更好地融合在普通班。

【案例分析】

教师设计教学时应考虑班上的智障学生是什么水平、普通学生是什么水平,二者的差距有多大,在教育活动中怎么把他们兼顾起来。该例中,普通学生和智障学生学习的知识点虽然相同,但教师对智障学生采用"垫台阶""配图"等方法降低难度是有自己的考虑的。

案例3：同级运算一步完成

【案例叙述】

笔者观摩"四则混合运算中同级运算可以一次完成"教学，该课有四道例题，原先安排的教学顺序是：讲解法则—教学例一，5×2+8×3—教学例二，8×5-2×3—教学例三，15÷5+9÷3—教学例四，20÷5-8÷4—课堂练习。

考虑到该班学生基础不算好，特别是还有两个轻度智障的学生，教学中应讲练结合，及时巩固。教学顺序改为：重点教学例一，5×2+8×3—反馈练习（普通学生练习题：20×8+15×3，智障学生练习题：8×4+2×3）—教学例二，8×5-2×3—教学例三，15÷5+9÷3—教学例四，20÷5-8÷4—概括法则—课堂练习。

【案例分析】

对智障生教学步子不宜大，要及时巩固，教师因此调整教学顺序是对的。对其他学困生的教学也应如此调整教学内容。

 案例4：图画添加①

【案例叙述】

本课属于"造型·表现"系列，通过教学让学生掌握根据图片情境添加适当内容的添画方法，提高学生学习美术的兴趣，培养学生热爱生活的情感。

在设计这节课的教案时，我使用了尊重差异、创设平等和谐环境的策略。在课前，对每个学生的认识能力、实践能力及学习效果的差异，我都做了认真的分析，在设计课件时准备了不同水平的作品，使各个层次的学生都能找到适合自己的内容去欣赏、评述，从而感到和自己的能力很贴近，不会产生畏难情绪，每个学生对完成作品都树立了最初的信心。在制订作业要求时，我同样为不同层次的学生提出了不同的要求，并且没有按能力的强弱去区分要求，而是提出喜欢人物活动的学生，可以添加一些复杂的内容，如人物的不同动态，形成比较有情趣、生动的画面；喜欢小动物的学生，只要根据图片添加一些动物活动的情景就可以；喜欢风景、玩具的学生只要添加一些简单的图形，如外形

---

① 本案例由北京市宣武区南菜园小学（现已更名为北京市西城区实验小学）郭宁老师提供。

简单的树木、气球、花草等，就让画面有了生动的变化。这样，学生们没有感到自己被划分到哪一个层次，而是根据自己的喜好来划分，每个人都感觉自己不是最差的，还可以自己选择内容，既照顾到了学生的差异性，又使学生有了自主学习的意识。

【案例分析】

教师在了解学生差异的基础上，准备了不同水平的欣赏作品，丰富了书本的内容，给学生选择的机会，使学习内容更贴近不同学生的实际，从而较好地完成了教学目标。学生按自己的喜好选择，客观上也淡化了标签效应。

第四节 多样、启思的教学方法与手段

课堂教学不只是为了完成预定的课时计划，教师要努力适应各个学生的学习需要。教师应在教学的各方面，无论是知识的传授、技能的训练，还是心灵情感的交流，都兼顾到不同学生的需要，包括特殊儿童的需要。特殊儿童因其心理、生理功能的障碍，与学习行为密切相关的部分感觉缺失。例如，聋童的听、说功能缺陷，盲童的视觉功能缺陷，以及智障儿童的信息加工缺陷等。这些学生因功能障碍而造成的对学习的特殊需求，要求融合班级的教师必须改进以往的教学方法与手段。

一、多种教学方法与手段促进学生自主学习

教学方法是教师组织学生进行学习活动的动作体系。在课堂教学中，我们要兼顾学生的不同需要，教学方法要多样而灵活。

（一）教学方法与手段多样化的意义和选择依据

巴班斯基说过，每种教学方法就其本质来说，都是相对辩证的；它们都既有优点又有缺点，每种方法都可能有效地解决某些问题，而解决另一些问题则无效。每种方法都可能会有助于达到某种目的，却妨碍达到另一些目的。(巴班斯基，1988) 为适应不同学生的需要，教学方法应提倡多样性，应根据不同的教学目标、学生的心理特征和学生的知识基础，以及各学科的特点、教师特点和教学时间的多少，选择相应的教学方法。

根据教学目标选择教学方法。每堂课的教学目标，包括思想、态度和价值观，知识与技能，智力发展，优势发展，缺陷弥补等多个目标。每个目标又分成几个层次的目标集合。为了达到这些目标，我们选择的教学方法，也不可能是单一的方法，因为每种教法往往有利于完成一种教学任务，所以，实际选择的必然是多种方法的结合。

根据学生的心理特点选择教学方法。从个体内的差异来说，学生在不同的年龄段，学习的心理过程也不尽相同。对小学生使用的教法，不同于中学生。小学低年级与中、高年级也不同。这种不同是由智力发展水平的差异造成的。皮亚杰将儿童心理的发展分成三个阶段：感知运动阶段（0—2岁）、前运算阶段（2—7岁）、具体运算阶段（7—12岁）、形式运算阶段（12—15岁）。布鲁纳提出，从形成知识的顺序和方式看，至少有三层阶梯，第一层是行为把握，是依靠动作去把握对象；第二层是图像把握，以印象的方式去把握对象；第三层是符号把握，是以语言形式去把握对象的高级阶段。这是我们选择教法的理论依据。根据这些理论，再加上对学生的具体了解，就能正确地选择教学方法了。

不同的学生往往对教学方法的适应程度是不一样的。根据邓恩夫妇等人的调查研究，多数人主要通过听觉或视觉学习，视觉的学习者有两类：一些人以语词的形式处理信息；而另一些人以图表或图片的形式保留他们所看到的东西。另有15%的人通过触觉学习得最好，他们需要触摸物体，写、画，以及参与具体的实践。还有15%的人是动觉学习者，通过身体来做能使他们学习得最好。我们每一个人通常都有一种主要的能力，还有一种次要的能力。在课堂里，如果学生的主要知觉力不适应教学方法，他们也许会有学习上的困难，除非他们能用次要的知觉力弥补。（德莱顿 等，1997）[339]

学生不仅在学习方式上存在差异，在思维的类型上也有所不同。美国康涅狄格州大学课程和教学系教授安东尼·格里高里（Anthony Cregore），把它们分为四组：具体而有序的、具体而随机的、抽象而随机的、抽象而有序的。苏联心理学家克鲁捷茨基在研究数学能力时，曾将学生解答数学问题的思维类型分为代数型、几何型、综合型。为适应不同学生在学习和思维上的不同需要，我们的教学方法必须是多样而又灵活的。

根据学生的知识基础选择教学方法。因为学生的知识基础和认知结构对新知识学习的迁移作用较大，所以教学方法应与其相适应。当然，在选择教学方法时，也不能消极地去适应学生水平，要考虑到促进学生能力的提高与发展。

根据学生的优势学习通道，选择教学方法。如为听障生和具有视觉学习优势的自闭症学生提供视觉线索，为视障生提供听觉线索，为智障或学习障碍的学生提供直观学具或教具，用具体形象的描述代替抽象概括的符号表述等。

根据学科的特点选择教学方法。不同学科不仅在知识、技能方面的要求不同，在智力操作等方面的要求也不同。因此不同学科的教师在选择教学方法上有很大的差异。例如，发散性思维在不同学科的操作对象与操作形式均有较大的差别。数学课，操作对象是数字、符号、图形，教师可以通过一题多变、一题多解等方式让学生进行发散；而在语文课上，操作对象是语言文字，教师可以通过多元理解、一事多写等方式进行发散；音乐课上，操作对象变成了音符、旋律，教师可以通过音乐想象、编舞等形式进行发散。

当然，教师也要根据自己的特点选择教学方法。每一位教师都有自己的风格，各具特色。我们提倡根据自己的水平与条件来选择教学方法，既不要盲目仿照别人的方法，也不要故步自封，要广泛学习多种多样的教学方法，不断提高自己的教法水平。教师一般要考虑为什么要采用某方法，对哪些学生运用这些方法，何时采用这些方法，如何运用这些方法，该方法的不足在哪里，和其他教学方法如何结合运用，还要了解不同学生是如何学的，将教与学结合起来分析。

（二）综合运用各种教学方法与手段促进学生自主学习

当每个学生真正自主学习时，他们的学习方法会各不相同。教学效率往往取决于人的感觉器官参加感知活动的程度，感知教材的方式愈多，对教材就掌握得愈牢固。我们要通过多种方法调动每个学生多种感官，利用学生听觉、视觉、触觉和其他各种感觉器官参与学习。

在教学中，无论我们采用什么方法，都应体现启发式教学的思想。所谓"不愤不启，不悱不发"，让学生积极主动地获取知识，主动地学习和探索，这不仅是因为未来的社会要求有主体精神的人，有创造精神的人，要求我们的学生在学习中学会做人、学会求知、学会做事、学会合作……而且只有当学生都独立自主地主动地学习和合作时，教师才能有更多的时间、精力去照顾学生的差异，帮助那些有特殊教育需要的学生。特殊需要学生也是融合教育教学中的主体，只有主体本身正视差异，积极融入全班学习活动，并逐渐形成精神上的融合，融合教育才能顺利开展。因此，教师应引导特殊需要儿童克服自身障碍，参与人际交往，适应团体生活等，激励他们以积极、能动的态度克服困难，提高自身的适应能力，在融合教育中获得心灵体验、情感的升华和成功的乐趣。

教师可以一步一步地为学困生的学习提供适当的、小步子的线索或提示（支架），让学生通过这些支架一步一步地攀升，逐渐发现和解决学习中的问题，掌握所要学习的知识，提高解决问题能力，并逐步成长为一个独立自主的学习者。

因此，在教学中教师一般要考虑以下几个问题：一是在课上怎样激发学生的学习动机，使每个学生都愿意学；二是如何指导学生学，让学生掌握学习的方法；三是让学生学会调控自己的学习，不断改进自己的学习。要使学生会学习，形成独立获取知识、信息和运用知识、信息的兴趣、能力、意志和习惯，包括知道从哪里迅速而正确地找到所需要的知识、信息，并有能力对其检索、鉴别分析和利用。这种独立学习能力的培养与学校里的教学方法有很大关系。

课堂教学方法要多样化，但各种方法应有机结合，过渡自然。例如，在教学同分母分数的加法法则时，教材中介绍了同分母分数加法如 $\frac{1}{5}+\frac{2}{5}=\frac{3}{5}$ 的算理，又用图形（如图6-1所示）来说明。教学时可以将算理和图示有机结合，让学习程度好一些、习惯于逻辑思考的同学说算理，同时，让那些习惯于借助图形思考、喜欢动手的同学在图形上相应地画阴影线表示，让他们互相补充和配合，从而相得益彰。

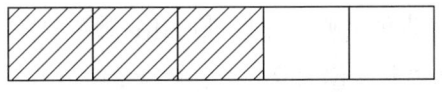

图6-1　同分母分数加法算理的图示

多样灵活的教学方法，一般是一位教师课前预先筹划的结果，如课上给哪些学生提供直观材料，给哪些学生提供辅助提纲，要求哪些学生做示范等，但教学的灵活多样性还体现在教师对一些课堂现象的敏感及对教学的应变上。任何教师忽视学生的存在却又要严格按顺序教学，必然会遭遇失败。课堂上教师应根据学生的情绪表现，针对不同学生灵活地调整教学方法。

（三）扬优补缺促进学生个体学习方法优化

每个学生都有优势，也有不足。对不同的学生采用的不同的教学方法应有利于学生扬长补短，补偿他们的缺陷，发挥他们的潜在能力，从而增强学生学习行为的有效性，发展学生的学习能力。

特殊需要学生是我们选择教学方法中必须照顾的对象，应该予以特别的关注，尤其要考虑他们的特殊需要，尽可能帮助他们完成学习任务。譬如，一位教师在让一个听障儿童听写"胸有成竹"成语时，就有意识地面向她，夸大口形，同时在胸前做简单的手势，这位听障学生马上领悟到是听写"胸有成竹"；再譬如，对于书写有困难的学生，除了为他配以辅助书写的工具之外，还可让他借助录音机，充分利用其听觉的功能。

教学中应把各种教学方法结合起来，这对于班上那些有障碍的学生就显得更重要。例如，对于重听的学生，一方面可以利用助听器补偿其听觉缺陷，同时可以利用板书、看口形、看手势等手段以使其充分利用视觉器官。

许多困难学生或残障学生上课往往注意力不集中。教师针对学生注意力时间短的特点，教学中可以使用以下策略：清楚地表达学习任务，越具体越好——使之明确；视、听、动通道不断变换——使之繁忙；利用暗示，如目光的注视，拍学生的肩膀——适当提醒；为学生提供一个讲课纲要——有所参照；教学方法的多元生动——吸引注意；教学技巧的多样化——适当点拨；回答学生提出的问题——给予帮助；必要的提问与复述——维持注意；鼓励学生消化教师的讲课，将他的思维过程的步骤告诉老师——促进内化；另外，给学生适当的活动的机会；了解学生是为什么离开座位或分心的；记录学生分心的次数并告诉他，与他一道制订增加学习时间的对策与方法；重新设定学习任务，不给学生超过其年龄的课业负担，等等。

学生在学习过程中，有时学优生与学困生在学习活动的积极性上并无多大差异。但在学习类型上有很大差异。学优生比学困生更多运用深层加工，而较少运用表层加工。学困生多注意描述性知识，而学优生则多注意程序性知识和情境性知识。对于所有学生来说，最重要的是从给定信息中提取出新信息。教材中的陈述多为描述性知识,而程序性知识、情境性知识则是内隐的,必须通过深层加工才能提取出来。表层加工导致学困生聚焦于描述性知识,而忽略隐含在教材中的程序性知识和情境性知识,要引导学困生学会对知识的深层加工。

加工和理解的认知过程,同时也是对该过程进行积极监控、调节的元认知过程。指导学生,特别是学困生掌握必要的解决问题的方法策略知识,提高学生元认知的水平,可在一定程度上弥补他们学习能力的不足。

特殊需要学生自身的障碍使得他们往往需要直观教学方法。当然,不同的残障学生需要的直观方法、手段也不一样。现实直观教学中有两种不好的倾向:一种倾向是,教师对教学手段作用估计过高,滥用直观教学手段,反而分散了学生对主要的、本质的内容的注意。例如,在一节高年级的数学简便计算课上,教师费了一番心思运用计算机教学媒体创设了一个数学王国,而数学王国和简便计算没有必然联系,对于高年级学生也没必要用这种形式来引起他们学习的兴趣,这样做反而分散了学生的时间和精力。另一种倾向则相反,认为直观教学麻烦,主要运用语言教学。这样不仅不利于培养学生的观察能力、动手能力,而且影响教学效果,耗费教学时间。

为了提高学生的思维水平,教师可以将解决问题过程中的各种思维结构以各种直观、形象和清晰的结构图示表现出来,如知识网络、思维导图等,促使学生整合新旧知识,建构知识网络,有逻辑地思考问题。

在直观教学的运用中,各种教学手段、直观材料的优选是很重要的。图片、实物、模型、幻灯片、计算机软件、参观实验、操作等各有各的优点,体现的直观水平、层次也不一样,教师应选择那些能最有效地完成教学任务,在使用上又不太费时的教学手段和材料。例如,"数据的收集和整理"一课,教师可组织学生上街在十字路口统计过往的小汽车、客车、机动车通过的辆数,但如用放录像观看十字路口的来往车辆,也能收到同样的效果,而在时间、精力上要节省得多。再如,一位教师在教学长方体、正方体的认识时,用了许多长方体、正方体的实物模型,学生也有相应的学具。但许多学生在完成"在下列图形中,哪些是长方形、正方形?画'√'表示"这一习题时却发生了困难。原因是该习题中出现的是长方体、正方体的直观图,是图形,而在课堂教学中运用的都是实物模型。教师在教学中忽视了一点,就是在出示长方体、正方体的实物模型的同时,在黑板上应画出它们相应的直观图，并进行比较，有了这个过程，学生就不会有困难了。又如，把单位1平均分成若干份，从中取出一份或几份的数，叫分数。分数概念对于智障儿童来说，理解困难，也难记。但该定义是可操作的，如果学生能将一个圆纸片对折，再对折，从中剪出四分之一，就说明他懂分数的概念了。

在运用直观教学时，要注意与语言教学的结合，发展学生形象思维的同时也注意发展学生的抽象思维。这就要求在直观教学时，教师要恰当地提出问题，引导学生积极思考。就像前面案例，《达尔文和小松鼠》一课中，学生观察投影时，教师恰当提问"小松鼠为什么能爬到达尔文的肩上？"，引导学生边观察边思考，从而实现该课的学习目标。

二、现代教育技术和助残器具的选择和运用

以多媒体计算机技术和网络技术为核心的现代教育技术的发展，对特殊需要学生的教育教学产生了深远的影响。在教学过程中，充分利用现代教育技术，综合运用各种教学媒体，对特殊需要学生进行缺陷补偿和发展其潜能，可明显地增强教学效果，提高教学效率。

（一）现代教育技术的选择和运用

1. 教学媒体的类型

教学媒体是指储存和传递教学信息的工具与手段。常见的教学媒体包括：教科书、黑板、模型、图片、实验仪器等传统教学工具和幻灯片、投影仪、电影、录像、电脑等现代化教学工具。

教学媒体根据承载和传播的信息作用于人的感官的不同，可分为视觉媒体、听觉媒体、触觉媒体、视听觉媒体和综合媒体（多媒体计算机系统）等。

视觉教学媒体包括普通的幻灯机、光学投影机、实物投影机、视频演示仪等以及一些低视力学生专用的光学放大镜、望远镜、眼镜、助视器和闭路电视放大器等。

听觉教学媒体，主要包括普通的录音机、语言复读机、CD机、扩音机、盲

用特制录音机、可检索的有声读物（磁带）盲用视听觉转换阅读机（又称"克兹维尔阅读机"）以及发音电子表、发音电子秤等可发音的各种盲用教具、学具。

触觉教学媒体是视觉障碍学生专用的教学媒体，它包括盲字板和盲字笔、盲文打字机（点字机）、视触觉转换阅读机、立体凸出影像复印机（又称"触觉图像生成器"或"触觉想象增强机"）等。

视听觉教学媒体主要有电视机、摄录像系统（包括摄像机、录放像机、监视器、编辑机等）、VCD 机、DVD 机等。视听觉媒体也是普通学校常用的电教设备，它以动态的画面、丰富的音响效果，同时呈现视听觉信息，运用各种电视摄像与电子特技手法，可以使画面产生特殊效果，按教学的需要组织画面内容，具有生动、直观、形象、声形兼备、感染力强的特点。对于智障学生和部分有残余视力的低视力学生以及有残余听力的重听学生来说，教师运用视听觉媒体可以获得形声互补、相得益彰的教学效果，而对于全盲和全聋学生来说，视听觉媒体的声画结合的优点就难以充分体现出来，教师只能单纯利用听觉或视觉媒体单方面的信息内容。

多媒体计算机系统把通常的视、听、触等媒体与计算机有机地结合起来，成为一种包括文字（text）、图形（graphics）、静止图像（images）、视频图像（video）、动画（animation）、声音（sound）和盲文点字等信息的综合教学媒体，是一种承载的信息量最大、效率最高、独具交互性的教学媒体。可以对教学过程进行有效的控制和管理，有利于学生积极参与，激发学生的兴趣，充分调动学习的主动性和积极性，把学习的主动权交给学生。

2. 教学媒体的作用与选择

教学媒体的作用有：

（1）展示事实，提供依据。媒体提供有关科学现象、形态、结构，或者是史料、文献等客观事实，使学生获得真实的材料，以便作为归纳、概括知识和形成概念的依据。有时候，也可以作为验证或进行练习的实例。

（2）创设情境，形成经验。根据学习内容，媒体提供一些有关情节、景色、现象的真实或模拟、相似的画面（如古诗词的意境画面），使教师与学生之间建立共同经验。

（3）提供示范，模仿学习。媒体提供一系列标准的行为模式（如语言、动作、书写或操作行为），学习者通过对媒体提供的资料的观察、感知，形成正确的视觉表象与动觉表象，然后再通过模仿和练习来进行技能的学习。

（4）呈现过程，解释原理。媒体提供某一典型事物的运行、成长、发展的完整过程，并借助语言的描述，帮助学习者对典型事物的特征、发生和发展的原因和规律有所了解，并可作为演绎或类比学习的前提，以使学生突破学习的难点，掌握科学原理。

（5）设疑思辨，解决问题。媒体提供某一事物典型的现象或过程，利用文字和语言设置疑点和问题，供学生作为分析、思考、探究、发现的对象，以帮助学生分析和掌握解决问题的步骤。

选择教学媒体的依据：

（1）依据学科特点与教学目标选择教学媒体。教师运用教学媒体就是为了更好地传递学科教学的信息，使学生容易、快捷地掌握教材内容，达成教学目标。所以，必须要从学科特点出发，根据教学目标来选择教学媒体。例如，文科就较多选择能够创设情境、展示生动形象、强化感受的媒体。理科就较多选择展示事实，直观，准确、呈现过程与解释原理的媒体。而体育、音乐、美术等学科就要选择提供示范、创设意境的媒体。

（2）依据学生的年龄、心理特点选择教学媒体。只有从教学对象即学生的水平与接受能力出发，激发学生的兴趣，引起他们的注意，才能使教学媒体产生实在的价值。教师必须把握教材的重点与难点，着眼于解决学生的问题，使教学媒体真正实用、有效。

（3）依据教学媒体的功能与特性选择教学媒体。每个媒体都有其突出的优势，也有其不足。在选择中一定要充分用其所长，避其所短。媒体的特性包括：表现力、反复重现力、接受范围、学生参与性、受控性等技术特性。还有媒体的教学特性，如引发动机、建立表象、建立概念、培养操作技能、启迪智慧、发展智力等。以上特性都是我们应该考虑的依据。

（4）依据教师对教学媒体的了解与掌握的水平。媒体要靠教师的熟练运用，才能发挥作用，否则会适得其反。教师也要积极学习、掌握更多的教学媒体，才能适应教学的需要。

（5）依据学校的基础条件和最低成本原则选择教学媒体。不求大、不求时髦，不追求形式，而应从现有的条件出发，努力用最低的成本达成最佳的效果。

应该大力提倡教学媒体，包括教具、学具的自制，特别是残障儿童个体差异大，往往要针对个别需要定制适合他的媒体及教具、学具。有效地解决学生沟通困难、语言训练、运动障碍、发展精细动作等方面的问题。许多特殊教育方面的教具、学具个别化需求高，也难于批量生产，市场上很难买到，有的即使买到了也还要进行部分的改造。自制的媒体、教具和学具力求简洁、可操作，有利于突出重点和关键，深入浅出地呈现问题，启动思维，而不是在表面的美观与巧妙上花费精力。自制的教具、学具不但更能体现个别化创意，而且可以充分利用一些废旧物品，节约制作成本。在使用时，要认真研究媒体间的相互作用，优化组合各种教学媒体，以最大限度地提高教学质量和教学效率。

3. 现代教育技术的综合运用

随着信息技术的迅猛发展和广泛应用，多媒体计算机与网络技术紧密结合，形成了多媒体计算机教学网，使现代教育技术的发展迈上了一个新的台阶。多媒体教学网发展迅速，在几年的时间内就经历了从多媒体计算机网络教室到学校内部的多媒体计算机局域网，再到基于国际互联网（INTERNET）的多媒体校园网等多个层次的发展过程。基于国际互联网的多媒体校园网突破了多媒体局域网教学在资源、距离、规模上的限制，不仅具有各种媒体信息的处理和人机交互等功能，更重要的是实现了网上多媒体信息传播和多媒体信息的资源共享，为培养学生的自学能力和信息能力（获取信息的能力和处理信息的能力）创造了极为有利的条件，更为特殊需要儿童提供了发展的平台。

（二）助残器具在教学中的使用

1. 教学中的助残器具

助残器具有多种多样，我们在融合教育班级中比较常见的有视障生使用的助视器，听障生使用的助听器，以及特制课桌椅等。

助视器是指改善、提高低视生视觉活动能力的任何一种装置和设备。它的作用是能够提高低视生的学习生活能力。助视器分光学助视器与非光学助视器两类。光学助视器是借助光学性能的作用以提高低视生视觉活动水平的设备或装置，包括单筒望远镜、立式放大镜、眼镜助视器等。非光学助视器是不通过光学系统的放大作用而通过物体本身的放大及改善周围环境状况以增强视觉功能的装置或设备，包括照明、增强对比度、配置阅读架或升降课桌、大字印刷物等。这些可以与光学助视器配合使用，取得更好的效果。具体使用方法不再介绍。

个人使用的助听器有四种：盒式助听器、耳背式助听器、眼镜式助听器、耳内式助听器。使用方法也很简单，只是需要一个适应过程。要多练习，注意纠正错误的方法，就可以掌握。

另外，可以为脑瘫的学生提供沟通辅具，对有学习障碍的学生提供学习辅具等，让他们有多种适合自己的表达与学习的方式。

教学中使用这些助残器具的方法也包括两方面：一是教师要教给学生器具本身正确的使用方法；二是课堂教学中教师要指导学生如何把助残器具用在学习过程中。

一些肢体残疾（包括脑瘫）儿童在久坐、看书或写字时，对课桌椅有特殊要求，需要从其个人特点考虑，为其定制。

2. 使用助残器具时需要注意之处

（1）一定要坚持自愿的原则，要说服学生主动使用，绝不可强迫学生使用助残器具。

（2）要注意对助听器、助视器的调试。每天早晨都要帮助学生进行调试，使其保持良好的状态。

（3）在课堂教学中，教师要在需要时，及时提醒学生使用助残器具，随时注意使用的效果。

（4）使用助残器具，要针对学生的具体情况选择，要因人而异，区别对待。

 案例1：自闭症小学生写作指导[①]

【案例叙述】

ASD学生在写作方面往往遇到困难，比如，在看图写作的练习中，如果要求

---

① 本案例由中国教育科学研究院杨希洁老师提供。

学生对一幅班级庆祝会的图片进行描写，ASD 学生的写作可能是这样的："×××来了，×××来了。唱《小草》。李老师表扬大家。有一个很大的气球，红色的，吃了蛋糕。我们都很开心。"这样的描写，缺乏主题、无逻辑性，而且 ASD 学生通常会对某个细节进行描写，比如红色的大气球。针对这样的情况，建议教师教学时注意采取"完形填空+提示"的策略。

就描写班级庆祝会的图片而言，如果学生的写作水平也如上，那么要求他立即写出一篇被大家所认可的文章是很困难的。教师不妨准备需要学生完形填空的文章，让学生填空。如：

_____月_____日，我们班在_____举行_____。我们邀请了_____、_____，以及_____参加我们的庆祝会。在庆祝会上，大家都表演了自己的拿手节目，比如林燕子、_____、_____一起跳了新疆舞《葡萄熟了》，_____和王春山讲了精彩的相声《上学》，我和_____一起唱了_____。因为_____，所以李老师表扬了大家。

庆祝会上，李老师准备了很多好吃的点心，有_____、_____、_____。我最喜欢吃的是_____。教室也装点一新，墙壁上挂着五彩缤纷的_____，图书角还飘扬着_____。

我们一起吃着香甜的点心、看着精彩的节目，心里别提多高兴了！

留给 ASD 学生填空的部分，主要包括作文的主题句（如第一句话），关键人物、发生的重要事件。此外，涉及因果关系推断的部分，需要教师特别辅导，教师需要让学生思考，为什么李老师会表扬大家。

有些 ASD 学生掌握的词汇量非常丰富，平时交谈时所用词语之华丽，经常会让教师吃惊。即使如此，教师仍需要对他们的写作思路进行认真分析，注意引导学生对事件因果关系的理解，比如用这样的语句提示他写作的思路："如果发生了……，就会造成……""因为……，所以……""先……，然后……，最后……""早上做……，下午做……，晚上做……"，等等。

【案例分析】

ASD 学生在写作方面往往遇到困难，这可能与他们对事件的整体把握、事件发生的因果关系、时间序列关系的判断不准确有关。该例中教师采用"完形填空+提示"的策略，引导学生对事件因果关系的理解，这样不仅可以提高 ASD 学生的语言技能，最重要的是帮助他们理解符合事物发生的逻辑。

 案例2："圆面积、周长公式"的教学

【案例叙述】

圆面积公式的教学的基本过程是将圆平均分割成若干个扇形，再拼成近似长方形，当我们将圆分割的份数愈来愈多，近似长方形的长曲边就变成直边，近似长方形就变成了长方形，这时可用长方形的面积公式推导出圆面积公式。以上的割拼过程，如用手工操作方法，很难表现"无限"过程。而运用计算机操作演示就能清楚地看到量变引起质变、曲化为直的过程。

笔者在观摩课堂时发现，有的教师在教圆的周长公式 $c=2\pi r$ 时，有的智障学生，不理解公式由来，也不会用公式来进行计算。此时，不妨给他一个圆盘，他能用绳子绕一周，做记号，再用尺量，是多少，这样也是计算周长。智障学生与其他同学计算圆周长方法是不一样的，但这也许适合他的智力水平。他们的学习活动与普通学生的学习活动有相同的地方，也有不同的地方。教师需要力求做到共性与个性辩证的统一。

【案例分析】

圆面积公式推导过程中如何渗透曲化为直、量变引起质变的思想，是公式推导的关键，也是难点所在，利用信息技术可较好解决这问题。公式的推导与运用，对于一些智障学生有困难，但他们如果学会用操作方法解决实际问题也是一种提高。

 案例3："趵突泉"教学

【案例叙述】

在教学《趵突泉》一课时，为了帮助学生理解课文，教师安排学生观看趵突泉录像，笔者观察到，学生看趵突泉录像后，出现三种反应：一是看泉水咕咕冒，感到很好玩；二是看录像的同时发挥丰富的想象力：冒出的水泡有的像蝴蝶飞舞，有的像金鱼在游戏，有的……；三是理性的思考，为什么会不断有水泡往外冒呢？

【案例分析】

学生学习时加工水平不一样,有的是表层加工,有的是深层加工。如果教师在学生看录像时提出一些有启发性的问题,引导学生深层加工,那么,学习的效果会好得多。当然,教师还应进一步指导学生学会自己提问题,带着问题学习。

第五节　同质组与异质组的合作结合运用

在班级中，学生不仅可以与教师之间形成互动，也可以在同学之间形成互动，产生多种学习机制，让学生获得最佳的学习成效。在合作学习中，特殊需要儿童也可得到更多的帮助、支持。

一、合作学习的意义与要素

教师应鼓励同学间交往，提倡合作学习，如伙伴间的合作、小组合作等。

1. 合作学习的意义

20世纪70年代，合作学习在美国兴起。随着特殊教育的发展，在融合教育教学中，也引入了合作学习这种教学策略，而且取得了一定的教学效果。所谓合作学习，就是在课堂教学中，把学生按照能够发挥互帮互学作用的原则，组成学习小组，或是整堂课，或是某一个教学时段，进行小组学习，共同完成教师分配的学习任务。然后在全班的汇报学习结果、研究讨论中，交流各组的心得体会。经过师生之间、各组学生之间的信息交换，得出正确的结论，完成教学任务。

小组学习如果运用得好，可照顾学生差异，满足学生的不同需要，提高教学效率。特殊需要学生在这种方式的学习中，能够获得多方面的帮助，不但可以学好功课，而且还锻炼了与人交往的能力，因此合作学习是融合教育中必不可少的教学策略。在实际教学中，合作学习一定要避免随意性，要在教师的精心策划下，有计划、有准备地进行。教师在课堂上应提供学生配对活动的机会，如配对朗读、配对检查作业等。教师还应结合教学内容设计行之有效的小组活动，开展合作学习。

2. 合作学习的要素及当前存在的问题

我们提倡合作式的小组。小组合作学习的要素有：应形成积极互赖的、有个体责任的、面对面互动的关系；为了使小组学习有成效，要加强学生合作态度和技能的培训。教师应根据不同的学科、不同的教学内容，采用不同的小组合作的形式，促进学生的高阶思维，并引导学生对合作学习进行恰当的反思和评价。

在当今教学实践中，合作学习往往不如人意，未达到预期效果，浪费了教学时间。其中原因，一是小组规模太大，不能做到人人参与小组活动。小组规模要依小组活动内容而定，在课堂上，一般规模不宜太大，尤其是低年级。二是对小组学习的内容、过程缺少精心设计，松松垮垮，时间利用率不高；设计的活动没有考虑不同学生的需要，造成特殊儿童参与度不高。三是学生缺少合作的态度和技能。常看到在小组活动中，个别学生包揽整个活动，其他学生只是陪客，特殊需要学生也没有融进小组，缺少个体的责任和面对面的互动，缺少相互间的交往和协作，小组活动往往成了一种形式。也有的小组活动表面上热热闹闹，但在整个过程中学生学到了什么、有哪些提高是令人怀疑的。

二、合作小组建立与合作能力培养

1. 合作小组的建立

在合作学习实施前，首先要正确分析全班学生与特殊需要学生的基本情况，并恰当组建学习小组。

教师在实施合作学习前，一定要对所有学生的与学习新知识相关的基础知识和基本技能，学习动机、学习兴趣、学习方式、学习习惯、沟通与交往等方面进行深入分析，在此基础上，学生恰当组合，建立合作学习小组。建立合作小组，是合作学习的前提和基础。合作学习的分组原则是小组间水平相近，组内成员虽各有差异，却有互补作用。分组时，可先以学生学习程度粗分，使各组水平比较接近，便于组间公平竞争。小组规模一般3—6人为宜，人员过多，学生参与机会就少了；小组人数过少，也达不到合作的效果。当学生还缺少小组合作的经验时，以人数少些为宜。在低年级我们主张更多采用伙伴学习（即两人一组）的形式。小组划定后，要相对稳定，以利于同学间合作。经过一段时间，可重新分组，使每个学生都有和班上其他同学合作的机会。要考虑到学生的性别、成绩、兴趣爱好、表达能力、交往能力、动手能力等方面的情况，将组内成员搭配好。还要注意听取学生的意见，避免强拉硬配，使学生有自主机会。小组要有组长，组长的挑选，要考虑到其学业成绩、同学关系、能否以身作则和组织才能等方面。合作学习初选的组长能力要强，学习成绩较好，有一定的交往能力。组长采用轮换制，给每个人以改变角色和锻炼的机会。组长的职责是：给组员发放材料，领导组员活动，分配组员任务，综合大家意见，代表组员与教师或其他小组联系等。

特殊需要学生加入小组有助于提高他们学习的自主性，培养交往能力，小组学习也能明显降低普通学生对特殊需要学生的拒绝程度。但特殊需要学生刚加入小组时可能会恐惧、忧虑或不合群，普通学生也可能担心小组成绩因残障学生的加入会受影响。教师一方面要营造一个轻松和谐的接纳氛围，同时要对特殊需要学生进行疏导，在组内给其安排合适的任务，有特殊需要学生的小组，要有相对固定的助学伙伴。排定小组的座位，使他们能方便地围坐一起进行学习活动。编排小组座位应尽量让组员靠近坐，以利于共同使用学习材料，小声交换意见，或用眼光彼此交流。要考虑到小组活动方便又不影响其他组。

2. 助学伙伴的选配

在融合教育中，我们要求给特殊需要学生配备助学伙伴。关于助学伙伴的选择，要求教师做细致、深入的动员组织工作，不可随意指定，也不能放任自流。助学伙伴必须是特殊需要学生的好朋友，要有热心助人的精神，要有责任心，学习成绩优秀，还要有耐心。教师要在平时多观察，细心了解同学们的情绪和反应，再从中选择。培养助学伙伴，要让他们自己做主，主动担当这个角色。也要让特殊需要学生心里喜欢这个伙伴。对助学伙伴的助学给予指导，并进行评价，对助学效果好的要给予奖励。

3. 小组合作关系的建立

建立小组后，为使组员间建立起积极的、有个体责任的、相互依赖关系，教师可以采用以下措施。

（1）交给小组的任务，分成若干部分，必须由每个成员完成其中一部分后，这项任务才能完成。

（2）给每个成员安排不同角色，使之互补，如有的成员负责记录，有的成员画图，有的准备发言，有的负责检查等。

（3）教师考核小组成员时，是以小组成绩的平均分作为每个人的成绩的。

（4）当小组成员都达到某一标准时，才给每个人奖励。

（5）以小组为单位开展学习、竞赛或游戏活动。

4. 合作态度、技能的培养

如果学生对合作没有正确的态度，小组学习就难以达到预期效果。教师要让学生明白合作是成功的需要，合作的关键是人与人的协调，要正确看待自己和别人。要着重培养学生具备以下态度。

（1）学习积极主动，勤于思考，不依赖教师和其他同学。

（2）乐于助人，优势互补，强弱相助。

（3）虚心学习，专心倾听别人发表意见，不随便打断别人发言，人人机会均等。

（4）敢于发言和质疑，不同意见一定要讲出来，并说明理由。

（5）服从领导，讨论时要轮流发言，说话声音要轻，不大声喧哗。

组员要掌握相应的合作技能，如有不同意见怎样发表，组员争执如何协调。尤其组长要有组织合作的能力，如小组讨论组员都不开口时怎么引导等。小组成立初期一定要培养合作学习的态度与习惯，并进行合作技能与方法的训练，逐步形成良好的合作学习风气和文化。

三、合作学习的形式及步骤

1. 合作学习形式

合作学习也有多种形式，如任务分工式、小组讨论式、作业互助式、切块拼接式、学生成绩分工式等，每种形式都有不同的活动方式，有不同的结构和操作要领，实施步骤也不完全相同。为使小组合作学习获得成功，教师应事先做好教学前的设计。

（1）小组讨论式。小组讨论是合作学习中用得最多的一种，在小学、中学、大学的教学中都可采用。随着年级的升高，教师在小组讨论中的控制成分愈来愈少，学生独立自主成分日益增多。小组讨论有多种形式。①问题式讨论——教师提出问题，学生围绕问题讨论；②循序式讨论——学生先看学习材料或录像，在指定地方暂停一下开展讨论，然后继续看材料或录像、继续开展讨论；③实例讨论——教师给出实例由学生讨论分析，并提出解决方案；④马蹄式讨论——学生分组围坐，各小组排列成马蹄形，缺口对准讲台，就特定任务先进行小组讨论，再全班讨论；⑤自由式讨论——讨论的题目和方向主要由学生小组控制，教师只对辩论中的异常问题或不衔接情况予以评议；⑥联想式讨论——每个组员充分发挥自己的想象，广泛联想，互相搭载，对提出的看法深入讨论；⑦话剧式讨论——课堂上虚构情境，按"脚本"进行讨论；⑧内外圈讨论——小组半数人围成内圈，另半数人围成外圈，外圈人观察内圈讨论，可用于小组学习评价等。

在中小学课堂教学中开展小组讨论，有以下要点：①应当围绕教学中的重点、难点内容开展讨论，以便集思广益、加深理解。②精心设计讨论问题。问题设计的水平，直接影响讨论的质量，问题深度要适当，有启发性、争论性。③创设讨论的情境，调动学生讨论的积极性，要让学生在讨论中有一吐为快、呼之欲出的激情。④提供学生讨论的素材，让他们有话可说。有一次我们观摩小学四年级的作文课，作文题目是"田野"。学生写作文前先进行了分组讨论："田野里有什么？"但事先教师未带学生去田野看一看，也没有组织学生看有关录像或图片，讨论中学生自然无话可说。另有一次观摩一节数学课，课上教师组织学生讨论"求最大公约数和求最小公倍数的联系和区别"。讨论之前，教师先安排学生练习了"求12、14、16这三个数的最大公约数和最小公倍数"的题目，并在黑板上保留了板演的过程，学生讨论概括的效果就很好。⑤组长控制好讨论的速度，防止讨论偏题。⑥讨论中要保证人人参与，必要时采用滚雪球式讨论。⑦讨论的结果应使组内每个人都能回答，其中包括学困生。⑧对小组讨论的结果应进行画龙点睛的评价。教师要作为平等的一员参与学生的讨论，及时发现讨论中的问题，作出相应调整，并促使每个学生都积极主动地参加讨论。

（2）切块拼接式。将学习材料切块分成几部分，由组内成员各认领其中一部分（也可以是同样的学习材料，但要回答不同的问题），然后不同小组中学习同样材料的成员拼接组合到一起讨论学习材料，接着再回到各自小组去，将这部分内容教给其他成员。切块拼接式有利于调动学生学习的积极性，体现学生在学习中的主体地位，学习中学生紧密依靠，互相合作，学习能力得到发展。使用这种合作方式的要点是：①要选择合适的学习材料，既便于切块，其难度又适合学生学习水平。如语文课本中的某些阅读课文。②指导学生学习方法（自学或集体学）。③对学习内容进行测验，根据测验结果进行矫正，并对总分达到一定标准的小组进行奖励，以促进学生合作的进一步改善。

（3）任务分工式。这是将任务分成先由小组个人完成其中一部分，再综合每个人的完成结果从而完成小组任务。这种形式有利于培养学生个体的责任，每人都必须对小组承担责任，只有每个人完成好自己的任务，小组的任务才能完成好。采用这种合作方式的要点是：①选择的任务要便于分解为个人作业，比如，可以让学生扮演不同的角色。如在表演活动中，有的组员表演大猫，有的表演小猫，有的负责整理台词等。②分工或选择时要考虑到组员的水平和能力的差异。③分工要明确，相互之间也要有合作和帮助。

（4）作业互助式。这种合作形式，是先由组员按自己水平和进度完成一定数量作业，组内再互批互评，使每个组员都能很好地完成作业。我们曾在融合教育的实验班采用了此法，取得了较好的效果。使用这种合作形式的要点是：①个人完成的作业应适合其水平和学习进度。如数学课上要求每个小组完成10道题，每个组员完成其中5道题；学习基础好的学生可完成其中较难的几道题，学困生则可以完成其中难度较小的基本题。②首先由组员各自独立思考完成作业，不能依赖他人。③组员互批作业后，相互帮助，教会对方学习的方法，而不是只教结果。④以每人都完成作业任务为小组活动的目标。⑤对互助效果要进行评估和奖励。可以每周统计各个学生的作业量及正确率，当小组完成的作业量和正确率达到一定标准，就进行奖励。

（5）学生小组成绩分工式。学生在听完教师讲课后，分组学习，再独立参加测验。每个学生的测验分数记入小组团体总分，每个学生对小组分数的贡献，是由该生该次测验分数超过自己过去测验平均分数部分决定的。这种记分制的优点是：不管每个学生原来学习基础如何，只要他积极努力，他就能为自己的小组作贡献，在这里，起更大作用的是学业相对进步状况，而不是单次测验分数。教师可以每周通报表扬高分的组、大幅度超平时总平均分的学生及测验成绩优秀的学生。这种形式也有利于普通学生接纳特殊需要学生加入小组,因为经过努力,特殊需要学生的进步幅度往往是最大的,这意味着他们给小组的贡献也更大。

当然,小组合作学习还有其他许多形式,这就有待于教师在日常融合教育教学中进一步研究和实践。

2. 合作学习的一般步骤

(1) 教师要把学习的任务与目标明确地告诉学生,并且要使其转化为学生的学习目标。教师尤其要帮助特殊需要学生明确任务要求。

(2) 学生要先进行自我学习或思考,根据自己的学习目标,对学习的内容有所领悟、思考以后,再进行小组学习或讨论,学然后再知困。对于学习慢、思考速度慢的学生更要注意这点。

(3) 按选择的合作小组形式的操作要领进行合作,要做到人人参与,互帮互学。教师这时要进行小组间巡回辅导,主要是启发诱导,不要答疑解难。给学生充分发展的空间。在组内对特殊需要学生一定要给予较多的帮助,让他们与大家一起参与到小组学习活动中来,要给他们机会发表自己的意见,从而形成良好的助学环境。

(4) 全班汇报交流。各组的代表都要充分发表意见,鼓励质疑问难,必要时教师画龙点睛,不能让学生带着疑问下课。在这个过程中,要给特殊需要学生适当的发言机会,参加全班的讨论。

(5) 总结评价。一方面,教师要总结教学内容,再次强调教学的重点与难点,强化学生记忆。另一方面,教师要对各小组的学习活动情况、表现、成果等进行评定,既要表扬活动情况较好的小组,也要表扬精彩发言的个体学生,鼓励大家在今后的小组学习活动中做得更好。

四、同质组、异质组合作综合运用

前面提到的合作学习小组主要是异质合作小组,就是一个小组里成员之间的水平有高、中、低不等,通过互相帮助来照顾差异。这种单纯的异质合作,也有它的不足。比如,这种异质合作对学优生某种意义上来说就不够公平。因为合作学习要照顾到不同水平的学生,任务一般不会太难,并且在合作的过程中,学优生总是在帮助其他学生，而其自身学习却缺少挑战。另外，也要防止其他组员出现过多地依赖学优生的倾向。在合作学习中，我们经常会发现，当学优生很快已经有了解决问题的方案时，学困生还尚未进入角色，过早的合作使后者失去了独立思考的机会。

学优生要发展得更好，不仅需要和水平比他低的人一起合作，也要和水平差不多的人一起合作，甚至要和比自己水平高的人一起合作。另外，当学生的差距太大后，有时候学生合作不起来，缺少共同的语言。有时，低水平学生也不能从高水平学生那里学到什么。就像一个人学滑雪，让他看运动员从陡峭的山坡上滑下去，不仅可能望而生畏，而且的确不知道从哪儿学习起。对于刚学滑雪的人来说，让他跟刚学会滑雪的、滑起来还有点跟跟跄跄的人在一起合作，效果可能更好。合作学习中，有时让学习水平中等的学生当组长，效果反而更好。因为中等水平的学生与学优生及学困生的差距都不大，这类学生较能理解学困生。所以，我们要意识到，异质合作有它积极的一面，但也有它消极的一面。

同质组学习，是通过不同组的学生分别学习不同层次的内容或学习各自共同关注的内容或问题来照顾差异的。在这种情况下，特殊需要学生往往被安排学习相对较低层次的内容或自己关心的内容或问题。但这种做法会产生两个方面的问题。一是标签效应。这种做法会伤害特殊需要学生，往往还会造成差距固化，影响他们的长远发展。二是同质组学习只是考虑了学生的认知差异。但其实学生还有其他方面的差异，如学习习惯的差异、学习方式的差异、学习动机的差异等，这些不仅影响学生的认知过程，也影响学生的学习效果和发展。

同质组合作和异质组合作相结合，就可规避它们各自的不足，发挥它们各自的优势，减少标签效应，同时让每个学生都学得更好。如教学基本内容，采用异质合作，互相帮助，以保证每个学生包括特殊需要学生都达到基本要求。需要拓展加强的内容，可以展开同质合作。例如，教师布置了A、B、C三组选做题，其中C组题偏难，有的学生可以不做，而那些都做C组题的学生则可以跨组一起交流，这就是同质合作，让他们通过合作发展得更好。

案例 1:"物种灭绝"①

【案例叙述】

一名小学教师在进行"物种灭绝"这部分内容教学时,根据班上学生的情况,设计了层递式的学习任务。学生选择后,分成两个小组,其中一组侧重运用恐龙的实例来研究导致物种灭绝的环境因素;另一组比较恐龙灭绝与当今热带雨林消失这两个事件来分析导致两类物种灭绝的因素有何异同。两个小组在学习中都会遇到以下任务的挑战:理解重要科学观点,分析特殊案例,提出假设和总结结论等。但两组的学习内容略有不同:一组以学习内容为基础,着重从具体事例和单方面分析。另一组探讨更加复杂、抽象和综合性的问题。教师根据学生的准备水平和能力来分配学习任务与材料的层次。

【案例分析】

该例采用同质组学习,但两组学习的问题设计巧妙,且让学生自主选择,淡化了标签效应,满足了不同学生的学习需求。

 案例 2:十字路口过往车辆统计

【案例叙述】

在笔者观摩过的一节数学课上,教师要求学生观看十字路口录像,并分组统计"三分钟通过十字路口的四种车的车辆数"。组长分配每个组员统计一种车的车辆数,然后再进行汇总。一位轻度智障生在他所在的小组要求统计小轿车的车辆数。该生一面观看录像,一面统计,但小轿车速度快,过往车辆数多。结果他统计错了,因此影响了小组成绩,受到小组其他成员的埋怨。

【案例分析】

小组任务分工要照顾差异,各种车辆统计难度不一,尽管学生可以自主选择,但在选择前教师可以提示下。对学困生的统计也可以给予方法指导,如将统计小轿车的过程分成两个阶段:看录像时,专心看屏幕,通过 1 辆轿车,就随手丢 1 根小棒,录像结束后再数小棒,这样就不容易出错了。

---

① 本案例选自汤姆林森所著《多元能力课堂中的差异教学》一书,第 121 页。

案例3：经典建筑的欣赏①

【案例叙述】

问题1：请各组在网上收集经典建筑图片并讨论为什么选择自己小组的图片，同时阐述理由。在回答中，有的说是稳固性，有的说美观，有的说历史悠久等。

问题2：请各组将刚才回答的各个理由归类（提示，将你们小组认为可以是同一个方面地放到一起），展示各组回答，请大家重新思考，审视自己小组的不足之处。当各小组将答案重新连线的时候，学生就会发现，他们的回答可以分成两类。这时候，教师再次引导学生将欣赏建筑的角度总结出来，并按文化角度、技术角度分成两组。对于文化角度，学生较易得出，比如说"历史悠久"就属于文化方面，对于稳定性、坚固等方面总结出技术角度，学生尚有难度。

问题3：技术和文化角度除了下面所展示的还包括哪些方面？小组讨论和网上搜索是否能得出答案？

技术角度：①结构的使用功能的实现；②结构的稳固耐用和材料使用的合理性；③工艺制造的精湛程度。

文化角度：①公众认可的美学原则；②反映的时代、民族、习俗方面特征。

经过激烈的讨论和仔细的研究推理得出所包含的其他方面，再以赵州桥视频为实例真正走近建筑，去欣赏，并和以前没有这方面的知识时的感受相比较。最后要求学生利用国庆假日选择一种建筑，从技术和文化角度去欣赏，之后以周记形式比较记录自己不同的感受。

【案例分析】

该例中，问题1、问题2是采用异质合作小组完成的，充分利用了学生的差异资源；而后按文化角度、技术角度分组则是同质组学习，更便于学生学习讨论的深入。

---

① 本案例由天津市滨海新区汉沽第一中学的赵大伟老师提供。

第六节　兼顾全体与个别指导相结合

教师的教学要适应学生的学习，这是教学过程的核心。在班集体教学中，教师要努力适应各个学生的教育需要，其中包括障碍学生的不同教育需要。

一、兼顾全体学生的不同学习需要

1. 给每个学生均等的教育机会

教师都知道，教学要面向全体学生。但我们在听课中常发现，有的教师缺少兼顾不同学生教育需要的意识，往往只是关注班上的部分学生。课上总有被遗忘的角落，多数情况下不是教师没有能力照顾差异，而是缺少关注所有学生的意识。教师一定要树立面向全体学生的教育理念，在课上给每个学生均等的教育机会。当然，机会相同并不意味着教师要同样对待每一个学生，而是说，要从每个学生的实际出发，比如，对于那些注意力不易集中的学生要多提供回答问题的机会，而对那些善于独立冷静思考的学生，过多的提问则容易中断其思维，效果反而会不好。

2. 兼顾知、情、意、行等各方面

当我们谈到教学要兼顾学生的不同需要时，有的教师将其片面地理解成只需要兼顾学生不同的认知需要，而未考虑学生不同的情感、态度等方面的需要。素质教育要求学生全面发展，学生的知、情、意、行各方面本身也是相互影响的。如果我们仅仅考虑学生在认知层面的需要，不考虑其在情感、态度等层面的需要，那么，学生的认知学习也很难产生良好的效果。课堂不只是认知的课堂，也

是学生生命成长的课堂。教师不仅要关注学生学习的需要，还要关注学生生命成长的需要，如学生对自尊、自主、关爱、创新等方面的需要。在融合教育中，教师更要全面关注特殊需要学生，特别是他们心理情感方面的需求，从而培养他们自尊、自立、自强不息的精神品质。

3. 兼顾方式、方法多样化

许多教师认为，在课堂上要照顾特殊需要学生很困难。一节课只有四十分钟，应该留给特殊需要学生多长时间？他们认为，照顾特殊需要学生，就是要在课堂上安排一定的时间来进行个别教学。而我们的观点是，教师应该在教学的各个环节，通过教学内容、教学方法、教学形式等方面的设计，使教学面向全体，照顾差异，也照顾到特殊需要学生。这并不一定意味着教师就要进行个别教学。往往教师的一个眼神、一个手势、一句话语就能照顾差异。例如，班里有听障学生时，教师可以多面向他讲课，让他看到口型，这就有利于他"读唇"，这就是照顾到他的特殊需要了。我们曾经在课间问一位学生："老师喜欢你吗？"这位学生回答说："老师还喜欢我呢？这学期他都没看过我一眼！"由此可见，教师与学生的眼神交流，对学生也是很有魅力的。有的学生不一定需要个别教学，经常用眼神，特别是用鼓励的眼神、激励的眼神去看看他，他学习的劲头就来了。可见，教师照顾学生差异的方式是多种多样的。

有的学生上课好动，做小动作。这种在情绪行为有问题的学生或患有多动症的学生那里比较多见。究其原因，除了学生主观生理、心理方面的问题外，从反思教学的角度来看，还可能会有三个方面的原因：一是这类学生不理解教学常规，因而往往产生行为问题；二是教师的教学内容要求不适合这类学生的基本学情，他们上课听不懂，故会产生行为问题；三是有些学生是动觉学习者，在活动中反而学得好，教师的常规教学不符合其学习的类型与风格。解决这类问题，既需要教师一定的教学技巧和教育机智，也需要教师实施差异教学，为这类学生安排适合的学习内容，帮助其理解教学常规。后者可能更容易从根本上解决问题。对于动觉学习者，教师则可不必理会其小动作，只要不影响其他同学学习。那种当班上有学生做小动作或随便说话时就停止讲课，甚至于将该生赶出教室的做法，不仅会伤害学生，而且会造成低效率的教学。因为一般学生的思维会因此被中断，等再回到学习上来，就要花更多的时间。

4. 加强与特殊需要学生的沟通

特殊需要学生有着自己独特的交流方式，如果找到与他们适合的沟通方式，"学"与"教"就有了交流途径。残障生学不好，很多情况下是因为不理解教师教学的内容，没听清楚或者没看明白教师教学的指令，是师生沟通有障碍。比如阅读课文，教师说"请大家翻开书到××页"，听障学生没听清楚，他就不知道该干什么。为此，有些老师和特殊需要学生之间往往有些约定手势，如果没听清楚，看老师手势就会知道老师指令。对于视障学生，教师则要采取准确的语言描述等方法与他沟通。对于学习障碍中的发展性障碍学生，教师则可通过沟通图卡、情景交流、自然手语等方式与其进行交流。

教师在教学过程中与特殊需要学生沟通的基本途径有以下几种方式。

语言沟通：教师与特殊需要学生的语言沟通是主要的沟通方式，只要特殊需要学生没有语言障碍，教师就可以用语言直接与他们对话。但是课堂教学中教师不可能有许多机会和时间与特殊需要学生进行直接的对话。所以在沟通时一定要做到不影响全班教学，采用灵活、多样的方法。如在提问时，如有适合特殊需要学生回答的内容，教师可向其提问，然后再面向全班提问，最后再给予评价，达到沟通的目的。在小组教学或课堂练习中，教师以巡回指导的方式，与特殊需要学生进行交流。这样的沟通不是随意的、盲目的，而是包含在教学设计之中的一个教学过程。

书面沟通：是指特殊需要学生用作业、板书、板演等书面形式，反映他们对教学内容的理解情况，教师用当堂批改、评价、给出成绩等书面形式，及时把反馈信息传递给特殊需要学生，借此指出问题，进行鼓励，或者提供一些帮助。这样做往往可以取得事半功倍的效果。

表情、动作沟通：教师通过观察特殊需要学生的表情、动作、行为等多方面的信息，进行分析整理，再通过表情、手势、动作特别是眼神等多种方式进行反馈，达到多层面、多渠道的沟通。

媒体沟通：现代教学媒体特别是多媒体计算机系统是一种双向媒体，不仅能呈现多种媒体的教学信息，使学生获得多重感知觉刺激，而且还具有交互功能和个性化教育的特点，也是教师和特殊需要学生沟通的重要方式。

助学伙伴沟通：助学伙伴是特殊需要学生的好朋友，对他十分了解，课堂上特殊需要学生的表现，助学伙伴往往比较清楚，可以随时向教师发出信息，让教师能够及时与特殊需要学生沟通，解决问题。

师生互动的教学过程是教师与特殊需要学生沟通的最佳方式。教师要坚持改革课堂教学，发挥学生的主体作用，创造出师生互动的、生动活泼的课堂局面。每个学生都能主动学习，不依赖教师讲课，课堂上教师与特殊需要学生的沟通机会就更多了。

二、各教学环节兼顾不同学生需要

1. 每个教学环节都关注全体学生

教学环节是教学过程展开和发展的基本程序，教师应在各个教学环节都兼顾学生的不同需要。有的教师只是在一节课即将结束、学生完成作业时，才来照顾特殊需要学生，这是不够的。如果一节课大部分时间的教学都没有考虑特殊需要学生，仅靠最后几分钟的个别辅导是难以奏效的。实际上，这种各个环节的兼顾有时并不占用多少课堂时间，譬如教师演示时，考虑到一些智障学生感知觉速度慢、不灵敏，可以有意识地多面向他们做演示，在他们面前多停留一会儿，就可以兼顾到他们的特殊需要了。

2. 关键环节要兼顾每一个学生

课堂上要特别强调在教学关键环节的兼顾。教师在一堂课上，自始至终都兼顾所有的学生自然是理想状态，但实施起来其实有一定的难度，不过，教师至少应该可以在关键环节兼顾每一个学生。学生在学习的关键环节的特殊需要得到满足，其学习的效果也就有了基本保证。有的教师在教学关键环节留足时间，提问中等水平的学生，然后请学优生补充，最后再问学困生是否明白，从而就照顾到了全班学生。还有的教师在教学关键内容后，马上组织全班练习。同桌两人之间互相矫正，再反馈，从而可以及时了解每个学生是否掌握了该关键内容。

掌握了关键内容，学生就一通百通，能举一反三。每堂课总有一些关键点，所以，有经验的教师不是什么都讲，往往是在关键点上面向全体，要求每个学生都掌握，保证重点，而其他方面内容可以少讲。所以，我们建议教师在关键点上，必须让特殊需要学生达到其应该达到的基本要求，这样才可以保证融合教育的质量。

三、兼顾全体与个别指导相结合

课堂教学中兼顾不同学生的需要，关键在于教师课前精心设计。

1. 课前精心设计

课前，教师要了解学生。针对班上的特殊需要学生，采用并列式教学计划，精心设计教学环节。在每一个教学环节都考虑针对不同学生需要的教学措施，然后将它们有机结合起来。如在小学语文《瑞雪》这节课上，教师在让学生观察画面时提出了两组问题：一组比较简单，如画面上反映的是什么季节（冬季），是怎样看出来的（下雪场面），画面上有几个人，从装束看，他们是做什么的（是农民）……；另一组问题比较复杂，如画面上的人物是什么表情，他们的表情说明了什么（瑞雪兆丰年）……在教学中，教师将两组问题有机地穿插，分别提问不同程度的学生，通过这些问题使全班学生比较完整地理解了画面的内容，特别是让那些理解有困难的学生也参与到学习中并借助其他同学的回答明白了有关问题的答案，实现了不同学生的共同成长。当然，兼顾学生的差异仅靠课前预设还不够，教师也还需要根据课堂情况随机应变。

2. 提高个别指导的针对性、有效性

对有显著个别差异的学生，教师也可提供必要而适量的个别教学。每个学生回到家庭和社区中，在自然的生活情境里，往往更多的是个别学习，并会得到来自家庭和社区的自然支持。因此，对他们来说，学会独立自主学习也非常必要。

课上为了照顾个别学生的学习，教师的个别指导总是必要的。但这种指导必须建立在安排好其他学生的学习的基础上，这种指导应在集体学习活动中穿插安排。不同学生的学习特点、学习方式不一样，为了提高个别指导的针对性和有效性，应从每个学生的实际情况出发，并促进学生掌握好的学习方式、方法。有经验的教师在指导学生时，不只是让他们学会解决某些具体问题，而是能帮助他们学会举一反三，掌握解决一类题的规律；不只是让他们掌握一些问题的具体解法，而是帮助他们学会解决问题的思想方法，从而一通百通。

教师经常通过个别提问来指导学生，但这种提问往往会变成师生一对一的活动，没有兼顾其他更多学生的需要。而由于教师提的问题不明确，或过浅或过

深，也常常容易造成学生无从回答。有的教师对答案过分求同，学生的回答必须和老师想的一致，这不仅不利于培养学生的创新精神，也浪费了不少宝贵的教学时间。有的教师为了体现照顾差异，经常用一些非常简单的问题提问特殊需要学生，当这类学生回答不了时，教师就耐心地等待，而大多数学生则陪坐着，这同样是一种对教学时间的浪费。教师上课时，应认真考虑提问对学生掌握该学科内容、发展其能力、照顾其差异等方面是否有作用，还要思考提问应指向哪些重要的内容，并对提问的方式进行选择，问题的设计要有启发性，而提问时则要问得明确、精准。精心设计的提问更有助于学生学习的进步。教师要引导学生纠正同学答案中不准确的地方，也可以把答案制成提示卡片，这样既能兼顾不同学生的学习需要，同时也能节省时间，提高教学效率。

 案例1："小先生"助学

【案例叙述】

在笔者听过的一节语文课上，有这样一个教学环节，老师让一位轻度智障的学生朗读一段课文。听完其朗读后，笔者感到，作为智障的学生，该生读得还不错，读得较流利，只是有几个字发音不准确。这时老师说："某某同学，你几个字的发音不准，请你的'小先生'来帮助你。""小先生"是谁呢？就是他旁边的一个同学，接着"小先生"读一句，该生跟读一句，这个环节用了六七分钟的时间。最终，该课拖堂五分钟。

【案例分析】

在上面这一案例中，老师关注困难的学生，让他参与到学习活动中，并希望通过合作学习来帮助他，动机是好的，但做法和效果是不足取的。该环节不当之处在于以下几点。

第一，老师没有处理好集体学习和个别指导的关系，当智障学生跟着"小先生"读时，其他学生坐在那里没事干，白白浪费了六七分钟的时间——因为后者并不存在发音不准的问题，老师当时也没有对他们的学习做出任何安排。特殊需要学生在学习上出现问题时，如果不影响他这一课的后续学习，可以放在课外处理，不要占用课堂集体学习时间。就这节课而言，该生一两个字发音不准，其实并不影响后面对课文的分析，这类问题完全可以放在课外处理。即便出现的问题必须在课上解决,也应该同步将其他学生安排好。

第二,同学之间是"合作伙伴",是平等的关系。对"小先生",为什么其他学生就叫"同学",该同学就要叫"小先生"呢?这听起来是对该同学不尊重。笔者注意到,教师让"小先生"来帮助他,而且采用一句一句跟读的方式,在有几十位老师听课的情况下,这种"帮助"让他很难堪,很可能还伤害了他的自尊心。事实上,该生跟读时满脸通红,后半节课连头都没抬,想必也没有学好。可见,照顾特殊需要学生,不能只是从认知上去照顾,而忽视了其情感的需要。其实,特殊需要学生也好,学困生也好,要使他们更好地发展,对其教育的第一步,往往就是树立自信心,其次才是查漏补缺。

此外,该例中,老师的教学方法也缺乏针对性。个别字发音不准,针对个别字矫正就行了,没有必要把整段课文再重读一遍。为体现所谓的合作学习而这样做,实在没有必要。

 案例 2:11 到 15 的数的认识

【案例叙述】

数学课上,老师先演示,把 10 根小棒捆在一起,形成了一个新的计数单位——十位。然后,加 1 根是 11,加 2 根是 12,加 3 根是 13。该班有两个轻度智障的学生,都坐在教室右侧。笔者发现这位老师上课的姿势总是习惯面向左侧。农村学校,讲台不高,这位老师个子也不高。那两个智障的学生根本看不清老师的演示。老师演示过以后,学生开始自己动手操作。每个学生桌上都有十几根小棒。笔者发现,别的学生把 10 根小棒捆一捆,形成了一个新的计数单位——十位,然后加 1 根是 11、加 2 根是 12……模仿老师的演示在动手操作,通过自己动手操作来认识 11 到 15 这几个数。可那两个智障的学生,并没有能把十根小棒捆起来形成新的计数单位,也就没法认识 11 到 15 这几个数。

【案例分析】

就该例而言,老师照顾差异、兼顾全班并不难。对于班上智力水平高的学生,11 到 15 早就会了,根本不需要看老师的演示。我们更需要演示给有学习困难的、智障的学生看。老师要面向他们的方向多演示几遍。而当智障学生不能将 10 根小棒捆起来、需要个别帮助指导时,如果在一关键环节,老师有意识地关注一下，或让其同桌帮助他们，和他们一起将10根小棒捆好，其困难就解决了。教学关键环节时，老师一定要及时反馈了解特殊需要学生的学习状况，并及时提供帮助和支持。

 案例3：听障儿童融合课堂教学案例[①]

表6-2 教学基本信息、目标及重难点

学校	巨山小学	班级	三（3）	班额	40人	教学时间	3月26日
科目	语文	课题	苏珊的帽子			执教人	魏春艳
特殊需要学生情况		听障学生		2人			
听力损失程度		潘筱健		左：110dB；右：110dB			
		徐涛		左：110dB；右：110dB			
教学目标		普通学生			听障学生		
	知识与能力	1. 抓住重点词语进一步理解课文内容，弄懂苏珊能自如到学校上课的原因。 2. 能正确、流利、有感情地朗读课文。			1. 能抓住重点词语进一步理解课文内容，弄懂苏珊能自如到学校上课的原因。 2. 能通顺地朗读课文。		
	过程与方法	1. 通过抓重点词句理解、品读体会关键词句在表情达意方面的作用； 2. 通过多种形式的朗读体会作者所要表达的情感； 3. 通过想象加深对课文的理解和体验，有所感悟和思考，受到情感熏陶，获得思想启迪。			在老师和助学伙伴的帮助下能通过抓重点词句理解课文内容，能通过朗读体会作者所要表达的情感，受到情感熏陶，获得思想启迪。		
	情感、态度与价值观	通过学习体会苏珊的老师、同学对苏珊的关爱，学会尊重，关爱他人。			通过学习能体会苏珊的老师、同学对苏珊的关爱，学会尊重，关爱他人。		
教学重点		结合上下文理解文中重点词句的意思，在读中感悟、体会。			能结合上下文理解文中重点词句的意思，在读中感悟、体会。		
教学难点		体会人物的情感，理解老师让同学们戴帽子的真正用意。			能体会人物的情感，理解老师让同学们戴帽子的真正用意。		
教具准备		课件					

① 本案例由北京市海淀区巨山小学魏春艳老师提供。

表 6-3　教学过程

教师活动	普通学生活动	特殊需要学生活动	设计意图
一、导入	倾听	倾听	引入新课。
二、细读感悟 （一）1、2 自然段 1. 出示课件：请学生小声朗读课文，找出苏珊为什么戴帽子的句子，用波浪线画出来。 2. 出示课件：苏珊不怕（　　），不怕（　　），然而最怕（　　），引导学生根据课文内容填空，理解重点词句。 3. 出示课件，引导学生根据自己的体会读重点句。	小声朗读课文，找句子。 根据填空内容找书中相应句子，理解重点词句，谈体会。 朗读重点句。	看大屏幕，明确要求，读课文，找句子。（教师巡视）参与回答。（指名说） 在助学小伙伴的帮助下明确要求，能从书中找出相应的句子，试着理解。 参与回答。参与朗读。	对苏珊有感性认识，引出课文内容。 对学生进行语言训练的同时理解重点词句。
（二）4、5 自然段 1. 出示课件：默读课文并找出苏珊心情变化的句子，用横线画出来。相机出示句子。 2. 引导学生想象：让苏珊感到担心和犹豫的是什么？体会读。 板书：担心　犹豫 3. 出示重点句，引导学生理解重点词句。 板书：轻松　自如 4. 引导学生理解"可是"。 5. 引导学生用多种形式朗读。 6. 结合课文内容，使学生了解苏珊能自如到学校上课的原因。	边默读，边画句子。汇报交流。 想象体会苏珊此时的心情，体会读。 理解"自如"等重点词句的意思，体会读。 用"可是"说一句话。有感情地朗读，体会作者表达的情感。结合课文内容弄懂苏珊能自如到学校上课的原因。 1. 自由读课文，思考问题。 2. 交流。	看大屏幕明确要求，默读课文，画句子。读句子。（指名说） 倾听，在助学伙伴的帮助下读句子。 在助学伙伴的帮助下理解重点词句。 参与朗读。 倾听。能了解苏珊自如到学校上课的原因。 教师关注学生参与朗读、思考问题。 倾听。	体会作者情感。 让学生在阅读实践中自悟自得。 通过想象进一步体会苏珊的心情。 通过多种练习，在对学生进行语言文字训练的同时，引导学生体会人物心理的变化。 体会老师的真正用意。学会关爱，尊重他人。理清思路，连接下一环节。
（三）第 3 自然段 1. 过渡，提出问题。 板书：老师			

续表

教师活动	普通学生活动	特殊需要学生活动	设计意图
2. 根据学生回答适时总结提升。 板书：尊重 3. 总结板书。 （四）第 6 自然段 引导学生想象：日子就这样一天天过去了。现在的苏珊过着怎样的生活？自己读一读最后一个自然段，一边读，一边想，此时此刻你仿佛看到了什么？	倾听。读课文，想象，交流。	倾听。参与想象、读课文，倾听。	训练学生能用准确的语言表达自己的想法，进一步理解课文。
三、情感升华 苏珊是不幸的，因为病魔让她小小的身体备受折磨；但苏珊又是幸运的，因为她拥有关爱她、尊重她的老师和同学们……	倾听，看图片。	倾听，看图片。	总结全文，使学生的情感得以升华。
四、作业小超市（任选一项） 1. 收集有关"尊重"的名言，记一记。 2. 把这篇课文中你喜欢的词语抄在积累本上。			

附：板书设计

```
            苏珊的帽子
             （尊重）
    担心、犹豫————→轻松、自如
              老师
```

【案例分析】

这是一节比较完整的听障儿童融合课堂教学案例。案例中，教师针对听障儿童的学习情况，适当降低了对他们朗读的要求，在教学中利用他们的视觉学习优势，并注意发挥助学伙伴作用，比较好地兼顾了普通学生与听障学生的学习需要。当然，作为开展融合教育的课堂，教师还应关注其他特殊需要学生特别是学困生的不同学习需要，如指导他们朗读和理解重点词句等，以促进每个学生的发展。

第七节 大面积及时反馈与调节教学

为了在教学过程中能有效照顾差异，前提条件是及时了解每个学生的学习状况和他们的学习需要，因此，在课堂教学中的大面积及时反馈与调节十分重要。

一、大面积及时反馈与调节教学的意义

1. 教学是师生互动不断生成的过程

从某种意义上说，教学是师生互动的过程，其中有许多变化因素，并且学生的差异也在动态变化中，不断会生成丰富的教学资源。设计再好的教学也不可能在课堂上一成不变。优秀教师总要不断了解学生的学习状况，并对教学作相应评价调节。没有反馈评价过程的教学，不是一个完整的教学。

2. 及时反馈评价满足学生的不同需要

为了在教学中能照顾学生的差异，有针对性地教学，必须加强反馈评价，只有通过不断反馈和评价，才能了解学生的差异所在，才能了解不同学生在学习中有什么特殊需要。评价是和反馈、调节紧密联系的。首先，教师要了解学生的学习信息。其次，教师在了解学生的学习信息后，要及时评价学习效果，引导组织学生自评和他评，对学生的学习做必要的补充和指导矫正，也即做出反馈。学生只有从教师、同学那里获得反馈信息，并对自己的学习做出评价，才能够增进学习信心、矫正问题、改进自己的学习。

3. 教师依据反馈信息对教学进行调节

通过教学反馈评价，发现学生学习中的问题，可以对教学过程进行调控。例

如，有一位教师在教学"分数的意义"后，出了这样一道是非题："把单位'1'分成若干份，表示这样一份或几份的数叫分数。"当她发现只有少数学生认为这个判断是错的，而多数同学都忽视了分数概念中的"平均分"时，随即改变原教学计划。她组织全班学生以正反方的形式进行辩论，从而使每个学生都明白为什么在分数概念中要强调"平均分"，从而保证了这一节课主要任务的完成，达到了较好的教学效果。如果没有这个反馈环节，教师即便按计划完成了该节课的教学任务，大部分学生对分数概念的理解还会是似是而非的。

二、教学反馈的要求和机制

1. 教学反馈的基本要求

（1）及时性。只有及时了解教学的反馈信息，并据此对教学作相应调节，教学才能最大限度地与学生的学习匹配，从这个意义上说，教学反馈应贯穿教学的全过程，体现及时性的要求。尤其应重视课初的反馈评价、教学的关键环节的反馈评价和一节课要结束时的反馈评价。课初的反馈评价，主要了解学生学习新课前的知识与技能的准备，学习的兴趣和积极性，学生间差异的水平。我们曾听过多堂"时间认识"的现场课，执教者几乎无一例外都是按教材体系，从认识时针、分针、钟面开始，一直讲到认识各种时间。殊不知现在许多小学生上小学时都已有了电子手表，许多家长都已教过子女怎样认识时间。当然，有些残障学生或学困生也可能在上课前不认识时间。但总体而言，这种不考虑差异的教学，又怎能提高教学的效率和效果呢？如果课初教师通过反馈，调查一下学生知识准备情况，就不会再去那样"传统教学"了，而是只需要重点帮助那些不认识时间的学生，其他学生可以在原有基础上进一步提高。

教学的关键环节往往会决定一节课的成败，在关键环节，教师必须重视反馈和评估，了解学生对重点内容掌握如何，有什么疑问，有什么困难，教学需要不需要调整。就像前面例举的在"分数的意义"的教学中，分数的概念是关键内容，学生是否掌握是至关重要的，应当在教学中反馈这方面的信息。在融合教育中要特别注意反馈特殊需要学生对关键知识的掌握情况。前文中所举的"11到15的数的认识"例子中，将10根小棒捆在一起是关键环节，教师应检查每个学生是否都已捆好，如果特殊需要学生没有完成，教师可以请该生旁边的助学伙伴给予帮助或教师直接指导。

一节课即将结束时，为了解学生这一节课的学习效果，在学生巩固练习前可以进行尝试性练习，从而反馈学习效果，并进行必要的补救。教师应有意识地让代表班上中下学习水平的学生上台进行板演或检查他们的作业，看这类学生是否掌握了相关内容。我们在听课中常发现，教师在这一环节往往会选择让班上一些学习成绩好的学生上台板演，但实际上，这样反馈的信息并不能说明全班学生学习的效果。

（2）大面性。差异教学追求的是教学与每个学生最大限度地匹配，当然教学的反馈也应是大面积的，要反馈评价每个学生。有的教师往往通过个别提问来了解学生的学习状况，反馈的面是不够的。当然，处于两头的学生是反馈评价的重点。因为他们在班集体学习中往往有不同的学习需要。很多教师在自己的实践中已经创造了许多有效的大面积反馈的方法，如让学生出示红绿两种不同颜色的反馈牌以示不同的作业结果，"万绿丛中一点红"，教师一眼就能看出谁的作业错了，这比齐声回答效果更好。

（3）真实性。反馈的信息只有是真实的，才能成为评价学生和调节教学的依据。因此，反馈的信息要真实可靠。我们在听课中曾发现，当教师公布了正确的答案后，让作业正确的学生举手，有的学生明明作业错了，出于面子也举手，其实教师如先不表态正误，而是让不同结果的学生分别举手，就会减少不真实的情况。

随着现代教育技术的发展，应答器、遥控器、平板电脑等在课堂教学中得到了大量应用，教学反馈的及时性、大面性、真实性已得到大大提高，当然，这也要求教师在课堂上加强对这些设备器材的管理，这方面值得我们广大教师进一步研究和实践。

2. 教学反馈的机制

（1）多向反馈的机制。反馈是双向的和多向的，教师要了解学生学的信息，学生要了解教师指导的信息，以及对其做出的评价。学生与学生之间在共同学习互助中也在不断传递反馈信息。学生在获取反馈信息的能力上是存在差异的，教师要指导一些有困难的学生从教师或其他同学那里获取信息。

获取信息的渠道是多种多样的,提问、作业、讨论,甚至从学生的眼神、面部表情中都可以获取到有效的信息,教师要善于捕捉这些信息。在融合教育中,残障学生因为自身的缺陷,往往会使他们不能及时、完整和准确地反馈给教师或同学必要的信息,这就需要教师给予及时的指导帮助。教师和这些学生之间甚至需要一些特殊的反馈方式与机制,如针对听障学生,用不同的手势动作代表不同的教学指示语等。

(2)不断深入的反馈机制。教学反馈不只是反映表面信息,如齐声回答"是"或"不是"等,而应了解一些本质的东西;要去追问学生学习的过程,尤其是思维的过程,而不只是反馈学习的结果,只有这样,教师的指导才更有针对性。如学生阅读时怎样做到理解性的阅读;解数学题时,学生是如何审题的,又是如何透过情节把握数量关系的,他们又是怎样进行分析和综合的,等等。

三、教学效果的评价与调节改进

1. 客观评价,不断激励

教学评价有激励功能,为发挥好这个功能,教师对学生的评价应客观公正。学生往往对教师的不公正评价非常反感。这就要求教师深入调查研究,反馈客观真实的信息,不能主观武断。评价应以鼓励为主,及时强化,对学困生更是如此。但这并不意味着给学生"戴高帽子"。有些教师对学生的积极表现常常会称赞道"你真聪明",但国外有专家做过这方面的研究,研究表明,用"你真努力"比"你真聪明"表扬学生,效果会更好,经常受到"你真聪明"表扬的学生往往会故步自封,不再努力。

对学生的表扬、奖励要照顾学生的差异,选择的强化物应考虑学生的不同需要。例如,对女生奖励小红花,对高年级喜爱体育的男生来说,可能奖励纸剪的小奖杯会更具魅力。奖励要有层次,不要只是单一的刺激,如10朵小红花换1朵大红花,获10朵大红花就在全校予以表扬并通知家长,这样有层次的奖励机制,会让学生有不断的追求。如果奖励对象是中学生,当然要根据他们的身心特点采用适合他们的方式、方法。在融合教育中,评价的方式、方法更要考虑不同学生的特点与需要,如有的自闭症儿童会有特殊的偏好和兴趣,只有尊重他们的特点,因势利导,才能取得效果。我们强调评价的激励性,并不是说对学生不能批评,在课堂教学中,为保证教学的顺利进行,必要的批评也是需要的,但批评要考虑不同的对象,并注意对学生进行心理方面的调控。

2. 调节教学,针对指导

有效的教学应追求生成与和谐的统一。设计再好的教学,课上也不能一成不变,教师要根据反馈的学生学习情况进行调节。北京市特级教师田立利在教学"分数的再认识"时,原教学设计是要突出分数概念中的"平均分"三个字,但在课堂教学反馈中,田老师发现全班学生对"平均分"概念掌握得非常好,于是调整教学,重点改放在"部分与整体的关系"上,从而满足了学生的学习需要。

在融合教育中,教师应注意反馈学生的个别需要再进行必要的个别指导帮助,如对于智障儿童来说,如果课上没有掌握分数的定义,则教师可以引导他将一张圆纸片平均分成四份,从中剪出四分之一。通过实际操作来帮助他理解分数的概念,从而达到教学的基本要求。

3. 自我反思,提升学习能力

课堂教学中应充分发挥学生自我评价、相互评价、小组集体评价的作用,如自我检查这节课还存在什么问题,同桌互查作业,小组同学就课堂作业中的问题互相帮助。这样不仅有利于提高学生学习的能力,而且也能有效地帮助教师在教学中照顾学生的差异,否则,仅靠教师一人来满足所有学生的特殊需要是很困难的。

 案例1:加法运算律的推广[①]

【案例叙述】

苏教版国标本五年级(上)"加法运算律的推广"一课,其目标就是让学生把以前四年级学习的加法运算律的内容迁移到五年级的小数计算中,并进行一些小数加法的简便计算。在我教学完本课知识点后,学生开始练习,其中有一题:3.7+6.3-3.7+6.3。我在巡视过程中,发现80%左右的学生的答案错了,答案是"0"的同学占了大多数。应该说,这样的错误是在我意料之中,也是在我意料之外。意料之中,是因为我知道这道题学生可能会做错;意料之外,则是没想到错

---

① 本案例由江苏省苏州市吴江经济开发区长安花苑小学徐建林、高丽老师提供。

误率会这么高。也许事实并没有我想的那么简单,这个思维陷阱在何处?为什么会让这么多学生折戟在此处?一直以来,我们的教学始终都是这样的,学生的作业由教师批改,这无形中就把评价权直接转嫁给了教师。我为什么不能让学生自己评价呢?于是我把学生错误的解题方法写在了黑板上。

(1) 3.7+6.3-3.7+6.3　　　　(2) 3.7+6.3-3.7+6.3
　　=(3.7+6.3)-(3.7+6.3)　　　　=(3.7+6.3)+(3.7+6.3)
　　=10-10　　　　　　　　　　　=10+10
　　=0　　　　　　　　　　　　　=20

解题方法在黑板上一呈现,学生顿时窃窃私语,纷纷议论起来。

师:请同学们看黑板上的解答,你们说,哪个是对的,哪个是错的?

生(齐声):第一种是对的。(学生们的表情显得极为自信——这也难怪,大部分学生都用的是这种解题方法,这种从众心理是谁也无法逃避的)

师:那么,你们都认为(2)是错误的,谁来告诉老师(2)错在哪里呢?

生1:这个错误很明显啊,因为原本的算式里有加号和减号,现在第二步全部是加号了。

师:钱××,你觉得他回答得对吗?(钱××就是用第2种方法解答题目的学生)

生2(钱××):我懂了,我只在想凑成整数10,根本没有考虑运算符号。(在教学简便计算时,我一味强调学生要记住"凑整",导致了一些反应迟缓的学生死搬教条,不分场合地"凑整",这也折射出了我在教学上的一些缺陷)

师:现在我们再来看第一种解答方法,你们认为是对的,那谁来解释一下用了什么运算律呢?

学生听罢认真地思考起来,不时地与同桌交换意见,但是,很多学生都感到为难了——他们发现,从原题到第一步只是添加了括号,但是没有一条加法运算律是讲添括号的。面对这种解答方法,学生已经无法找到并运用以往固有的知识进行解释,这就意味学生的认知产生了严重的冲突,而这种冲突直接带来了学生对解题方法的怀疑。

生3:我觉得第一种也是错的,因为我用分步计算的方法算了一下,正确的结果不是0,所以我认为是错误的。

师：那到底是对还是错呢？用简便方法到底应该怎么做呢？谁来告诉老师？

生4：3.7+6.3-3.7+6.3

= 3.7-3.7+6.3+6.3

= 0+6.3+6.3

= 6.3+6.3

= 12.6

师：他这么计算对吗？你能解释一下吗？（问生5）

生5：他做得对，因为这题有加号也有减号，所以要用交换的方法，移动的时候符号跟着跑，"3.7"前面是减号，所以移过去还是减号，"6.3"前面是加号，所以移过去也是加号。

生6：第一种方法是错误的，假如第一步是"（3.7+6.3）-（3.7+6.3）"，那么，原题应该是"3.7+6.3-3.7-6.3"这样才可以。

师：那么，你们刚才为什么都说第一种是对的呢？一开始是怎么想的？

生7：题目不是说简便计算吗？我想，一般情况结果就是等于"0、10"等这样的数，而且凑整正好出现了"10"，所以我就这样做了。现在我知道了简便计算还是很不简单的。（的确这样，简便计算的结果比较简单，但是其中要求的思维强度远远高于了一般的计算训练，从这个层面上说，简便计算的确很不简单）

【案例分析】

该例中，教师运用了及时大面积反馈和多元评价的策略，而且让学生自己评价自己，这里有学生踊跃的交流，有对错误的思辨，有对自我解题方法的反思。从开始时学生人云亦云地回答，到学生个性化的思考逐渐展开，暴露了学生的个性认知的差异，这正是课堂生成的最宝贵的教学资源。

 案例2：互动反馈技术

【案例叙述一】

笔者曾经观摩了上海江桥小学利用IRS互动反馈技术进行教学的课堂。学生人手一个遥控器参与学习选择答案，只要按下手中的遥控器，学生的选项就会显示出来。全体学生平等地、平和地参与到学习的过程中来，学生在课堂上"不表现、忘了表现、过于表现"的问题得以解决。

【案例叙述二】①

学生利用遥控器全员参与课堂教学活动，能有效地提高其学习兴趣和注意力。在"抽屉原理"这节课的引入部分，学生用遥控器选择未知扑克牌结果，目的是激发兴趣、引出新知。如果没有信息反馈技术，在常规教学中，有的学生会举手，有的胆怯的学生不举手，特别是拿不定主意的学生则会淹没在上述学生的举手中，不在老师的视线内。这种情况下，怎样让各水平层次的学生参与到教学活动中来，就成为长期困扰老师们的问题。信息反馈技术为我们提供了技术上的手段，使学生通过遥控器真正参与进来。小小的遥控器打破了以往只有少数学生参与课堂提问的传统模式，调动了学生学习的积极性，不但保证了参与的广度——人人参与，而且保证了参与的深度——每个学生都可以选择他们认为正确的答案，在规定的时间内还可以随时修正自己的想法。互动反馈技术为学生创造了一个宽松和谐的学习环境，提供给学生一个发展多元智能的机会，让学生得到充分表现自己智力的机会。

从学生参与学习过程上看，互动反馈技术具有十分鲜明的"交互式"特点。在互动反馈技术中，学生对老师提出的问题能立即得到验证和响应，反馈迅速及时。如在进行"有余数除法"的教学时，90%的掌握率是老师课前设定的教学目标，通过比较，老师讲解知识前，仅有40%的学生具有初步计算的能力，与预设教学目标有一定差距；课程讲解后，95%以上的学生都掌握了知识点，老师很好地完成了教学目标。同时，老师可对5%的学生进行及时补救教学，依据科学数据实现差异教学。因此，利用信息反馈技术，可帮助老师及时获得反馈信息，实现差异教学；信息反馈技术还能为老师提供量化指标，检测当堂的教学效果。老师了解学生对这节课知识的掌握情况后，就能对下节课做设计，这节课的评价就是下节课学生的起点。

【案例分析】

案例中的老师利用 IRS 互动反馈技术，提高了学生学习的参与度，有助于实现大面积的、及时的、真实的反馈，这种信息互动反馈技术也便于老师了解学生学习的差异，为其科学调节教学提供了依据。

---

① 本案例由北京市东城区第一六六中学附属校尉胡同小学互动信息技术反馈课题组姚素娟、徐颞、鲍春宇提供。

第八节　弹性作业

学生的差异很大，不同能力水平的学生对知识的掌握和后期反馈效果都有所不同。因此，教师在作业设置上需要根据班级教学的特点，探索一种符合差异教学要求的、灵活多样的弹性作业策略。

一、作业的共性与个性

1. 学生作业的意义和作业的差异

随着教学改革的深入，作业的功能也不断得到开发。作业是开放课堂的一个部分，是学生自主学习的重要形式。它不仅是上节课的复习巩固，而且往往成为新授课的准备和前奏；它不仅承担巩固知识发展能力的任务，而且要提升学生的情感态度，发展学生的全面素质。学生作业的结构和内容应视学生能力而异。学生在完成作业的时间上往往不同。另外，他们在完成作业的态度、积极性，完成作业的能力和质量上也有很大差异。

2. 作业体现共同的基本要求

为了保证每个学生都能达到课程标准的共同基本要求，也为了使学生都能跟上教学进度，作业也应坚持共同的基本要求，以保证学生对基础知识和基本技能的掌握。对低年级的学生作业更应强调这一点，因为低年级是学生打基础的阶段，而且低年级学生认知水平差异还不大，当然，极少数智能障碍的学生除外。教师应根据课程标准的基本要求，确定家庭作业的基本内容和数量。

3. 作业的适度弹性

随着年级的升高，学生掌握知识的水平差距也越来越大，要求学生在相同时间内完成同样的作业是不现实的，一刀切的作业要求往往成为学生抄袭作业的直接原因。对学困生，作业难度不要太大，巩固和运用性质的作业多布置些；对残障学生，因为要针对障碍进行一些教育训练，所以尽可能将作业与教育训练结合起来，不要增加他们课外的负担。另外，要增加实践性作业，以提高这类学生的社会适应能力。而对那些学有余力的学生，可给他们布置一些扩大知识领域、思考性、技巧性较强的以及探索性质的作业。根据作业的不同作用，可将作业分为6类：①巩固知识和提高运用能力；②拓展知识领域；③使知识和能力系统化；④将知识和能力运用于新的情境；⑤学生的实践体验与创新；⑥介绍新的课题。

4. 加强课堂作业

学生作业有课堂作业与课外家庭作业之分。研究表明，比起在有辅导的学习情况下，能力较高的学生在有家庭作业的情况下学习成绩要更高；而能力较低的学生则从有辅导的学习中比从家庭作业中获益更多。这可能是因为成绩好的学生独立学习能力较强，而成绩差的学生还未完全明白课堂上学的东西，完成作业也更困难。因此，融合教育中更应提倡课堂作业，这不仅有利于及时反馈、矫正，保证课堂教学质量，减轻学生课外负担，而且有利于学习困难的学生在教师和同学的指导、帮助下学习，取得更好的效果。

二、作业的个性与创新

作业往往更多地体现了学生的自主学习，为了培养学生的创新精神和创新能力，应鼓励学生自主探究，用创新的方式表达自己的学习成果。据统计，残障人群中，英才的比例并不低于普通人群。因此，培养学生的创新精神与创新能力，对于普通学生和残障学生都是重要的。

1. 自主作业

在我国，传统作业的拟定、布置都是教师行为，学生无权参与也无须参与，只能被动地根据教师的要求完成作业，主动性得不到体现。作业的结果也是固定的、唯一的答案，发挥学生主动性最大的可能就是在完成作业过程中，学生或有方法选择的不同。为了培养学生的主动学习态度和创新精神，教师在设置作业时，也可以让学生结合个人实际，在教师的引导下，自主选择、设计作业内容、评价学科作业。作业可以自己留、互相留，交换做、交换批，学生分组自己出测试卷，小组批阅。通过学生的积极参与，能有效地调动学生主动学习的积极性，形成学生自主、合作、探究的主体性学习方式和师生互动的教学方式。当然，倡导学生的自主作业，并不是不需要教师的安排和指导，恰恰是在这种情况下，教师更要发挥主导作用，以调动学生的自主性。

2. 作业内容与形式的创新

不同学生之间存在差异，这是教学中不应回避的现实。教师在作业的差异化安排上，要给学生留有一定的选择空间，让学生能够根据自己的水平和能力选择作业和作业的表达形式，这也是主动性的重要体现，个性化的表达往往也是新颖独特的。

学生作业，特别是课外作业，在时间、空间上相对比较自由。教师应该鼓励学生用创新的方式表达自己的成果。创新也是自主学习的最高层次。作业的创新可以是呈现内容的创新也可以是呈现形式的创新。从内容创新来说，要鼓励学生有自己的观点和见解，要在作业上允许学生发表不同看法，鼓励创新作业。灵活性思维、创造性思维是实际应变能力的根本条件。作业的配置要注意有利于培养学生的灵活性思维、创造性思维，尽可能地安排探究性作业和灵活解决实际问题的作业。从作业形式的创新来说，可以是纸笔作业，也可以是一幅画、一幕小话剧、一项表演活动等，只要能够清晰表达学生作业中的思想观点。有位教师在教学生"只有一个地球"一课后，学生的自主作业，有的是设计绿色邮票，有的是为环保照片写解说词，有的学生做环保义务宣传员，这些作业使学生的想象力、创造力、实践能力得到了很好的开发。

我们在提倡学生作业创新结果的同时，更要关注学生的作业过程。学生在作业时是怎样多角度思考的？是怎样解决问题的？尤其要关注学习障碍学生的学习过程，了解他们是如何学习思考的，了解分析他们在认知过程中的心理缺陷，就作业的内容有针对性地对他们进行必要的教育训练。

三、多样化作业和多元评价

随着教学改革的推进，作业的功能也不断得到拓展，单纯的纸笔作业已不能适应时代发展的要求。

1. 作业的多样化

现在学生的作业已不仅是为了巩固知识与技能，作业也不再是传统作业中单纯地依靠纸笔练习，而应该多样化，特别是多设计一些开放型的作业，比如调查采访性作业、课本剧作业、录音作业，以培养学生解决问题的能力，促进学生全面素质的提高。作业的多样化对特殊需要学生尤其重要，如视障学生需要更多口头作业，智障学生需要更多操作作业。对特殊需要的学生，还应该特别提倡合作性作业，以便更好地培养他们的合作意识、合作能力。从学生的不同发展水平出发，确立一些有效的实践作业，既有利于学生健康成长，又有利于学生与社区、社会的联系，提高他们的实践能力。

多样化的作业可以从不同的方面表现出来，从作业的呈现形式看，可以将书面作业和口头作业、制作作业和表演作业相结合；从作业内容上分析，它既可以是一件作品、一个创意、一幕小剧，也可以是一次探究实践活动、一次访谈活动；从完成作业的时效方面看，可以考虑短期作业和延时性专题作业相结合；从作业发生的场所角度分析，可以考虑课外作业、课堂作业和家庭作业相互结合；从作业承担者角度分析，可以考虑个人作业、小组作业和全班作业等不同的作业形式。无论作业形式如何多样，其关键是让学生在学习有关新知识后，通过做作业巩固新知识，温习旧知识，掌握正确的学习方法，拓宽思路，发散思维，训练实际动手能力和实践操作能力，促进学生有所发展，并形成良好的学习习惯。当然，通过作业，教师也会了解学生对知识的掌握情况、学生的学习态度和学习能力。

2. 分析作业错误，从中发现教学重点

通过作业了解学生的学习情况，帮助他们克服学习困难，是作业的重要功能之一。针对学习过程进行分析，发现问题所在并进行补救教学，是对学困生教学的常用措施。教师要重视学生对完成作业过程中出现的问题的反思与处置，在这一过程中培养学生的学习能力，特别是思维能力。

如针对 ASD 儿童语文写作能力差，数学的应用题做得不好，涉及混合运算的计算题目也经常出错等现象，常用做法是对作业进行分析，而后寻找解决方案。

举例来说，一名 ASD 儿童的数学试卷答案如下：

88÷（2×4）+20×7＝（326）

45×（3+12）÷1＝（135）

上述混合运算题答案无疑都是错的。但分析后却可以发现，这个学生记住了"先乘除，后加减"的规则，却忘了括号内数字先运算的规则。ASD 学生做数学练习题时犯的错误，有一部分就是"类型式"错误，即相似的问题犯同样的错误，教师仔细分析就能从错题中找到规律，针对这些错误规律，教师就可以加强相关的指导。

再如，某数学题目为：

甲要卖 100 公斤粮食，每公斤卖 2 元。乙有 50 元，丙有 24 元，乙和丙分别可以买多少公斤粮食？甲还剩多少公斤粮食？

学生答案如下：

列式：100-50-24＝26

答：甲还剩 26 公斤。

这个答案显然是错误的。当教师列出相应的计算算式时，学生又能算对：

乙买的粮食为 50÷2＝25 公斤

丙买的粮食为 24÷2＝12 公斤

甲还剩的粮食为 100-50÷2-24÷2＝63 公斤

教师仔细分析后发现，这名学生回答应用题时有两个特点：一是学生不理解题目中涉及的关系，所以他只能回答最后的问题；二是这名学生对应用题中涉及的数学概念掌握得不好，比如，他能理解解决"剩多少"的问题一般要用减法，但他不理解表示数量倍数关系的隐晦表述，例如题目中的"每公斤卖 2 元，乙有 50 元，丙有 24 元，乙和丙分别可以买多少公斤粮食"。如果教学的目的只考查学生对于数量关系的掌握，而不是对语言的理解，那么，教师可以改动习题的表述方式为：

每公斤粮食卖 2 元，乙有 50 元，那么乙可以买多少公斤粮食？

每公斤粮食卖 2 元，丙有 24 元，那么丙可以买多少公斤粮食？

甲有 100 公斤粮食，乙买了 25 公斤，丙买了 12 公斤，那么甲剩多少公斤粮食？

当然，在实际的学科测验中，不能都按照方便 ASD 儿童理解的方式出题。

要帮助 ASD 儿童理解语言表述中涉及的各种关系，涉及更为复杂的干预指导，要取得比较好的效果也非易事。（杨希洁，2014）[241-242]

随着现代教育信息技术的发展，有的学校利用考试系统评价技术和智学网极课大数据平台，对学生作业进行采集并进一步诊断导学。

3. 作业的指导与多元评价

对完成作业有困难的学生，需要教师或同学的帮助。当然，教师不能包办代替，指导应当恰如其分。在学生对作业未被领悟之前就直接指导，会增加学生的依赖性。

作业多元评价首先体现在作业答案不一定唯一，有些人文学科问题的答案往往就不是唯一的。作业可以有不同的解决方案，学生的解答只要合理、符合逻辑、符合实际，就应当被肯定。多元评价不仅体现在作业答案不一定唯一上，而且体现在多角度评价和评价主体的多元上。作业评价的角度、指标是多元的，不只是知识、技能，还有情感、态度和价值观的变化，尤其是活动性、实践性作业更是如此。作业的多元评价不仅可以检测学生学习情况，复习巩固知识，还可以了解学生的真实感悟体验，培养学生的创新意识、创造思维。作业评价主体也应多元，不只是教师评价学生，学生互评，也可由家长、社区参与评价。

 案例 1：《雨点》课堂作业①

【案例叙述】

教学《雨点》一文后，我布置了这样三个题目：①你可以选择课后喜欢的生字组词，并各说一句话；②你读懂课文了吗？春天的雨点还会落在哪些地方？给大自然带来哪些变化？想想看，把它画下来，并学着课文的样子编成儿歌，好吗？③搜集一首关于春雨的古诗，在小组内交流。第一项作业属于基础性作业，是学生的必做题目，后两个作业视学生的个人知识基础量力而为。布置三项作业，让学生自由选做，既给学生留出选择的余地，让学生以教材为榜样，发挥自己的想象力和创造力，边画边编儿歌，又给学生提供了实践的空间，把自己的学习快乐分享给别人。

---

① 本案例由江苏省扬州市广陵区扬州育才实验学校姜梅红老师提供。

【案例分析】

案例中，教师对作业的布置，破除了传统作业设置的"大水漫灌"，变整齐划一、机械重复为灵活多样，让学生根据自己的实际，有所选择，在各自的基础上都得到进步。

 案例 2：两位数加两位数口算的课堂练习①

【案例叙述】

第一部分练习：基本题

1. 直接写出得数。

37+21 =　　23+25 =　　30+20 =　　37+33 =　　43+27 =　　30+80 =

37+31 =　　43+25 =　　300+200 =　　37+36 =　　46+27 =　　300+800 =

2. 把得数大于 50 的算式圈出来。

34+18　　23+26　　19+64　　38+53　　62+14

43+48　　26+47　　17+36　　72+12

3. 先估计得数是几十多，再口算。

73+15 =　　　　　　35+26 =　　　　　　19+64 =

（　　）十多　　（　　）十多　　（　　）十多

38+53 =　　　　　　26+47 =　　　　　　17+36 =

（　　）十多　　（　　）十多　　（　　）十多

第一部分的习题为基本训练，全班每个学生必须完成。这是每人都要掌握的底线，完成的过程中有困难、有错误的学生，给其布置的课后作业为巩固练习，即第二部分的练习。

第二部分练习：巩固题

1. 先估计几十多，再口算。

35+32 =　　45+14 =　　37+55 =　　26+29 =

35+38 =　　49+14 =　　21+78 =　　44+17 =

---

① 本案例由江苏省太仓市城厢镇第一小学周丽老师提供。

2. 比一比，算一算。

60+70＝　　　　　50+90＝　　　　　80+40＝

600+700＝　　　　500+900＝　　　　800+400＝

3. 估计一下，填上>、<或＝。

27+58（　）58+27　　54+18（　）45+18

35+48（　）48+53　　23+18（　）23+13

当学生能轻松完成第一部分的基本题，并且正确率100%的时候，就不需要再做第二部分的巩固练习了，而是完成第三部分的提高题。

第三部分练习：提高题

36+64＝　　　　　1000−547＝

175+225＝　　　　16+28+72＝

409+191＝　　　　38−13−17＝

这部分的题目要求全部口算，不列竖式能马上完成。

提高题是有一定难度的，对学生的计算能力、思维速度都有较高要求。能完成这部分题目的学生，并能做到全对的话，将获得奖励，并且可以免做一道明天的基本题。当然我们的目标是"保底"不"封顶"，练习到这儿还没结束，还有更高难度的"聪明题"。

第四部分：聪明题

756−98＝

500−99−1−98−2−97−3−96−4＝

聪明题每天两道，不在多，而在精，有难度，能吸引一部分学有余力的学生，特别是班中的奥数苗子。

【案例分析】

四套习题，第一部分的基本题即本节课的基本标准，也是诊断题，其余的三套习题分三个层次，让学生选择。每个孩子都能得到发展，每人都得到不同的提高。

案例 3：美术作业评价中的差异教学[①]

【案例叙述】

美术学科的实践性强，作业中往往体现出学生创意构思、造型表现、色彩审美等方面的能力和素养。因此，在美术作业评价中实施差异教学，既能较为全面地反馈学生的知识应用和能力发展，又能从情感上给予学生关心和鼓励。

一、学生美术作业评价中存在的问题

1. 单个分数或等级评价。由于美术作业是学生多方面能力的综合体现，所以，这种评价形式不能较全面地反映学生的学习情况，难以让学生看到自己审美与实践能力提高的趋势和过程，而学生的自信心和成就感也正来自一次次作业和作业评价的积累。

2. 偏重甄别式的等第划分，忽视或较少关注师生情感交流。美术作业是想象、分析、表现等多种思维活动的反映，教师恰如其分的评价，对作业优点、创意的夸奖，或者是观其作业后的感受等，都能让学生觉得教师不仅能读懂作业更能透过作业明白他的想法，从而在潜移默化中提高自己的审美意识、审美能力、创新能力和实践能力。

3. 在评价中未能立足于学生能力差异，就作业评作业。新课程内容的多样化使得学生的能力差异更为明显地显露出来，例如，一些学生动手能力强，而另一部分学生绘画能力突出，有的学生构图能力好，而有的学生色彩能力佳，有的学生想象丰富，但表现能力却相对较弱，反映在作业中也是各具特色。因此，教师不仅要评价作业，更应分析作业中显现出的能力差异，带着这样的眼光评价作业，才能更具有针对性、动态化的特点。

二、在作业评价中实施差异教学的方法

1. 改变单个等级评价方法，从三个方面进行作业评价。在学生作业评价中，我不仅通过师生共评、学生自评互评等形式丰富评价的内涵，而且从美术学科的特点出发，从造型、创意、色彩三个侧面对学生作业进行评价。尽管这三个方面不足以概括美术活动的全部内容，但对于学生而言，这三个方面是较易于理解和

[①] 本案例由浙江省杭州市江干区杭州市机场路中学（现为浙江师范大学附属杭州笕桥实验中学）谢雍容老师提供。

把握的，能够大致反映出学生美术能力的特点，使学生能较为清楚地了解自己的优势与不足，同时也促使我更全面地分析学生作业。

2. 在了解和动态掌握学生能力差异的基础上，将等第评价和有针对性的教师评语相结合，以学生作业为载体，加强师生之间的情感交流，在给学生以美感的熏陶的同时，让学生有所启发，有所感悟。例如"手绘线条——表现体育动作的过程"一课中，大部分学生表现一个人的动作，而有位学生另辟蹊径，以六格的形式来表现羽毛球双打比赛，粗看人物的动作并没有特别之处，但当我逐格细看时，发现其中竟包含了打羽毛球的几乎全部的动作类型，足见这位学生的观察之细。惊讶之余，我写下了这样的评语："真是一场扣人心弦的比赛，扣杀、发球、捡球、救球……我被比赛牢牢地吸引住了。尤其是那个捡球的情景，仿佛故事高潮中的一个小插曲，令人回味无穷。有了这样一种善于发现美的眼光，我相信你一定会有更多美的创造和收获。"同时，我注意到这位学生的作业标签栏（用以书写作品名称、班级和姓名）中字迹较为潦草，又添写了一句："如果你的标签栏书写再工整些，像电影精彩的片头一般，作业效果也许会更好些。"

当用文字评语不足以表达评价内容时，我还会在评语旁边画上笑脸符号和简笔大拇指，用简单的图形传递我欣赏学生作业时的心情。将自己的感受和适当的建议用优美抒情的文字写成评语，不仅能让学生产生亲切感，而且也是另一种美的熏陶。

3. 以橱窗展览作为学生作业评价的补充，提高学生的审美能力。通过橱窗展览的名称提升学生的审美水平和欣赏评述能力。例如，在山水画教学中，我一方面在底版上以粗犷的笔触表现山水的大致形态，映衬学生作业的水墨变化效果与线条的韵味。另一方面，以"寄情山水 畅怀心境"作为此次展览的名称，这不仅与展览内容相得益彰，而且提升了整个展览的文化内涵，进一步加强了学生对国画意境及作用的理解。

【案例分析】

多元的作业评价，为美术课堂增添了许多人文气息；差异教学，为作业注入了不少情感交流的氛围。学生作业中的智慧光芒和趣味表现令我们欣喜和欣赏不已。

第九节　差异教学模式

当教师想要在融合课堂上运用以上各节谈及的各种差异教学策略时，可以通过一定的模式对这些策略进行优化组合。差异教学模式是一种适应并利用学生差异的综合性教学模式。

一、差异教学模式的特点

世界范围内先进的教学模式很多，不同的教学模式都是为了实现特定教育目的的。对于教学模式本身的作用来说，关键在于培养学生成为更高效的学习者。（乔伊斯，2011）没有一种模式是万能的。但当今先进的教学模式的一个共同特点是运用这些教学模式，不仅可以教会学生如何学习，而且可以适应并利用学生之间的差异。

差异教学模式是以差异教学理论作指导，根据特定的教学内容、学生和环境等条件，对差异教学的策略方法恰当组合所形成的相对稳定的结构。

差异教学模式追求的是大面积提高教育质量，以促进全体学生的发展为目的。让每个儿童在教学中都学会学习，都能最大限度地成长。差异教学力图满足不同学生的学习需要，但不是消极适应他们，对他们也有挑战性要求。差异教学关注学生个体间差异，关注学生个体内差异，并以测查学生个体间差异、个体内差异为教学前提，追求教学与每个学生的最大限度匹配。

差异教学理论继承了我国因材施教的传统教育思想，体现了东方文化的精髓——辩证与中庸，追求和而不同的境界。当然，教学模式要促进每个儿童的发展,自然也内含或体现了当今先进的教育思想理论,如终身教育思想、建构主义教学理论、掌握学习理论、最近发展区理论、元认知理论等。

差异教学思想方法是将教学中的共性和个性辩证地统一起来,将对学生的扬优与补缺辩证地统一起来。我们主张,承认差异、尊重差异;正视差异、分析差异;照顾差异、运用差异;优化差异、开发差异。

尽管大家都崇尚因材施教,在班集体教学中如何照顾学生的差异,在集体教学中又如何真正做到因材施教,这是许多教师都感到困惑的问题。而差异教学模式恰恰在这方面为教师提供了一个抓手和操作模型。

当然,需要指出的是,差异教学模式也不是万能的,在实际运用时还是要融进其他先进教育模式的优点。

二、差异教学模式的结构与操作步骤

差异教学认为,教师、学生是课堂非常重要的因素,强调课堂上师生的相互作用,合作共赢,最终促进每个学生的高效学习。差异教学四环节结构,有内在逻辑联系,前一环节是后一环节的基础,后一环节是前一环节的发展,整个流程体现了"学""思""行"的有效结合。每个环节主要运用了差异教学的哪些策略,也相应列在结构图的第三行。① 差异教学模式的结构与操作步骤如下图6-2所示。

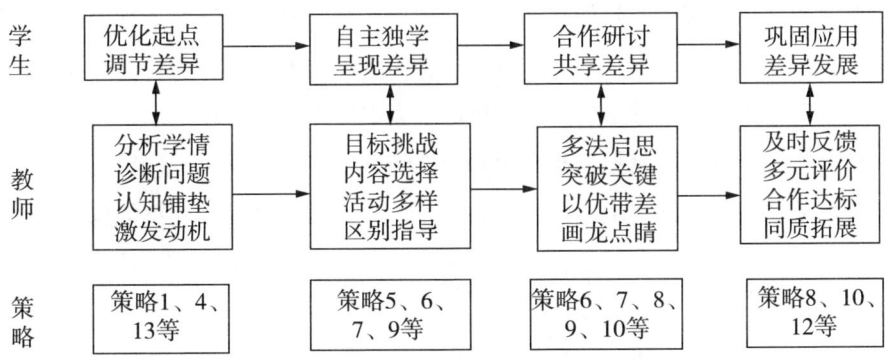

图6-2 差异教学模式的结构与操作步骤

---

① 注:这些策略即第47页15项差异教学策略。

在这种结构下，差异教学模式各环节可供参考的操作步骤如下。

第一环节：①分析学习新知识所需要的知识与技能等；②课前或单元测查；③发现学生问题；④补救铺垫，调节预案；⑤设计认知冲突情境。

第二环节：①预设梯度挑战目标；②提供自学主题或选择菜单；③多样化学习活动；④学法差异指导。

第三环节：①找准教学重点关键；②多样、启思；③异质合作研讨；④大组交流评价；⑤教师画龙点睛。

第四环节：①当堂弹性作业；②互检作业，及时反馈评价；③异质合作，人人达标；④跨组交流，同质拓展。

从上可见，在实施差异教学的课堂中，每个教学环节都应关注学生的不同需要，尤其是满足融合教育中特殊需要学生的不同需求。当然，这种满足不都是依靠教师的直接指导。例如，在第一环节，我们要努力让每个学生都达到相应认知起点要求，而对没有达到起点要求的学生，特别是特殊需要学生，我们自然要给予铺垫辅导。不过，这种铺垫辅导，既可以在教师指导下由特殊需要学生自己进行补救学习，也可以请其他助学伙伴提供帮助。第二环节，我们主要通过可选择的、不完全相同的学习资料内容来满足不同学生的学习需求。在自主学习的环节，学习水平高的学生不需要过多指导，教师更多的精力可以用来对中下学习水平的学生进行学习方法方面的指导。第三环节，通过师生合作、生生合作，学生要对重点内容加深学习。教师在此过程中运用比较、分析概括等多种方法启迪学生思维，并集思广益，以优带差，以满足不同学生的需要。第四环节，即应用拓展阶段，对学习水平高的学生，我们可以一方面发挥他们的作用，请其给学困生提供帮助；另一方面也给他们提供挑战性的作业，并给他们同质组合作的机会，促进他们的发展。对学困生，我们一方面可以为其提供具有适度挑战性的、可选择的作业，另一方面也可以借助异质合作分组，方便其接受其他同学和教师的帮助。

差异教学模式需形成相对稳定的结构、流程，但流程是相对的，策略要素更重要。差异教学时刻关注课堂上学生差异的动态变化，很难有一成不变的模式，而模式也会随学科、教学内容、课型、师生等因素形成种种变式。随着对差异教学模式的深入理解与运用，教师在课堂实践中呈现出的模式会从清晰变得模糊，变得更为概括和灵活。

 案例1：三位数乘两位数①

【**案例叙述**】（见下表）

表6-4 融合教育专业优秀课例设计表

特殊需要学生情况分析								
学生姓名	刘某	年龄	10	性别	男	障碍类别	注意力多动障碍	障碍程度 中等
学习情况分析								

1. 短时记忆较好，长时记忆较差，对于本节课所学的知识能够掌握，但是过2—3天就会遗忘，单元知识掌握还可以，综合复习知识遗忘较多。需要定期复习巩固。
2. 整节课的注意时间短，坐不住，注意力只能持续5—8分钟。
3. 不喜欢写字，在抄写时会丢字、落字、串行等。不能将自己所想写成文字。书写时手容易累。经常写作业的时候甩手。学习上依赖性强。需要在辅助下完成作业。
4. 喜欢表达，思维比较清晰，有一定的逻辑思维能力，但对较复杂问题，该生容易冲动，不能很好地读明白题意，不会解题。

班级及教材			
学科	数学	课题内容	三位数乘两位数笔算
班级	四（2）	人数	33

指导思想与理论依据

《义务教育数学课程标准（2011年版）》中强调：计算教学，应减少单纯的技能训练，避免繁杂的计算和程式化的叙述算理，鼓励算法多样化，将运算与解决实际问题相结合等。本节课采用了创设情境法，体现计算源于生活的需要，又服务于生活。此外，还运用了引导法、归纳法，引导学生观察比较算法间的异同点，最后归纳、优化出竖式计算的写法。

华国栋老师的《差异教学论》指出，成功的教学是立足于学生的个性差异，满足学生的个别学习需要，促进每个学生充分发展的教学。同时提出教师要恰当运用直观教学、精当提问、小组学习等方式提高教学效率的要求。依此，本节课在面向全体的同时，采取多种方式兼顾特殊需要学生的学习，力求教学效益的"最大化"。

注意力缺陷多动症的核心特质是注意力缺陷、冲动和多动，容易出现注意力维持时间短、分心、注意力分配困难等问题，由此而影响学习。

---

① 本案例由北京市朝阳区石佛营小学芮旋老师提供。

续表

教学背景分析
一、教材分析 "数的运算"内容贯穿于整个第一、第二学段，是这两个学段数学学习分量比较重、占用学习时间最多的内容。"三位数乘两位数"单元是小学阶段整数乘法的最后一个知识块。本单元是在学生掌握了两位数乘两位数的基础上学习的，教材以简单的行程问题为背景，一是使学生体会计算的现实需要，二是为后面抽象出速度、时间和路程之间的关系积累一些经验。因为学生已掌握了三位数乘一位数和两位数乘两位数的笔算，所以，本节课的内容重点突出学生的自主探索。另外，本节课拟将估算融入笔算教学中，帮助学生形成良好的运算习惯。 二、学情分析 （一）整体分析 三位数乘两位数的笔算是在学生学习了两位数乘两位数的基础上进行教学的，和两位数乘两位数相比，其算理和算法是完全一致的。学生已经具备了一定的先前学习基础，本课教学的关键就是如何引导学生把两位数乘两位数的算理和算法迁移到三位数乘两位数中来。 （二）特殊需要学生学情分析 该生能理解直观、形象事物，对感兴趣的学习内容能维持短暂注意。能理解简单的话语，能够在陪伴下完成作业，上课积极发言，喜欢参与各种活动。不能长时记忆，对于旧知识提取能力差，整节课的注意时间短、坐不住，注意力只能持续5—8分钟。该生容易冲动，所以做作业也很马虎，经常在没有读完题目时就盲目做题，导致答题正确率低。 知识基础：能正确地计算两位数乘两位数，能说清算理和计算方法。能解决简单的一步解决问题。

教学目标	
普通学生	特殊需要学生
1. 结合已有的两位数乘两位数的知识经验，自主理解三位数乘两位数的笔算算理，掌握三位数乘两位数的笔算方法。 2. 经历用已有知识解决新计算问题的过程，提升知识与技能的迁移水平，发展数感。 3. 感受数学与生活的密切联系。	1. 通过提前复习已学知识，能够掌握三位数乘两位数的计算方法。 2. 能借助批注完整阅读题目，读懂题意，养成良好审题习惯。 3. 能够借助线段图理解题意，列式解答。 4. 结合生活情境感受数学和生活的联系。

教学资源
PPT、黑色马克笔、彩笔、白纸、差异性学习单

续表

教学阶段	教师活动	学生活动	特殊需要学生活动	设计意图	技术应用
一、复习旧知，引入新课	生活情境导入： 1. 由从北京到上海旅游这一情境引入。 一辆从北京出发的汽车每小时行驶73千米，12小时后就能到上海，北京到上海有多少千米？ 2. 追问：为什么3要写在十位上？ 3. 说说两位数乘两位数笔算的方法。 （回顾方法与算理）	独立计算，汇报结果。 $$\begin{array}{r} 73 \\ \times\ 12 \\ \hline 146 \\ 73\ \ \\ \hline 876 \end{array}$$ 我们要先用第二个因数的个位依次去乘第一个因数的个位和十位。再用第二个因数的十位依次去乘第一个因数的个位和十位。最后把两个积加起来。	教师辅助指读题目，保证把题目读完整。 倾听、理解。	创设生活情境，感知数学知识来源于生活，激发学生学习的兴趣。 复习两位数乘两位数笔算方法，激活旧知识，为后面的知识迁移做准备。	PPT展示。 黑板上展示学生资源。
二、自主探究，理解算理	1. 出示例题 一辆从北京出发的火车每小时行驶145千米，一共行驶12小时才能到达兰州，从北京到兰州有多少千米？ 谁来读读题？怎么解决这个问题？	学生独立列式。	在老师指读辅助下读题目。	情境链接例题，更好地让学生理解并直接迁移。	PPT展示。

续表

教学过程（表格描述）				
教学阶段	教师活动	学生活动	特殊需要学生活动	设计意图	技术应用
二、自主探究，理解算理	为什么用乘法计算？可出示线段图进行理解。	表示12个145。	说出所列算式并借助线段图说清为什么用乘法。	线段图直观显示，提供视觉支持，文图对应，进一步辅助学生理解题意。	黑板上展示学生资源。
	2. 揭示课题。	一个是两位数乘两位数，一个是三位数乘两位数。			
	3. 估一估：大约有多远？并且说一说你这么估的理由？	把145看成150，12看成10，大约是1500。	和助学伙伴说一说自己的计算过程。		
	4. 自主探究：学生自主计算，探究笔算方法。出示竖式计算并提问：同意哪个同学的？问题出在了哪？	全班交流，探究计算方法。		调动学生学习主动性、自主探究意识，充分发挥学生主体性作用。	
	5. 比较异同：同学们，三位数乘两位数我们还没有学你们怎么就算出来了，那它和我们之前学习的两位数乘两位数有什么相同和不同的地方？	相同点：都是用第二个因数的个位去乘第一个因数，再用第二个因数的十位去乘第一个因数。不同点：两位数乘三位数要比两位数乘两位数时多乘一个数字。	思考比较，倾听理解。	通过比较，加深理解，强化记忆，感受第一个因数的作用。	
	那四位数乘两位数呢？五位数呢？大家都是用列竖式的方法吗？	10+2=12 145×2=290 145×10=1450 290+1450=1740		通过口算的方法加深对算理的理解。	

续表

教学阶段	教学过程（表格描述）				
	教师活动	学生活动	特殊需要学生活动	设计意图	技术应用
三、巩固练习	1. 巩固练习。 （1）132×16＝ （2）124×36＝ （3）146×23＝ 总结算法。	先用第二个因数的个位去乘第一个因数的个位、十位和百位。再用第二个因数的十位去乘第一个因数的个位、十位和百位。最后把两次乘得的积加起来。	利用自己的差异学习单进行练习（教师巡回指导，板书第一题）。	巩固三位数乘两位数的笔算方法。	
	2. 判断：不计算，请你判断一下413×26＝161735，可能吗？说明你的理由。	（1）个位判定法。 （2）三位数乘两位数乘得的积不可能是六位数。	和助学伙伴交流方法。（教师用动作提醒其认真听讲）	培养学生的数感。加深对算理的理解。	
	3. 解决问题：海洋世界门票团购每人是138元，这个旅游团有25人，如果你是导游，你应该付（　　）元。 A. 3625　B. 112670 C. 828　　D. 3450 提问：不计算，你先判断一下我们应该选哪个？说说你的理由。 ①买5张门票要付（　　）元。②买20张车票要付（　　）元。 ③买25张车票共付（　　）元。 追问：你怎么想得这么快？	（1）用估算的方法判断。 （2）从个位看。 （3）三位数乘两位数乘得的积不可能是六位数。	在自己的学习单上做题。	培养学生发现问题、解决问题的能力。	

续表

教学过程（表格描述）

教学阶段	教师活动	学生活动	特殊需要学生活动	设计意图	技术应用
三、巩固练习	4. 提问：我们研究的三位数乘两位数的计算方法是这样，由此你还想再研究什么？				
四、拓展提高	出示题目： 2413×21＝ 看看哪个同学是最勇敢的挑战者，能够探究未知的问题。				

座次表
讲　台

第五组（门）	第四组	第三组	第二组	第一组（窗）
○	○	△	○	○
○	○	☆	○	○
○	○	○	○	○
○	○	○	○	○
○	○	○	○	○
○	○	○	○	○
○	○	○	○	○

备注：△是特殊需要学生　　☆是助学伙伴　　○是普通学生

学习效果评价设计

普通学生	特殊需要学生
1. 用竖式计算下面各题。 399×42＝　538×48＝　138×16＝ 2. 星月饭店平均每天要用掉258双一次性筷子。这个饭店每个月要用掉多少双这种一次性筷子？（按31天计算） 3. 选一选。 不计算，你能判断出999×99的积是（　　） A. 100001　　B. 98909　　C. 98901	1. 用竖式计算下面各题。 399×42＝　538×48＝　138×16＝ （计算方法正确） 2. 星月饭店平均每天要用掉258双一次性筷子。这个饭店每个月要用掉多少双这种一次性筷子？（按31天计算） （能够正确列出算式并计算）

续表

本教学设计与以往或其他教学设计相比的特点
1. 从学生已有知识经验出发，给学生创设思考与交流的空间 让学生在具体的情境中感受到笔算的用处。在探索笔算乘法的过程中，和口算方法相结合，借助具体情境加强了学生对算理的理解。 2. 让学生用已有的知识经验进行竖式运算 学生运用已有知识解决问题，通过迁移，探索笔算方法。学生始终处于学习的主体地位。在活动中，学生经历了笔算乘法的计算过程，体会了计算的用处，真正成为学习的主人。 3. 结合生活情境，体现数学知识来源于生活，最终解决生活问题 教学通过设计生活情境，引出问题，激发学生探索求知的欲望和兴趣。通过一步一步引导解决数学问题，最终解决生活问题，回归生活情境，让学生体验数学知识来源于生活，服务于生活。 4. 关注特殊需要学生，进行针对性指导 基于特殊需要学生的注意力集中时间短，不能认真读题，不爱动笔等情况，我通过制订适合其需求的目标，提供个别化支持辅助，如指读、批注审题、提供差异性学习单等。降低目标难度，根据目标设计其够得着、能回答的问题，如"你能知道哪些数学信息？""为什么用乘法？"，调动其学习积极性及课堂参与度。通过抚肩、眼神提示等无痕关注，及时拉回其分散了的课堂注意力。在练习时，我为该生的学习单设置有梯度的练习题（由填空到独立进行计算），注意了辅助其动笔，调动其积极性。

【案例分析】

该案例基本体现了差异教学模式各环节要求。第一环节，借助生活情境导入课题，激发学生学习动机。回顾两位数乘两位数法则与算理。课前对注意力缺陷多动障碍学生及其他学困生做了认知铺垫，复习了三位数乘一位数，两位数乘两位数法则与算理。第二环节，学生自学，解决有情境的三位数乘两位数应用题。对学困生，利用线段图直觉提示，加深其理解或提供额外的帮助。教师巡回发现学生在计算过程中的几种典型错误。第三环节，同桌同学互说自己的计算过程，教师引导学生比较三位数乘两位数与两位数乘两位数的计算过程。再结合口算方法加深对算理的理解，并让学困生用自己的话说算理。引导学生分析不同的计算错误。由此，错误也成为教学资源。第四环节，巩固练习，让学生不计算，判断结果，培养数感，解应用题。注意力缺陷多动障碍学生及其他学困生完成自己的差异学习单，并和助学伙伴交流计算方法。

建议全班巩固练习既要有共性要求，也要让学生有选择性练习，满足不同学生拓展学习的需求。另外,差异教学不只关注注意力缺陷多动障碍学生的学习,还要关注每个学生特别是其他学困生的学习。

案例2:《爬山虎》第二课时①

《义务教育语文课程标准(2011年版)》指出:语文课程是一门学习语言文字运用的综合性、实践性课程。这也就是说,在阅读教学中,要从语言文字入手,把握文本内容,体会情感而得意;更要关注语言形式、表达方法而得言。学生是学习的主体,语文课程必须根据学生身心发展和语文学习的特点,爱护学生的好奇心、求知欲,鼓励其自主阅读、自由表达,充分激发他们的问题意识和进取精神,关注个体差异和不同的学习需求,积极倡导自主、合作、探究的学习方式。

在融合教育理念下,课堂要接纳所有学生,满足其不同需求,促进学生积极参与并有所收获。个别化教育是特殊教育的基本理论,强调要尊重学生的个体差异。在教学中,根据学生的不同需求,我确定了不同层次的教学目标,设计了适合学生学习的教学活动,旨在让所有学生都得到发展。据此,本节课力争从教学目标、教学资源、教学过程、针对性评价等方面为特殊需要学生的有效学习提供支持,引导学生积极参与课堂学习,促进特殊需要学生得到不同程度的提高。

教学背景分析

1. 教材分析

本课《爬山虎的脚》是人教版教材四年级上册第二组课文中一篇精读课文。本组课文的主题是观察与发现,引导学生仔细体会课文的作者是怎样观察的,学习作者抓特点、有顺序的观察和说明的方法,用一双善于发现的眼睛去认识世界、了解世界,不断培养留心观察的好习惯。学习课文时理解课文内容,仔细体会课文的作者是怎样观察的;课后引导学生认真观察周围事物,学习写观察日记,开展语文实践活动,培养学生观察的习惯。

2. 学情分析

(1)整体分析

孩子们对爬山虎比较熟悉,但是没有留意过爬山虎的脚。本文会激发孩子强烈的好奇心,他们会产生亲自观察的兴趣。在教学中激发孩子们的想象力,在阅读文本、理解关键词语、读懂句子的基础上,通过画一画、演一演、说一说的方式,知道爬山虎的脚的颜色、位置、形状,以及爬山虎是怎样爬的,学习语言表达的同时提高语言理解和表达能力。

(2)特殊需要学生的学情

刘某是注意力缺陷多动障碍学生,他的核心特质就是注意力缺陷、冲动和多动,由此而表现出注意力不集中、容易分心、读课文经常丢字落字等问题。该生识字比较困难,书写差,特别不喜欢书写。语言表达还可以。课上需要经常提醒和辅助提示。

---

① 本案例由北京市朝阳区石佛营小学王晓飞老师提供。

续表

教学目标	
普通学生	特殊需要学生
1. 有感情地朗读课文。 2. 了解爬山虎的脚的特点,弄懂爬山虎是怎样一脚一脚地向上爬的。 3. 学习准确、具体的语言表达特点。 4. 学习作者细心观察的方法,培养留心周围事物的意识。	1. 能在辅助提示下较准确地朗读课文。 2. 能在辅助下参与批、画、演、说等教学活动,知道爬山虎的脚的特点,初步体会作者语言表达的特点。 3. 能在引导下参与合作、演示、学习,维持注意力,体验学习乐趣,提高自信心。

教学资源
1. 普通学生:PPT、学习单。 2. 特殊需要学生:差异性学习单、镂空辅助阅读卡、放大打印版课文重点段落等。

教学过程（表格描述）

教学阶段	教师活动	学生活动	特殊需要学生活动	设计意图	技术应用	时间安排分钟
一、揭示课题,回顾导入	1. 揭示课题:引导读课题《爬山虎的脚》。 2. 回顾脉络:回忆作者围绕"爬山虎"写了哪几个方面内容（板书）。 3. 回顾上节内容:引导回忆爬山虎的生长位置和叶子的特点,请同学再来美美读一读。	齐读课题。 生长位置;叶子;脚。 读第2段。	读课题。 三个方面内容。 读课文。	揭示课题。 回忆脉络,从整体引至局部,为本节学习做铺垫。	忆一忆,读一读。	5
二、重点阅读,理解感悟	1. 认识爬山虎的脚 (1) 指导自学,理清脉络。 A. 自学提示:默读第3自然段,划出描写爬山虎的脚的相关语句,批注作者从哪些方面介绍爬山虎的脚。 B. 组织汇报:作者从位置、形状、颜色三个方面介绍爬山虎的脚。 C. 指导朗读。	按照学习提示要求阅读、圈画、批注。 汇报交流,修改批注。	指读学习提示。在教师指导下阅读、圈画、批注。 汇报交流,修改批注。	采取自主学习、小组合作学习方式突出学生主体地位。 渗透"读—画—批"的学习方法,培养语言文字理解和概括能力。	利用课件展示自学提示、重点句、标注等。 利用学习单自主学习。	

续表

教学阶段	教学过程（表格描述）					
	教师活动	学生活动	特殊需要学生活动	设计意图	技术应用	时间安排分钟
二、重点阅读，理解感悟	（2）文图对比，重点理解。 A. 引导画脚，理解"脚的位置"。 B. 出示图片，感悟"细致观察"。 C. 组织汇报，指导朗读。 （3）小结提升。 A. 感悟—写作特点。 B. 反思—学习方法。	有感情朗读。 在学习单画爬山虎的脚。 对照文本进行评价。 感悟：描写准确，观察细致。 反思："读—画—批"的学习方法。	读一读。 指导画脚，理解文本。 尝试评价。 对写作特点和学法有所感悟。	通过"画脚""文图对比"策略帮助学生理解重点内容。 通过差异学习单、适时指导与展示，使特殊生学有收获。	利用绘画和图片理解文本。	30
	2. 感悟"爬"的过程 （1）引导自学，初步了解爬的过程。 A. 自学提示：默读第4自然段，画出描写爬山虎爬的语句，圈出表示爬的动词。 B. 巡视指导。 C. 组织汇报交流。 （2）组织表演，深入了解爬的过程。 A. 合作表演。 B. 反馈演示。 C. 指导朗读。	按照学习提示要求阅读、圈画、批注，汇报交流。 小组合作表演，汇报分享，根据文章内容判断表演的对错，领悟到底怎样爬，有感情地朗读。	读学习单。 在老师帮助下阅读、圈画、批注。 参与小组学习。	继续采取"读—画—批—议"学习方法理解文意。 通过对照文本进行合作表演，了解较难的语句，体会作者写作和观察的特点。	利用学习单自主学习。 合作表演。	

续表

教学过程（表格描述）					
教学阶段	教师活动	学生活动	特殊需要学生活动	设计意图	技术应用	时间安排分钟
二、重点阅读，理解感悟	（3）过渡小结：只要连续、细致观察一定会发现事物的奇妙变化，作者不仅观察到爬山虎的脚的样子、爬的过程，还观察出了它的变化呢！ 3. 感悟"脚的变化"。 （1）自学提示：默读第5段，思考爬山虎的脚发生了什么变化？ （2）巡视指导。 （3）组织汇报交流。	完成学习单并汇报交流。	基本正确读课文。 在教师指导下完成。	通过小组合作表演，满足特殊需要学生"爱动"的需求，提高其注意力的稳定性。 利用图片弥补特殊需要学生视觉不足劣势，激发兴趣，使其顺利学习。	实物投影。 课件提示。	
三、总结课文，尝试背诵	1. 启发总结：通过学习有哪些感受？可包括： （1）喜欢爬山虎吗？对爬山虎有哪些了解？（感受到准确细致） （2）作者为什么写得这样准确细致？（长期细致观察） （3）写爬山虎的脚为什么还要写位置和叶子。（有序、突出重点） （4）对学习方法有什么感悟？（读—画—批—思—议—读） 2. 尝试背诵喜欢的段落。 3. 总结下课。	记笔记。 背诵。	记笔记。 练习背诵。	重新整体回顾课文，点拨提升。	板书。	5

续表

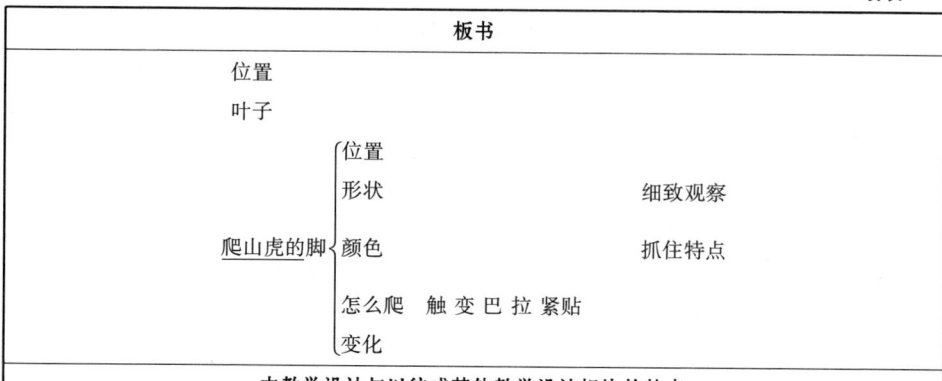

板书

本教学设计与以往或其他教学设计相比的特点

1. 采取具体措施,加强学生阅读指导

引导自主学习,感悟阅读方法：通过读题干和圈画关键词,学生迅速找到关键信息；通过归纳梳理,强调不丢要点,学生养成全面提取信息的习惯；通过边读边批注,学生养成深入思考、读思结合的阅读习惯,更好地理解课文内容。

2. 采取多种方式,帮助学生理解文本

通过画一画、演一演、说一说的方式,学生了解了重点、难点句段,充分了解了爬山虎的脚的颜色、位置、形状和怎样爬等,学习语言表达的同时又提高了语言理解能力。

3. 全程关注特殊需要学生,给予针对性指导

根据特殊需要学生的学习特点及需求,精心设计教学目标和问题,根据特殊需要学生的学习情况进行针对性指导。通过眼神、抚肩、巡回指导等"无痕"关注方式,全程关注特殊生,在发现其注意力不集中时及时将其拉回。通过辅助读文、重点画批等方式帮助其克服丢字、落字现象。通过设计画一画、演一演、说一说等动态活动,调动其觉醒状态,帮助其保持较长时间的注意力。

【案例分析】

该案例基本体现了差异教学模式各环节要求。作为第二课时,第一环节先引导学生回顾《爬山虎》写了哪几方面内容（生长位置、叶子、脚）,从整体引至局部。对学困生进行认知铺垫。第二环节是自学"爬山虎的脚"。学生按"学习提示"运用"读""画""批""议"的方法自学。教师指导注意力缺陷多动障碍学生按差异学习单运用"读""画""批"方法自学。第三环节,针对本课重点内容"爬山虎的脚",学生从"位置""形状""颜色"三方面汇报。每个学生修改自己的批注。教师指导朗读,并用文图对照方法帮助学生理解文本内容,感悟写作特点,反思学习方法,并通过提问、表演、出示图片等方式提高注意力缺陷多动障碍学生的注意力。教师用与上面相同的过程、方法指导学生感悟后两

自然段"爬"的过程,感悟"脚的变化",最后再通过合作表演突破较难理解的语句,并体会作者的观察特点、写作特点。第四环节,启发学生从内容、写作特点、观察特点、学习方法几方面进行总结,并背诵该文。

建议引导学生特别是学困生(包括注意力缺陷多动障碍学生)课外观察爬山虎,增加感受与经验。另外,让学生模仿此文观察喜欢的植物来写文章,并对不同学生提出不完全相同的作文要求。

第七章
如何在融合教育中开展扬优补缺的辅导与训练

学生间的差异是客观存在的,差异教学强调在班集体教学中将共性与个性辩证地统一起来,但在融合教育中,特殊需要学生和普通学生在某些方面的差异比较显著,仅仅在班集体的教学中照顾差异是不够的,还需要通过辅导训练,弥补班集体教学的不足。个别辅导训练是教学的重要辅助形式,是满足学生个别需要的重要途径。辅导与训练的重点是针对每个学生的实际情况,扬优补缺,这对每一个学生都是需要的,只是每个学生的需求不一样。辅导与训练对特殊需要学生更具有特别重要的意义。扬优补缺的辅导与训练是差异教学的重要策略之一。

第一节 分析学生的优势与不足

为了提高辅导与训练的效果，首先要全面了解每个学生，特别是分析每个学生的优势与不足。

一、正视学生的优势与不足，开发学生潜能

根据多元智能理论，大多数学生智力水平差异并不大，大多数学生的智力发展处在中等或以上水平，学生之间的差异，往往在于优势智能各不一样，优势智能往往是学生兴趣所在，也是其最容易取得成功的地方，这便是教育的一个切入点。如果我们有意识地开发学生优势，并培养其具备良好的个性心理品质，就可能培养出某方面的杰出人才。被称为超常的聋生周婷婷，4 岁开始，其父母用说话与认字同步的方法，扬长补短地教育婷婷。他们把该说的话都写给婷婷看，她笑就写"笑"，她哭就写"哭"，她说星星就写"星星"，她说月亮就写"月亮"……两年后，也就是婷婷 6 岁时，虽然她说话别人还是听不懂，但她已认识两千多个汉字，能够阅读一般的儿童读物。虽然她在口语上还是弱者，但在书面语上，她已经成了强者，她以强者的姿态回归有声世界，进入了普通小学。再加上其父母注意培养她作为超常少年应具有的一些非智力因素，为她健康成长打下了基础，使她在小学就成为一个出类拔萃的超常少年。

由于鉴别手段或教育上的原因，许多儿童的潜能没有得到更好开发。对障碍学生，我们往往更多的是看到他们的缺陷与不足，而忽视了他们的优势与潜能。家庭经济困难、教育环境不好，往往也使一些有才能的学生更难显露锋芒，没有

施展才能的机会。特别是客观存在一些"失水准"的儿童，他们的学习成绩与他们的实际才能有较大差异。如果改变对他们的教育模式，他们就可能会取得异乎寻常的进步。这类学生的主要症状往往是自尊心差、产生相应的逃避行为，继而造成学习技能水平低、学习习惯较差等。造成"失水准"的原因，除了一些家庭原因外，从学校教育来说，还有可能是因为课堂教学中缺少对每一位学生的重视，强烈的竞争气氛、教师主宰一切、呆板和严厉的课堂环境、不值得学习的课程和没有挑战性的学习任务等，这些都会影响学生的发展，最终导致"失水准"现象的产生。学校应通过各种丰富多彩的教育活动，如演讲比赛、戏剧创作、"每周评论""头脑风暴""小发明小创造"等，在这些活动中让学生展示才华，并观察和发现学生身上所具有的特殊才能。

王梓坤院士曾说："人的潜能，好比一座汽油库，星星之火，可以使它响声隆隆、光照天地；但若少了这粒火星，它便会成为一潭死水，永归沉寂。"（王梓坤，2013）为了开发学生的潜能，教师就应该给学生创造这些"火星"。每个人往往有自己的优势，也有自己的不足，小时候不妨多方尝试，以发现兴趣、专长，并提高全面素质。但如给孩子的负担太重，就会扼杀孩子的学习兴趣，效果就会适得其反。

二、全面分析，突出主要矛盾

影响学生学习与发展的因素是多方面的，可以是智力因素方面，如注意力、思维能力、想象能力、记忆能力等，也可以是非智力因素方面，如兴趣、习惯、意志等。对学生的开发训练应包括道德、智能、体能、社会性发展等各方面，德、智、体诸方面都是相互影响的。身体是载知识之车，寓道德之所，健康的生理、心理能保证学生精力充沛、自信乐观，从而使他们能更好地发展。有正确的人生价值观和良好的品德修养对学生成才也很重要。因此，要对学生全面分析，辅导训练不能只针对知识学习，不能只是查漏补缺。

每个学生各方面发展是不平衡的，存在个体内差异。教师要帮助学生分析影响其学习的主要因素。例如，多种原因都可能造成学习困难，而哪些是一次性的、起主导作用的原因，哪些是二次性的、被派生的原因，就值得认真研究和分析。再比如，注意力不集中会影响学习，但又是什么原因造成注意力不集中？是感觉统合失调？是听不懂有关的内容？还是不喜欢这门学科？要在众多可能的原因中找到最主要的方面。

心理学家特尔曼和西尔斯连续对1528名儿童成才进行系统研究，前后持续50年之久，结果表明，智力的发展与个性心理品质联系密切。（吕渭源，1983）。而人的个性心理品质是可塑造的、可迁移的。只要给以适当的条件，可以按照人的意愿培养出良好的个性心理品质。在儿童早期，环境对他们影响很大。有的教师在学生个性倾向开始萌发时，通过让他们看一些连环画，如爱迪生的故事、孔融让梨的故事，记住正面楷模。另外，用"井底之蛙"等故事，教育学生戒骄戒躁，谦虚谨慎，善于与人沟通，这是值得提倡的。如果教师培养学生具备良好的个性心理品质，如浓厚的学习兴趣、自主的学习习惯、顽强的学习意志等，培养其创新精神、学习创造的技能技法，就可能促进学生超常发挥。而当学生自主意识倾向一旦形成，主体对环境的能动作用就会变得更大。学生会选择对他们发展有利的环境。教师应帮助学生建立良好的个性倾向。在自主学习的意识和能力上，学生也有较大的差异，这往往也成为他们能否成功的关键。要让学生能自觉地分析自己的学习并会调节自己的学习。教师要指导学生不断反思自己的学习过程、调控自己的学习过程，并在调控基础上不断确立新的学习目标，明确新的追求，形成自我激励机制。

第二节　学习辅导与心理辅导

通过辅导，可以使学困生及时弥补知识与技能上的缺陷，跟上全班的进度。有些学生学习上的特殊需要，往往是由特殊因素引起的。例如，学习障碍学生在学习能力上的缺失都不同，很难找到普遍有效的补救办法，只能根据个人特点进行补救教学，因此，个别辅导就更显得重要了。通过辅导，还可以使学有余力的学生拓宽和加深有关的知识，发展特长，成为拔尖人才。

一、四种学习辅导

1. 课前铺垫辅导

有的教师往往只在课后对学困生进行指导帮助，而不重视课前铺垫辅导。按照"掌握学习"的理论，只要给学生提供必要的认知准备行为、积极的情感前提特性，并使其接受高质量的教学，那么学生学习成绩之间的差距就将缩小到10%，或者说90%以上的学生都能取得优秀成绩。传统教学产生的学习差距，往往是因为这些学生学习新知识前就不在同一起跑线上。

特殊需要学生由于先前的知识与技能掌握得不好，或因新课中知识点多、难度大，接受起来有困难，这就需要教师在课前给予辅导。教师往往习惯于课上用3—5分钟时间复习旧知、以旧引新，这种做法对学习程度较好的学生的确能起到铺垫作用。但这几分钟的复习，对学困生来说是不够的，课前还应给予指导帮助。有的语文教师课前在智障、听障学生的课本上给有关字词注上拼音，目的也是为了减少其上新课时阅读的困难。

为了摸清学生学习新课有哪些困难，教师可在学习新单元前就进行与新课内容有关的原有知识与技能测验，并针对测验结果采取各种补救措施。还可通过练习、问答、问卷等形式，了解学生对原有知识与技能掌握的情况。

2. 课中及时辅导

有些学生，由于感知方面的障碍或智力上的缺陷，在课中往往对其他同学能轻松掌握的内容感到接受起来很困难，这就影响了其继续学习。为此，教师要考虑到他们的特殊需要，课中及时帮他们扫清"拦路虎"。可以给他们一些辅助性的提纲或问题，或为他们提供一些学具、辅助材料，并利用课上的间隙时间或其他学生练习的时间帮助他们。

例如，有位语文教师在教《亮亮》一课时，为学困生编了一组辅助性问题：妈妈让亮亮洗手，亮亮表现怎样？饭前为什么要亮亮洗手？妈妈没洗手去拿饭吃，被亮亮看见，亮亮怎么做的？你自己饭前是怎么做的？以后应该怎么做？这组问题能帮助学困生加深对课文的理解，又有助于他们将学到的知识应用于日常生活中，培养他们生活自理的能力。

再如，有的教师在教学"角"这个概念时，因为盲生没有角的感性认识，教师除了请其他学生用准确的语言对角进行描述外，还提供角的实物或模型，让盲生摸一摸，从而感知"角"。

对于那些学有余力、在课上"吃不饱"的学生，教师可以为他们提供一些适合他们自学的、比教材更深的辅助材料，在课间适当给予指导，鼓励他们独立地、创造性地学习。课堂作业中可以为他们增加一些思考性强的题，调动他们学习的积极性。

3. 课后强化辅导

在课后，有的学生由于对课上教学的内容掌握得不那么清晰，作业完成速度慢，所以还要对他们进行辅导。首先，对当天教学的内容要做及时辅导，帮助学生进行练习巩固。辅导时不要面面俱到，应围绕教学重点和基本要求方面反复强化。辅导了当天教学的内容后，还要按照个别教学计划中的要求，对特殊需要学生进行辅导和训练。如教学小学数学中的加减法时，尽管教师在课堂上降低了对智障生大数字计算的要求，采用了特殊的教学方法，但这类学生仍然有可能掌握得不好。而这类知识又属于基础知识，学生今后步入社会也需要运用，那么，教师就需要对这类学生就整个单元进行辅导，为他制订一个个别化的教育计划。通过个别化的教育计划训练，使他能更好地跟得上，更好地适应整个班集体的教学。

课外辅导时，要充分发挥助学伙伴和家长的作用，和他们一起制订辅导的计划，落实辅导的时间，指导他们辅导的方法，并及时了解他们辅导的进度和效果，提高辅导的质量。对有特长的学生，课外要因势利导，可以为他们开设小型课程，或成立兴趣小组，指导他们自学有关知识，发展特长。

4. 小单元针对辅导

一些学困生，易于遗忘所学知识，所学技能也不够牢固，所以，教师在每个小单元中都要帮助他们将知识理成体系，促进其知识产生正迁移。同时，要进行小单元检测，根据检测情况找出他们的知识与技能的缺陷，以便有针对性地辅导。

学校教育中，一般的学科4周左右为一单元，单元间隔时间太长，起不到及时诊断缺陷、及时矫正的作用。对于学困生，我们认为，1—2周为一个单元（即小单元）较适宜。有的教师可能会认为没有这么多时间安排单元检测，或认为这样会加重学生负担和教师负担。其实，单元检测不必占用整节课时间，单元小，知识点少，用5—20分钟的课上或课外时间即可。测验的目的是了解学生达到学习目标的情况，而不是划分学生学习的等级。可以把单元检测看作一次练习，测验时间或长或短。测验题也不必由教师逐一批改，可公布答案，学生自评或互评，教师再审阅，看是否达到规定的目标，并对错误及时纠正。对未达单元学习目标85%以上的学生，辅导以后再进行平行测试，直至达到标准为止。这样分单元把关，就能保证提高教学质量。

当然，小单元检测、辅导矫正会增加学生一些学习的时间，特别是对那些少数学习能力低下的学生。但这只是暂时的现象，因为从长远看，教学重点和基本要求方面得到了反复强化，会有利于减少学生今后的学习困难。

二、辅导中应注意的问题

辅导中，教师应注意以下几个方面。

第一，对学生的辅导要有针对性。对学困生来说，为弥补其知识的缺陷，就要准确找出缺陷所在。例如，一个学生算错了一道三位数乘法题，我们不能笼统地批评他不认真，也不要让他盲目地大量练习三位数乘法题。应先找出错误所在，可用逆退寻根的方法，帮助他逆着解题的过程，看看究竟错在哪一步，是哪一部分知识未掌握好，然后对症下药进行补救。

第二，对学生的辅导应循序渐进，由浅入深。对于一些较难的问题，辅导时宜采用分解的办法，将之分解为若干个小问题，就像是为学生铺垫台阶，让他们拾级而上，一步一个脚印。为了培养学生学习的主动性、积极性，我们曾在实验班尝试过题组教学——当某学生做作业有困难时，教师不是直接教他怎么去做这道题，而是为他出一组铺垫题。也就是说，如果该题相当于第 5 个台阶，那么，教师可以再为他铺 4 个台阶，让他从第 4 个台阶往上走，还是从第 3 个、第 2 个台阶往上去，就可以根据该生的具体情况来定。当学生每上一个台阶取得成功时，教师就给予鼓励，但每一步必须是学生自己独立完成，从而培养他独立学习和思考的能力。这种做法的另一好处是，学困生和其他学生完成的习题是一样的，只是解答时分成了几个过渡部分。

第三，对学困生的辅导，要多运用直观手段，多采用有趣味的方法，在游戏中、实践活动中帮助他们理解知识、巩固知识。每次课外辅导的时间一般 30 分钟左右，具体多长时间合适，要根据各个学生注意力集中时间的长短而定，并逐步提高要求，不搞疲劳战术，不要使学生产生厌倦情绪。

第四，对学困生的辅导，不仅要立足于补救，更重要的是立足于发展。不仅要帮助他们弥补知识上的缺漏，而且要帮助他们发现自己思维过程中的缺陷，使他们逐步掌握正确的思想方法。帮助他们总结学习的规律，使他们逐步学会学习。有的教师针对特殊需要学生作业中经常出现的错误，每隔一段时间集中给予一次面批指导，有经验的教师从不只简单地要求他们把作业中的错误一题一题地改正过来，而是帮助他们整理知识，并指导他们掌握一些学习方法。比如，将特殊需要学生某一阶段作业中的错题保留原题型但降低难度，设计一组新的练习，每一题型 3—4 题为一组，每组第一题为提示范例，在特殊需要学生真正弄懂每组范例题的前提下，让其一组一组地做练习。经过这种铺垫，再让其分析作业中的错误并改正，这样特殊需要学生学得就比较扎实了。

第五，对于有特长的学生，辅导的一个主要目的是发现学生的特征，诸如能力、兴趣、价值和动机。例如，有些有数学才能的学生，学习时不必依靠视觉形象，可用逻辑思考代替图像。发现这些特征之后，教师就可以帮助他们把这些特征与教育、职业、生活方式的机会联系起来。

第六，辅导应有明确的目的和计划。每次辅导要有记录，记录中应有辅导的目的、内容、效果评价，以及辅导时间和辅导人姓名。从辅导记录中不仅可清楚地看到特殊需要学生的学习情况、进步程度，而且有利于对辅导的管理，提高辅导质量。

三、加强心理辅导

对学生辅导的内容，除了知识与技能方面的以外，还应包括学习动机、兴趣、态度、情感等方面的指导和帮助。现在一般认为学生的学习负担过重，其实不能一概而论，学习负担是因人而异的，通常来说，更多的负担体现在学生心理和精神方面，是过多的考试带来的压力。

学习过程是知、行相结合的过程。对学生的辅导，特别是对学困生的辅导只是集中在知识学习方面是不够的，还要伴随对学习动机、兴趣、态度等方面的指导和心理上的疏导，效果才明显。我们还要指导自己的学生学会调控自己的心理，适应不同的学习活动和学习环境。

心理辅导的前提是让学生能敞开心扉，因此教师要赢得学生的充分信任，使学生愿意在教师面前倾诉。心理辅导的关键是在了解有关问题背景的基础上，找到问题的根源，这就要求教师有心理学的功底，掌握心理测量的方法，并具有一定的分析问题的能力，心理辅导的效果决定于措施的针对性，因此，教师要有一定的教育能力和辅导经验。

学生在心理情感上也有较大的差异，对于同样的事件和活动，学生的情绪、情感反应也不一样，心理需求也不一样，因此心理辅导也要有所侧重。我们要逐步培养学生具有成功人士的心理特征，为他们成才打好基础。对于个别情绪行为有障碍的学生，不仅要予以心理辅导，而且往往还需要对其进行针对性的教育训练。

第三节　教育训练的方法和手段

"训练",是指有计划、有步骤地使学生具有某种技能或特长。不同学科的教师对每一个学生都需要进行教育训练,如语文教学中听、说、读、写的训练,体育教学上速度、耐力的训练等。一方面,基础知识与技能相辅相成,互相促进。如领会课本中的知识要有阅读技能,已领会的知识又成为形成与它相应的新技能的前提。实际教学中,有的教师往往重视对课文的分析、字词的掌握,对学生阅读技能却训练不够。另一方面,技能的形成又以一定的能力为前提,也体现了能力发展水平和个别差异。只有加强技能的训练,才能有效培养学生的能力,才能将"发展学生的能力"落到实处。

在技能的习得上,学生往往有更多的特殊需要,更需要区别对待。有些学生只需经过几次练习就能掌握的技能,对另外一些学生而言,却需要大量练习和训练才能获得。对特殊需要学生往往还要进行特殊的技能训练和针对缺陷的功能训练。

一、教育训练的原则

1. 早期干预原则

人处于幼年、童年时期,生理、心理发育都不成熟,可塑性比较大,针对性的训练往往能收到事半功倍的效果。对特殊需要儿童应早期甄别,早期进行训练,不仅可减缓一些残疾的恶化,而且有利于功能康复和技能的掌握。例如,有小儿麻痹后遗症的儿童,在早期其肢体并无明显畸形,畸形的产生与发展是逐步形成的。如早期采取预防训练措施，可防止肌肉细胞变性，促使功能恢复。语言技能等训练也是早期进行效果好，如错过 3 岁左右的语言发展最佳期，效果就会受到影响。特别是对那些存在脑发育障碍的儿童，应通过早期感觉系统的强化输入信息刺激，激活脑干网状结构功能。

超常儿童早期教育训练也很重要。对 21 岁的年轻天体物理博士冯珑珑来说，早期进行的积木训练、画画训练，对他的观察力、记忆力、想象力和创造力的培养都起到一定的作用。

2. 个别化原则

学生是各不相同的，应分别为他们制订训练的目标和内容，并且要让学生明白对他们训练的具体目标，从而使其能配合教师进行有关训练。训练的进度和方法要因人而异。众所周知，技能形成不仅决定于训练的数量和质量，还取决于学习者本身的特点和条件。因此，教师必须具体分析产生差异的原因，并针对差异采取不同的训练措施。

我们强调训练的目的、内容、进度等方面要因人而异，但并不意味着对学生进行隔离，采用一对一的训练方式。我们提倡将特殊需要学生的训练融于集体活动、教学活动及日常生活中。在集体活动中，相互间的配合、帮助、激励、模仿、竞争都有助于训练效果的提高。集体活动还特别有利于学生社交技能的提高。

3. 科学性原则

训练中，教师要运用科学的方法，选择适当的辅助器材或材料，讲解示范要正确，使学生形成清晰的表象，训练就能事半功倍。训练方法要适合学生的特点，如训练听障学生的发音，他们听不见老师和自己的发音，可让他们借助触感，将手放在胸前、嘴前、鼻孔前或喉头上来感受发音，教师示范的口形要正确，为了让学生看清楚，口形可以适当夸张。对学生开始训练的速度要慢，保证练习活动的准确性，并及时纠正错误。不容许学生采取不正确的动作方式或活动方式。训练次数要足够，但一段时间内如过于频繁，易使学生疲劳，产生消极态度，影响效果。一般地讲，适当分散的训练效果较好些。至于每次训练时间和各次训练间隔时间，需根据训练的性质、内容和学生情况而定。

对学生的训练，需要学生的主动参与和积极配合。为此，教师可设计一些新鲜的活动场景，使用多样的材料和工具，采用一些趣味性、娱乐性的方式来训练学生。根据巴甫洛夫学说，在学习活动中，如有多种分析器官参加，便可提高大脑皮层的兴奋性，促进暂时神经联系的形成。多样化的训练可以让学生在动口、动手、动脑等各器官的充分活动中提高训练效果。在训练中，还可以充分利用一些现代教学的手段，提高训练效果。例如，利用电脑辅助激发自闭症儿童与电脑交互反应，从一些文字游戏中发展语言能力；利用电脑辅助让活动过多的儿童做算术运算。活动过多的儿童在电脑终端机上注意维持的时间较久，利用电脑做的题目较多，可利用电脑促进其计算技能的形成。

4. 循序渐进原则

训练必须有计划、有步骤地进行。例如，对听障学生进行说话技能的训练，可以先后进行语言呼吸训练、嗓音训练、语言停顿训练等。对视障学生的视觉能力训练，可进行视觉基本能力训练、视力控制训练、视觉记忆训练、视觉分化训练等，之后再过渡到较复杂的完整活动。这样不仅便于学生循序渐进地学习，也便于教师检查了解学生，发现学生的难点和错误，进行重点训练。为保证技能的掌握，训练还要持续不断，这对那些学习困难较大的学生尤为重要。

在训练中，要注意及时反馈训练的效果，并根据反馈情况，调节训练方法、计划和步骤。学生在练习后，如能及时知道自己练习的结果，并逐步学会评价，可提高训练效果。教师要及时肯定训练中学生的成绩和优点，从而使学生的有关神经联系受到正向强化，使正确动作更加容易巩固；及时指出他们的缺点和错误，则能使神经联系受到负向强化，从而使错误动作及时得到矫正。

5. 全面和专项训练相结合的原则

每一个学生都有优势和特长，但也存在缺陷和不足。为了矫正、补偿其缺陷或发展其特长，需要进行专项训练，为了促进他们全面发展，还必须进行全面训练。例如，我们对低视力的学生要进行功能视力运用的训练，同时也要进行智力训练、体育技能训练等。对于一些肢残的学生，既要加强残侧肢体的训练，防止这些部位肌肉萎缩、关节变硬，也要充分训练和发展他的健全肌体。在训练中要将专项训练和全面训练有机结合，不能有所偏废，以促进学生全面发展。

二、心智技能的训练

心智技能是指人在认识特定事物，解决具体问题时，其感知、记忆、想象和思维等心理活动能按一定合理的、完善的方式进行。掌握正确的思维方式、方法是心智技能的本质特点。心智技能又可分为各种专门的心智技能（如阅读、计算等技能）和一般的心智技能（如观察、倾听、理解、分析问题、解决问题等技能）。学困生在心智技能上一般都有这样或那样的缺陷与不足，要提高他们的学习成绩，仅弥补知识缺陷是不够的，还必须重视心智技能的训练。对普通学生或超常学生开展心智技能训练，更能促进他们学业的进步和能力的提高。

1. 训练学生思维，养成良好思维习惯

懒于思考是许多学困生的共同点，也是心智技能形成的主要障碍。为克服这种思维障碍，在训练中要精心设计启发性问题，问题要有趣味性和思考性，能层层深入，以引导学生积极主动地思维。训练中教师不要直接教学生怎么做，而应教他们怎样想，怎样进行分析、综合、抽象、概括，怎样推理，当学生掌握了这些思维方式和形式后，思维的主动性就会有所增强。训练中要求学生解决的问题要因人而异，既有一定难度，也要力所能及。当学生解答遇到困难时，教师可以为其出一组题作铺垫，接近他的学习水平，但每一步仍须由学生自己独立完成。每做对一步，教师便给予肯定和奖励，使他们尝到独立思考的甜头和乐趣，杜绝抄袭作业现象。

2. 训练学习技能

许多学生都存在学习技能的缺陷，不会经济有效地学习。教师可以请成绩好的学生介绍经验，也可以让学习伙伴帮助学困生组织学习活动。

学习过程有注意、知觉、记忆、认识等。教师应帮助学生学会获取、组织、巩固和运用知识，必要时对他们进行专项训练，如听课训练、集中注意力训练、记忆的训练、知觉训练、作业训练等。学生学习困难可能是在知识信息处理的过程中，某一部分或几部分有了缺陷，因而没有形成相应的认知结构。这些缺陷必须适当矫治。矫治可以采用过程—作业训练的方式。操作时，教师必须首先了解学生学习困难所在，并分析其内在心理过程的可能缺陷，然后就用学生感到困难

的教材内容，从事心理缺陷的矫治。例如，一个学生解几何题有困难，分析其内在心理能力后，教师发现他不善于分辨几何图形，于是在进行过程—作业训练时，教师就用学生所学的几何图形，训练该生记忆图形、分辨图形。这种方法实际上是把学习的诊断和矫治融合在一起。对于心理过程中存在缺陷的学生，除注意矫治外，还要进行补偿，特别是随着学生年龄增大，有些缺陷治疗无明显效果时，则应强调学习缺陷的补偿，也可适当调整课程内容，从而不使学生因某些技能缺陷影响学习。

3. 训练解决问题技能

培养学生解决问题的能力，是我们教学的重要目的之一。有些学生解决实际问题能力较差，这和教学中对解决问题的技能训练不够，没有满足他们这方面的特殊需要有关。

训练解决问题的技能，应教会学生解决问题时运用一般原则或策略。例如，在准备解决某问题前，应对问题进行简洁陈述，并界定问题范围；摸清问题的要求，关注与问题密切相关的事实和条件。注意力不要只局限在问题某一方面，而要透过现象看本质，防止解决问题时的思维定式、功能上的固定性和负迁移。改变心向，从不同角度看问题，产生不同寻常的新看法。在教学中要强调术语定义的精确性，要重视有关概念间的异同，要培养一种批判的、提出异议的态度，还要鼓励学生用自己的语言重新阐明各种观念，并重视解决问题的逻辑推理和解题策略的训练。这些都有助于学生解决问题技能的提高。

4. 训练学科技能

各门学科都有自己的结构，其中最基本的知识和技能称为"双基"。它们就像大厦的根基一样重要。如小学数学中，口算是笔算的基础，有经验的教师在低年级阶段每天都对学生进行口算训练，从而提高学生的计算能力。再如应用题教学是小学数学教学的难点，有的教师在系统讲解应用题前，就对学生进行感知应用题条件的训练、应用题条件和结论的搭配训练、应用题结构训练等，打好这些基础，学生学习应用题就不再那么困难。学困生往往"双基"不牢固，上述这类训练对他们尤为重要。

为了使技能广泛地迁移，促进能力的提高，要注意培养学生的概括能力和灵活思维。教师应注意对学生进行变式训练，并培养学生把个别的特殊事例概括为一般原则,又把一般的原则运用到特殊事例的能力。例如,北京市特级教师孙维刚老师在数学练习中就特别注意对学生进行一题多解、多解归一、多题归一的训练,由此促进了学生数学能力的提高。

三、动作技能的训练

动作技能是指在完成一项任务中以完善、合理的方式组织起一系列动作,并顺利进行。要培养学生的动手能力,就要重视对学生进行动作技能的训练。

1. 使学生获得每个动作在空间上的正确视觉形象

动作的正确视觉形象包括其方向、位置、幅度、速度、停顿与持续变化等。学习一个动作时,若在没有看到别人正确动作之前盲目尝试,往往效果不好。教师要进行示范讲解,帮助学生形成正确的动作视觉形象。这是培养动作技能的基础。对于智障学生,由于他们感知觉速度慢、感知范围窄,示范动作要慢一些,必要时示范动作要分解;对于视觉障碍学生,要通过其他方式补偿其视觉缺陷,如盲生学习掷铅球的动作,可让他结合听讲、抚摸教师手臂、身体,体会各个分解动作,再逐步把它们连贯起来。

2. 使动作的视觉形象与动觉表象结合

从正确动作的视觉形象过渡到实际的正确动作,有赖于正确动作的视觉形象与动觉表象的结合。让学生模仿示范动作,可以使其视觉形象与动觉表象相结合。但有些学生往往手、眼协调不良,不能很好地模仿他人的动作。为满足他们的特殊需要,有条件的学校可让学生观看自己模仿动作的录像与示范动作录像,并进行对比。教师"手把手"纠正模仿动作可促进这种结合。要逐步训练学生独立依靠已形成的正确动作视觉表象,从而做出动作。

3. 从依靠视觉控制逐步过渡到依靠动觉控制动作

教师可以让学生有意识地对比动作的动觉与动作的实际效果,以促进这种过渡。有些学生由于神经系统受损,而造成对自身感觉的障碍,如对自己身体部位及空间认识不完整,辨别困难等。不能意识身体哪部分在动,不能有意识控制身体动作,动作缺乏协调性、节奏性。为使他们掌握一些动作技能,教师可以有意识地培养他们身体的感觉意识,如通过被动运动、挤压和牵、伸等手段刺激他们的腕关节、踝关节、肘关节、膝关节，以加强他们对这些部分的空间位置和运动的意识程度；通过旋转、跳跃、摇晃等活动来培养他们平衡的感觉、运动的感觉等。

4. 引导学生不断体验自己动作技能的进步

要善于引导学生总结经验，配合观察示范的技能操作并和自己的动作对比，从而提高动作质量。教师要鼓励和启发有潜力的学生创造性地尝试改进已掌握的动作，并对照所尝试改造的动作的动觉与动作实际效果，以便不断提高动作技能。

动作技能与心智技能既有区别又有联系。外部动作是心智技能形成的最初依据，心智活动反过来又对外部动作进行调节。在完成比较复杂的活动过程中，不仅需要心智技能也需要动作技能。这两种技能都是我们对学生训练的重要内容，当然，对于有着不同特殊需要的学生，教师在训练的项目上应有不同的侧重。

除此以外，我们还要从学生的优势和特长以及缺陷与不足等方面选择训练的项目，以促进学生的发展。这方面的训练，往往要借助于专业人员或巡回教师的指导帮助。

第四节 特殊需要学生的教育辅导训练

一、特殊需要学生一般训练内容

1. 生活能力的培养

日常生活能力对于普通学生来说不成问题，但是对于有各种障碍的学生来说，有些日常生活能力就要通过课外辅导与训练来培养。例如，遵守学校的安全规则、上厕所、注意个人卫生、去餐厅就餐、整理床铺、自己洗简单衣物、上街购物等。

学校和家长一定要重视对特殊需要学生生活能力的培养，千万不可掉以轻心，不要误认为这是小题大做。从各地融合教育的实际情况看，如果特殊需要学生不具备基本的生活自理能力，就很难持续在普通班学习，甚至有可能发生令人遗憾的不良后果。

对特殊需要学生日常生活能力的培养主要靠大量的正面实践训练，而且尽量应在真实的生活场景中有意识地进行培养。例如，培养特殊需要学生去学校餐厅点菜就餐、洗衣物、上厕所等日常生活能力时，一开始可以安排同学陪伴带领一段时间，待其具备相应能力时再让其独立去做。再如，过马路、购物等可由家长带特殊需要学生实地培养训练等。在培养生活能力的基础上，进一步培养他们的社会适应能力。

2. 优势潜能的开发

俗话说，短于此未必不长于彼，特殊需要学生也是如此。比如，有的特殊需要学生虽然学习成绩差，但是身体好、有力气，也有的特殊需要学生手很巧，等等。如果我们注意到这一点，全面地了解每一个特殊需要学生，扬长补短开发其优势潜能，通过培养训练使其逐渐具备某种劳动技能，进而形成职业能力，这对培养特殊需要学生将来服务社会，成为自食其力的劳动者是很有好处的。例如，北京市平谷区大华山乡是全国著名的大桃产区，当地学校聘请技术员和学生家长辅导智障学生课外参加实地生产劳动。身体壮的学生学包装和运输，手巧的学编果篮；这些学生毕业后随家长从事大桃的种植和经营，每年都能获得可观的经济收入。很多 ASD 儿童都具有一项或几项突出的才能，比如绘画、音乐、记忆、算术，甚至有些人还具有高超的模仿能力，等等。教师要做的工作，不仅是要"补缺"，也要"扬长"，让 ASD 儿童体验成功。

开发学生的特殊才能，不等于说教师自己需要有相关的特长。资源教师可以和学校其他有专长的教师、家长，或者是其他热心的社会人士合作，帮助特殊需要儿童开发这些特殊才能。教师要做的是：为学生提供发展的资源，比如让音乐教师或美术教师关注这些学生；为学生提供发展的时间和空间，比如和其他教师或家长商量，做好规划，使学生能够有时间、有空间去做自己喜欢的事情；为学生创造展示才能的机会，比如收集学生作品并定期将作品展示出来，鼓励学生参加社会活动并进行表演等；明确地、真诚地告诉学生，自己为他们的成就感到骄傲。

3. 不良行为的改变

有的特殊需要学生不良行为表现比较突出，如孤僻、自卑、胆怯、多动、有攻击行为等。如何使其逐渐改变这些不良行为，有些学校摸索出了很好的经验。他们的做法主要有：①多次进行家访，深入了解特殊需要学生并做家长的思想工作。②为保证特殊需要学生出勤，入学后最初由教师亲自接送，过一段时间安排同路同学接送，直至训练其养成自觉上下学习惯。③在情感上关心特殊需要学生，生活上照顾特殊需要学生，使其喜欢上学，愿意和老师、同学交往。④提醒、规范某些要求，如按时上学、课间才能上厕所、爱惜自己和别人的东西等。⑤对有破坏、攻击行为的个别特殊需要学生，教师向班上学生讲明，一是不给其造成诱发条件，二是当发生不良行为时要晓之以理、严格要求、妥善处理，使其逐渐懂得后果要由自己或家长负责的利害关系。对伴有这类不良行为的特殊需要学生更多的应该是平时多引导其做好事，对其好的行为表现及时表扬，引导其主动克服自己的不良行为。对问题行为较严重的学生，要在资源教师等专业人员指导下运用行为改变的技术进行矫正。

4. 康复训练

特殊需要学生的康复训练，除在课堂学习过程中可以有机地融入一些外，主要应安排在课外和家庭中进行。由于每个特殊需要学生的障碍类别和障碍程度不同，康复训练的内容和方法也不尽相同，但应强调的是要注重生理残疾的功能康复，最好是采取制订个别教育计划的方式，有步骤地进行。

另外，我们还需要结合教学进行学习方法技能训练等。

二、几类障碍学生特殊的辅导训练

1. 智能障碍学生

（1）语言训练。大部分智能障碍学生都有语言障碍。教师要重视对他们进行语言训练。这方面的课外辅导，主要应配合语文学科教学，从矫正发音、听说训练、朗读练习、阅读理解等几方面进行。在辅导与训练的方法上应避免重复课堂教学形式，要特别重视创设活动情境，使辅导训练充满生活情趣。这种活动情境既可以是教师精心创设的，也可以是真实的环境。无论在哪一种活动情境中训练，都不要刻意地频繁纠正智障学生的语言错误，训练的目的是激发学生的说话动机，提供说话素材，在大量练习的实践中提高其语言交往能力。例如，有的教师下课以后在教室里和特殊需要学生习惯性地聊聊家常。有的教师到学生家里与家长、学生一起聊天。还有的教师在课后活动中有意识地引导其他学生与他们聊天、讲故事、玩耍等。

（2）认知训练。智能障碍学生的核心缺陷是思维发展缓慢。加强对智能障碍学生思维形式和思维方法的训练是课外辅导训练的一项基本内容。对智能障碍学生的认知训练主要是训练其分析、综合、判断、推理、抽象、概括能力，使其在日常生活中能对身边的人和事进行一些简单的观察、比较、配对、对应、排序、分类等。

在做法上，教师应根据特殊需要学生平日学习、生活中的表现，找出其在思维形式和思维方法上的问题，有针对性地进行个别训练。在训练时教师要善于引导学生观察、发现问题，找出被观察对象的特征，总结规律，运用规律。结合生活实例帮助学生分析并试着让学生独立分析，举一反三。

（3）兴趣、需要的培养。针对智能障碍学生对周围事物缺乏兴趣，动机不足，失败期望高于成功期望等个性特点，教师应创造条件，适度支持，使智障学生也能经常体验成功。在具体做法上应注意以下几点：

①精神和物质的奖励。教师和家长应善于捕捉智能障碍学生克服了某一困难获得成功体验的时机，及时给予肯定或表扬，为其加油助力；对智能障碍学生取得的进步应给予精神的或物质的奖励。例如，特殊需要学生流畅地朗读了一段课文、背诵了一首小诗、制作了一件手工、纠正了某个不正确的体操动作等都是应该给予肯定或表扬的。肯定、表扬与奖励的程度和形式应有利于促进这些学生的进步，突出教育性，避免产生负面作用。

②将远期目标分解成若干近期小目标。对智能障碍学生兴趣和需要的培养不能一蹴而就，应将远期目标分解成若干个近期小目标，通过培养训练实现一个个小目标，从而实现长远目标。例如，某校培养智障学生和普通学生一起排练一个舞蹈节目，辅导教师先从最基本的动作开始一个动作一个动作地指导智障学生训练，然后进行片段组合排练，最后再将一个个动作组合串连成整个舞蹈。这种小步子推进的方法易于智能障碍学生接受，能够比较有效地培养其兴趣与需要。

③辅导讲解时要直观形象，重视让智障学生亲自动手操作。例如，某教师训练一名智障学生吹笛子，先是培养该生欣赏优美动听的笛子演奏曲，使其喜欢上吹笛，进而从基本演奏技法开始指导他循序渐进练习吹笛子，让其在一次次的亲身体验中逐步掌握吹笛子的方法。

2. 听觉障碍学生

（1）听觉训练。听觉训练是指导听障学生运用其残余听力以感知、分辨环境中存在的各种声音，使其语言和交往能力获得发展。训练是改进听觉功能的有效办法，有些听障学生的残余听力保存尚好，对这部分学生进行听觉训练的简易步骤主要有以下几点。

①激活听觉。训练听障学生聆听日常生活中的各种声音。如将家畜的叫声、锣声、鼓声、风声、雨声、火车声、汽车声、电话铃声等制成录音带，通过让听

障学生反复聆听以激活其听觉。在训练取得初步成效后，带其到真实环境中聆听各种自然声响。

②辨音能力训练。在激活听觉的基础上训练听障学生辨析各种声音，如听鸡叫声时同时出现鸡的图片或文字，建立条件联系，形成条件反射。再将多种声音混在一起做分辨训练。

③语音辨析能力训练。让听障学生配合看话或阅读文字聆听相对应的语言，经过一段较长时间训练后，直接聆听语言。

（2）语言训练。有些听障学生很难通过听觉途径学习语言，这就要采取特殊的方法锻炼他们的发音器官，进行语言功能训练。

一是语言技能训练，主要包括呼吸训练、发音诱导和发声训练。

呼吸训练是为了练习胸腔对呼气、吸气的控制能力以及鼻腔、口腔、软腭和小舌对气流施加影响的技能。练习内容有：口呼吸、鼻呼吸、口鼻交替呼吸、深呼吸、吹气等。训练方法可采用示范模仿、实物辅助、做呼吸游戏等。例如，做伸展呼吸运动、嗅香味、吹哨子、吹气球、吹蜡烛、吹肥皂泡等。

发音诱导常用的方法有：①出声。对不会发音的学生，可用触觉诱导发音。让其一手手背贴于指导者喉部（声带处），另一手贴在自己的喉部。发音时，听障学生以两手感受到不同的触觉，对比发出声音。②控制气流。对不会控制气流的听障学生，可让其把手背放在指导者的口前，用触觉感受气流的强弱，模仿出气及控制气流强弱。③让听障学生头微低、全身放松做缓慢发音，能有效克服尖音。④让听障学生头微抬、全身紧张做爆发音，能有效克服低音。

发声训练是练习控制音高、音强、音色的训练。常用的方法有：①拟声练习。模仿常见的物体或动物的发声，如鼓的咚咚声、小猫的喵喵声。②唱音练习。练习一口气连续发几个音，如发短音 i、i、i、i，发长音 i—i—i—i—，发长短音 i—i、i、i，发短长音 i、i、i、i—。

二是汉语拼音字母发音指导法：①观察法。指导者带听障学生在镜子前，让学生从镜中观察指导者和自己的口形、舌位，比较、模仿发音。为便于观察模仿，指导者可适当夸大口形（当学生已掌握时就不要再夸张了），如发 u 音时嘴唇尽量缩小拢圆，发 i 音时嘴唇尽量拉得扁平。②比较法。把两个或几个声母、韵母放在一起比较其异同，靠区别来突出发音要领。如 z、c、s 和 zh、ch、sh

比较，发前一组音舌要平伸、后一组音舌要翘起。③触感法。利用触觉器官助其发音。如发 b 和 p 时，可让听障学生先将手贴于胸前，感觉气流从胸腔直接进入口腔，再将手背靠近嘴前，发 p 时感觉有强气流冲出，而发 b 时手背感觉到的气流要弱得多。④局限法。练习发音时，设法使发音器官的某一部分受到限制，以利于正确发音。如发 n 和 e 时，一个是鼻音、一个是边音。捏着鼻子发不出 n，松开手才行；而发 e 时要捏着鼻子，以防变成鼻音。又如发 g 时，可用水漱口帮助发音。

三是拼音训练法：①支架法。拼音时声母不出声，只是做好发音准备（支好架）；发音时一张口就紧接着把韵母冲出来，一口气拼成一个音节。如双唇紧闭准备发 b，紧接着发 a，就成 ba 音。②碰音法。把声母和韵母连在一块儿读，反复拼合，由慢至快，越读越快，最终拼成一个音节。如发 ba 时，b（bo）中的 o，因为读快了，还没有来得及发出，韵母 a 已经赶上来直接与声母 b 相拼，就发出 ba 音。③音节本位拼读法。不采用上述拼音方法而直接认读一个个音节，通过强化训练，将汉语拼音的 400 多个音节形成直呼技巧。此法虽然枯燥，但却是掌握汉语拼音这一学识字、学说话、学电脑输入的工具最终所要达到的目的。

（3）看话训练。看话是培养听障学生具有利用视觉观察说话人的口部活动及面部表情，从而来理解说话内容的一种交往技能；未佩戴助听器的听障学生在普通班就读时，掌握看话技能尤为重要。

训练看话的方法步骤主要是：①显示口形，借助词语或句子卡片正确显示训练者的口形让听障学生观察；②演示（讲解）词语或句子的意思使其理解；③让其模仿训练者的口形说话，不必刻意要求语音质量，务必要求听障学生模仿的口形要正确；④强化训练，由慢速到中速，由简单到复杂，逐渐形成技能。

训练看话时应注意的问题有：①光线和距离适当，训练者的口形要正面朝向听障学生。②可适当创设理解语言的情景。③口形显示要自然、准确，不宜过分夸张。④当听障学生已具备一定的看话技能后，可做看话角度的变换，还可训练看不同人说话以求适应实际学习的需要。

必须强调的是：以上训练的目的完全是为了促进听障学生的学业提高和综合素质发展，因此具体训练时一是要因人而异，二是要促进课堂学习，不要和课堂学习争夺时间、互相冲突。（叶立言，2014）

3. 视觉障碍学生

（1）盲生定向行走。一是学会利用环境中各种线索做导向。要充分引导盲生运用自己的嗅觉、听觉、触觉等感官感知周围的事物，确定自己的位置。如某盲生讲述自己定向行走时说："从家出门走到胡同口风特别大，我就知道该拐弯了。离家一里远的地方有条小河，听到流水声就可断定到小桥边了，这时用盲杖先试一试再移步上桥，过桥再走约50米闻到厕所的气味，听到同学的喧闹声，向前一拐就到学校了。"二是培养独走技巧。盲生在熟悉的场所行走一般不使用盲杖，应培养一些独走技巧：①上部保护法。将右手臂或左手臂抬起，与肩右面部等高，上臂与下臂弯曲成钝角，掌心朝外，手指稍向后，位置最好在身体另一侧前面，下臂与脸部之间有一定空间距离，若前面有障碍物必先碰到手掌，借以保护头部。②下部保护法。左臂或右臂伸直放到身体中间，手指向地面，掌心对身体，手臂保持在身体前10—20厘米的位置，行走时可保护腰部以下身体。注意走时肩部不能前伸，应自然挺直，避免盲态。③沿墙行走法。人与墙（也可以是柜或窗）保持平行，相距20厘米左右，靠墙一边的手臂略为提起伸于身体前侧约30厘米，拇指向内，其余四指稍曲，以手指的背部轻触墙面，慢慢前行。④学会矫正方向。垂直矫正方向的做法是：身体后部紧靠一物体（墙、门、路的边线等），双脚与物体接触形成垂直，使行走时走直。平行矫正方向的做法是：身体一侧靠近墙或栏杆等物体，手臂前后摆动，碰不到物体，就是与此物平行。三是正确使用盲杖。①基本握法。置盲杖于胸前，拇指位于杖柄上部，食指伸直贴着杖的一侧伸向杖端，其他手指弯曲握住盲杖。②手臂的位置。手臂最适当的位置应保持在身体的中心线上，持杖的手腕必须略为向上提一点儿。③手腕与步伐的动作。手腕关节有顺序地做左右向转动，使杖头连续地在地面做弧形运动，其幅度稍宽于持杖人的身体，当手腕从左向右，杖头的左前方触地后，按弧形向右前方移动，右脚迈出一步。反之，当手腕从右向左，杖头的右前方触地后，向左前方移动时，左脚迈出一步。④使用盲杖行走的一些技巧。在大路上行走时，握法如前；在泥路边、墙边、河边行走时，可将盲杖斜置横过身体前面，盲杖下端与泥路边沿、水沟边沿或墙根等接触，沿着边沿线行走。

（2）盲文读写。盲文字母及排列规律与明文汉语拼音不同，有的学校在盲生入学后，安排一段时间进校但暂不进班。教师教授盲生学习使用盲文工具，待其基本掌握后再进班就读。

（3）感知形象和空间概念。针对盲生理解、认识和动作掌握上的差异进行个别辅导。如指导盲生做广播操要帮助其体验类似"两臂平伸""踢腿"等动作术语；作文中的状物习作、数学中的几何形体认识等都宜在课前让盲生通过触摸感知实物或模型。

（4）低视生用眼卫生。①连续用眼时间一般不超过 20 分钟，连续几次用眼要间隔 3—5 分钟休息。②每天做一两次远眺、观绿，每天至少做两遍眼保健操。（韩萍，2014）

4. 自闭症谱系障碍学生

（1）培养学生适应并遵守规则。ASD 儿童进入小学，会面临很多适应不良的问题，例如，要遵守更严谨的课堂纪律。而且，不少 ASD 儿童在进入小学前，仅是断断续续或根本没有接受过幼儿园的教育，这多少也会影响他们对学校各种纪律以及各种活动的适应。对部分有适应问题的 ASD 学生，讲道理或者批评不一定能取得理想的效果。针对这种情况，教师可以利用资源教室，设计一些活动，模拟各种场景帮助学生适应规则。

（2）帮助学生以恰当方式表达情绪。有些 ASD 学生会出现不恰当或过激的情绪表达。比如，老师批评其他学生，却发现 ASD 学生非常愤怒地大喊大叫，似乎老师在批评自己；有的 ASD 学生突然在安静的课堂上高兴地大笑，干扰了其他人；有的 ASD 学生一生气就打自己或打别人，或者乱摔物品；等等。

引起这些情绪的原因很多，资源教师需要协助班级教师认真分析。但很多时候，即使找到原因，也不等于解决了学生情绪表达问题。资源教师的工作任务之一是帮助 ASD 学生以恰当的方式表达情绪。"恰当的方式"，并不意味着要求 ASD 学生完全以普通人的方式表达情绪，这对有的 ASD 学生而言非常困难。"恰当的方式"指的是 ASD 学生能够做的、其他人也能理解和接纳的方式。

（3）提高学生应用语言的能力。在融合学校就读的 ASD 学生，大多数能够使用口语进行交流。但也有少部分学生不具备口语能力。此处的建议主要针对有口语语言能力的 ASD 学生。

有些学生说话时会反复谈论一个话题，还有些 ASD 学生回答问题时会重复最后一句话，那么，在资源教室，教师可以对 ASD 学生的语言进行针对性的训练。最初的练习，可以学生喜欢的食品、玩具或游戏为话题。比如，学生喜欢橘子玩具，老师可以问：“你要橘子，还是要苹果？”学生回答说“苹果”。老师即给他苹果。学生如果不满意，老师则提示：“你刚才回答的是要苹果，所以老师给你苹果。现在，你想要橘子，还是要苹果？”这时，老师可以提示学生说"橘子"。当学生说"橘子"后，老师则将橘子给学生。这样的练习，可以逐渐扩展到其他事物，也可以扩展成更多选项，比如问"你要橘子，还是苹果，还是梨？"这样的练习，可以让他们意识到自己回答的语言与所获得的结果之间有密切关系。在学生理解了答案与结果之间的关系后，老师可以拓展问话的形式，比如问学生开放性问题"你想要什么水果？"如果学生回答不出，老师可以再提供支持，一边拿实物一边继续说："橘子？苹果？梨？"等学生能正确作答后，老师就可以直接问：“你想要什么水果？”经过这样的练习，教师可以逐渐将学习及生活相关的各方面议题引入语言练习中。

在练习语言时，教师更应时刻注意帮学生厘清自然序列、逻辑关系，同时给学生提供他人的观点和想法。

部分 ASD 学生会混淆事物的时间发展顺序，他们对四季的轮换、"昨天、今天、明天""哪个先发生，哪个后发生"等概念的理解可能出现错误。比如，ASD 学生在叙述一件事情的时候说，"今天早上我们到了公园，在门口看到了两个人表演顶缸。然后我们看了一会儿，去划船，看到门口那边有两个人顶缸。后来我们就回家吃饭了。吃饭后，妈妈和小姨一起去看表演，看顶缸。"这名学生实际上是因为对表演场景的印象非常深刻，所以叙述过程就会不停地"闪回"表演的场景。但这与普通人的叙述方式很不一样。这时，教师要注意提醒 ASD 学生，哪件事情先发生，哪件事情后发生。条件许可的情况下，教师可以将学生参与过的活动，按发生顺序拍一些照片，要求学生一边看照片，一边回忆事件的发生过程。

有些 ASD 学生在理解及说明事物的逻辑关系时，也会出现混淆的状况。资源教师可以结合语文的写作练习，或者数学习题，帮助学生更好地理解事物的因果关系、并列关系、主次关系、总分关系、递进关系等。在梳理这些关系的时候，教师要强化使用表达关系的词语，比如"因为……所以……""一边……一边……""首先……其次……"等。这样不仅能帮助学生正确运用这些词，还能帮助学生更好地理解关系。

经常为学生提供他人想法的练习也非常重要。比如，教师问学生："你喜欢吃苹果吗？"学生回答说喜欢，教师就可以追问学生为什么喜欢苹果。之后，教师说："我不喜欢苹果。因为我认为苹果不够甜。"教师还可以邀请其他学生发表对苹果喜好的看法。大量的练习，可以帮助 ASD 学生很好地理解不同人有不同的想法。

（4）在专业人员支持下对学生进行必要的感觉、体能及其他相关训练。很多 ASD 儿童需要一些必要的感觉和体能训练。资源教师开展这些训练时，要特别注意两点。第一，资源教师必须了解感觉统合训练以及体能训练的基本原理，掌握基本技巧。学校可以和当地的残联、医院康复部门联系，向专业人员学习相关的知识和技能。第二，不同的 ASD 儿童，其感觉系统发展及体能状况都不一样，需要的训练也不一样，教师要针对每个儿童制订训练方案。

此外，有些感觉和体能训练活动，可以放在体育课、劳动技能课上实现，资源教师可以和体育老师沟通，在 ASD 儿童上体育课时进行训练。比如，有些儿童需要练习手眼协调能力，那么体育老师可以指导 ASD 儿童双手轮流拍球，而劳动与技术老师则可以指导 ASD 儿童做一些手工作品。（杨希洁，2014）[245-250]

三、特殊需要学生辅导训练的基本形式

1. 学科教师课外辅导与训练的形式

（1）制订并实施个别教育计划。这是对特殊需要学生进行课外辅导与训练的有效形式之一。各地制订与实施个别教育计划的具体做法有别，主要有以下几种：①综合型的个别教育计划。通常是由班主任牵头，相关学科教师参与制订、实施及评估。采用此种形式要求学科教师彼此要加强协调合作，着眼于特殊需要学生的整体发展，不能只顾自己所教的学科。②单一型的个别教育计划。培养目标单一，可以是学科个别教学计划，也可以是行为矫正的个别训练计划等。此类计划通常由学科教师制订、实施及评估。采用此种形式，要求学科教师要征求班主任和家长的意见，班主任要主动做好协调工作。

（2）制订并实施辅导训练计划。包括学期计划、单元计划及每次辅导的具体

方案。这种形式的辅导实质上相当于个别教学，因此在具体做法上应注意针对性、计划性，定期进行评估。

（3）随时辅导。根据需要进行面批作业、学法指导等。也可以结合有关教育活动给以现场辅导，此种辅导是生活化的、应有机地融于教育活动之中。随时辅导不等于随意辅导，特别要坚持做好简要纪录（参见表7-1），注意积累材料，在这过程中对特殊需要学生的辅导效果及教师的辅导方式、方法进行评估。

表 7-1　特殊需要学生课外辅导纪录（参考样表）

学生姓名		辅导日期		辅导时间		
辅导内容			辅导效果			备注

辅导教师：_____

2. 助学伙伴课外辅导与训练的形式

（1）采取指导特殊需要学生完成课外作业、解答学习中的疑难问题、检查预习效果等形式帮助特殊需要学生学习。

（2）帮助特殊需要学生熟悉校园生活、配合教师帮助特殊需要学生进行技能训练与不良行为矫正。

（3）与特殊需要学生一起游戏、参加简单的力所能及的服务性劳动。

助学伙伴辅导应坚持自愿原则，并在教师指导下进行。助学伙伴与特殊需要学生彼此各有长短，要提倡互相学习、互相帮助。

四、资源教室

资源教室与一般中小学的专业教室不同，它是设在融合学校的一个资源中心，承担着指导、服务融合教育的任务。

1. 建立资源教室的意义

（1）特殊需要学生自身发展的需要。由于特殊需要学生存在着不同的生理心理障碍，他们各自的身心发展有着不同的特殊教育需要。例如，低视力、听障、智障等特殊需要学生都需要接受康复训练，而这些训练不适宜在课堂教学中单独进行。不少特殊需要学生在学习速度上不能与班内的其他学生同步，在普通班级中很难得到适应每个人不同需求的有效指导，故有必要利用一定的时间离开普通班级到一个特定的场所接受特别的指导，这个地方就是资源教室。

（2）学校资源建设的需要。目前，绝大多数融合学校的教育资源主要来自教师个人，而仅仅靠教师单一的努力很难提高融合教育质量，客观上需要建立一个覆盖全校的资源中心，为从事融合教育的教师乃至家长提供教育教学资源与策略支持，这个资源中心的承载形式就是资源教室。

2. 资源教室的类型与设施

从不同的分类角度出发，资源教室的设计可以有不同的类型。

（1）专用的资源教室与综合的资源教室。从服务对象的角度而言，专用的资源教室只服务于单一类型的特殊需要学生，其中包括对这类学生的任课教师的支持和对其家长的支持。例如，有些融合学校接纳的特殊需要学生都是智障学生，于是提供专用的资源教室即能满足随班就读学生的需要了。综合的资源教室则服务于两种或两种以上类型的特殊需要学生，其中包括对相应类别学生的任课教师的支持和对其家长的支持。例如，有些融合学校接纳的特殊需要学生不仅有智障学生，而且还有听障或视障学生，自然这类学校就需要建立综合的资源教室了。对综合的资源教室广义的理解就是，它可以给任何一个特殊需要学生，包括普通学生一段时期的特殊需要提供支持。

（2）自享的资源教室与共享的资源教室。一般大中城市的人口密度大，学校接纳的特殊需要学生较多且办学条件较好，资源教室可以独立建于该校内成为本校特殊需要学生及其任课教师与家长自享的教育资源。这类资源教室即自享的资源教室。在人口居住分散的小城镇或农村地区，比较实际的做法是在一个地区将资源教室选建在办学设施和师资条件较好的一所学校内，但资源教室的服务对象应是全地区各个学校的特殊需要学生、相关的教师及其家长，这类资源教室即共享的资源教室。其服务的方式一般采取在资源教室内与巡回服务相结合的方式。

（3）资源教室需要的设施和器材。资源教室的设施和器材，根据其功能需要配置，主要有以下几类：第一类：筛查障碍、了解特殊需要的简易器材和相关材料，如口哨、视力表、量表等。第二类：教学的相关资料，如课程标准、教材等。第三类：直观教具和学具，如实物、标本、模型和图表等。第四类：视听媒体，如录音机、录像机、语言复读机等。第五类：电脑，包括打印设备。第六类：教育训练的设备、软件，如"感觉统合训练"器材、"有声杂志录音带"、可视语言训练软件等。第七类：图书、杂志、摘编的信息资料（主要供教师和家长使用）。第八类：特殊需要学生的有关资料，如有关的检测资料（按严格的规定使用）、特殊需要学生的个别教育计划及成长记录资料等。

3. 资源教师的类型和作用

（1）资源教师的类型。从服务方式的角度出发，资源教师可分为直接服务的资源教师与间接服务的资源教师。直接服务的资源教师在资源教室里亲自为特殊需要学生进行支持性的辅导与训练，同时也为相关教师及家长提供咨询服务；通常在自享的资源教室工作的资源教师都属于此类。间接服务的资源教师一般不直接参与对特殊需要学生的辅导与训练，仅通过咨询的方式为教师及家长提供支持性的服务；通常在共享的资源教室工作的资源教师对服务区其他学校往往是采取巡回指导服务，这类教师就属于间接服务的资源教师。

（2）资源教师的作用。①组织指导班主任和学科教师制订个别教育计划。开学初，资源教师组织班主任和学科教师对各个特殊需要学生的个别教育计划进行评估，提出指导性意见，使个别教育计划具有针对性、目的性和可操作性。有些学校还在每个月的月末、期中和期末也进行评估，这种做法值得提倡。班主任或教师在实施个别教育计划中遇有困难，可以请资源教师提供帮助。②与任课教师协作教学。作为资源教师，不仅应对每个学生的特殊教育需要了如指掌，而且还应该熟悉特殊需要学生使用的教材及其在课堂上学习的情况，并与任课教师协作教学。资源教师在特殊需要学生旁边进行个别帮助，解决其学习中的具体困难。③对特殊需要学生进行支持性的辅导与训练。与班主任和学科教师经常沟通，从实际出发编排对特殊需要学生在资源教室接受辅导与训练的周课表，并予以落实。④为融合教师提供特殊教育资源。一是购置、采编有关特殊教育的资料供教师使用。二是为教师自发的或有组织的在资源教室学习、交流、研究提供条件。

三是根据需要可以外请专家、教研人员或特教教师来资源教室为教师做辅导。
⑤为特殊需要学生家长提供特殊教育辅导和咨询服务。例如,帮助家长了解特殊儿童的身心发展特点、指导家庭辅导与训练的方法、回答家长的有关问题等。
⑥进行个案管理,通过个案管理落实个别教育计划和辅导训练的计划,体现管理就是支持、服务的思想。

4. 资源教师的选择

资源教师是融合教育支持系统中最重要的教育资源,因此,选择好资源教师直接关系到资源教室效能的发挥。资源教师应具备的条件是:

①热爱融合教育工作,甘愿为特殊需要学生服务,有良好的师德。

②具有特殊教育方面的理论知识、操作技能和较丰富的实践经验。

③具有一定的组织、管理和协调能力。

④身体健康,精力充沛。

从已建立资源教室的融合教育学校选择资源教师的经验看,最好能从基本具备上述条件的、负责学校教学工作的教导主任或融合教育骨干教师中选择,他们有组织协调和业务指导的能力,校长应给予他们开展工作需要的行政权力,以克服运作中的人为障碍。如果建立的是共享的资源教室,资源教师要经常巡回服务,可以从教研部门选择具备上述条件的教研员或从特殊教育学校选择骨干教师担任此项工作。不论选择哪种类型的资源教师,都应该重视对他们的培训,使资源教师自身也能不断得到提高,同时建立对资源教师的管理制度也是非常必要的。

 案例 1:理解性阅读训练①

【案例叙述】

关于卡洛斯阅读提问训练的启发式双向教学的记录如下。

第一天:

〔课文〕产于美国东南部的噬鱼蛇比北美的铜头蛇要稍长一点。它们和铜头

---

① 本案例选自 J. Schumaker, P. Denton, D. Deshler 所著 *The Parasing Strategy* 一书,第 4 页。

蛇、响尾蛇一样都是头部有凹陷的剧毒蛇。噬鱼蛇的眼睛与鼻子之间有一小凹陷，对热度特别敏感，这便帮助噬鱼蛇能很快地接近热血动物。由于它的嘴边长有一圈白色的皮肤，噬鱼蛇也被称为"棉花嘴"蛇。

卡洛斯：我不知道在美国东南部到底会产什么蛇，课文中提到铜头蛇、响尾蛇、剧毒蛇，这么多名称我都弄糊涂了。

教师：是的，你想知道什么叫凹陷剧毒蛇吗？

卡洛斯：是的。

教师：如果你试着用"为什么"来发问，探讨凹陷剧毒蛇，将会是一个好主意。

卡洛斯：（默不作声）

教师：我们来讨论这个问题吧，"为什么把这几种蛇都叫凹陷剧毒蛇？"

卡洛斯：人们为什么想知道这些蛇被称为凹陷剧毒蛇呢？

教师：好，你再重复一遍。

卡洛斯：为什么人们把这些蛇称为凹陷剧毒蛇，是因为它们头部都有一小凹陷？

教师：那么，我们就提出这么一个问题："为什么人们将这几种蛇都称为凹陷剧毒蛇？"

卡洛斯："为什么人们把这些蛇称为凹陷剧毒蛇？"

教师：对极了，这个问题提得很好。

第四天：

〔课文〕这个纺纱工的助手比他的师傅小几岁，皮肤是暗褐色的，大部分时间都默不作声地坐在师傅的纺纱机旁。

卡洛斯：（沉默，提不出问题）

教师：这一段说什么？

卡洛斯：谈纺纱工的助手。

教师：是的，你再想下去。

卡洛斯：这个助手与纺纱工（之间的）比较。

教师：你想用"怎样"这个词来提问吗？注意时间问题。

卡洛斯：你为什么要我注意时间问题呢？

教师：我提醒你注意时间，是想让你抓住这个主要问题："这个纺纱工的助手大部分时间是在干什么？"

卡洛斯：是的。"这个纺纱工的助手怎样打发大部分的时间呢？"

第七天：

〔课文〕也许你常纳闷，那些火山爆发的熔岩到底是从哪里来的？在我们共同生活的地球的深部有熔化了的岩浆。这些岩浆由于受压力的影响，总是向地球的表面运动。随着地壳的变化，熔岩有时会从较薄的地方冲射出地面，这便导致火山爆发。

卡洛斯：地球深部的熔岩会冲上来，是吗？

教师：请用"什么时候发生什么"这种句型提问。

卡洛斯：当地球深部热熔岩在压力作用下冲动（冲射）时会发生什么？

教师：好极了。这就抓住了关键问题。

第十一天：

〔课文〕有一种植物叫维纳斯捕蝇草，很有趣的是它能捕捉小虫。这种植物极为稀少，仅生长在美国的南卡罗来纳州和北卡罗来纳州。维纳斯捕蝇草看上去也同寻常植物一样，除了捕虫的本能之外，真是一种地地道道的植物。

卡洛斯：这种最有趣的捕蝇草是什么？这种植物生长在哪里？

教师：这两个问题提得很好，这是两个很清晰的问题。

第十五天：

〔课文〕科学家们常来到南极对南极光进行考察和研究。南极光是一种绚丽的弧形极光。对南极光的研究将有助于我们进一步了解地球。

卡洛斯：为什么科学家要到南极进行考察？

教师：这个问题提得好，弄清这个问题就领会了这一段材料的中心意思。

【案例分析】

训练初，老师提出问题，让学生边读边思考老师的问题，来学会理解性阅读。接下来，逐步让学生看课文描写的具体情境，自己提出一个问题并回答来理解这篇课文。最后过渡到不仅要自己提出问题，而且要提出与课文相关的、关键的问题，来逐步提升理解性阅读的水平。

案例 2：区别对待刻板行为[①]

【案例叙述 1】

肖镜无论走到哪里，都要随身携带两块积木，不停地用手相互敲击，发出很大的声音。上课时同学和老师都会受到干扰。陪读阿姨制止肖镜玩积木，他就开始打阿姨。老师无奈，只好请肖镜和陪读阿姨到教室外。就这样，尽管肖镜每天到学校上课，但他基本上都由陪读阿姨陪同着在校园里游荡，一边走一边玩他喜欢的积木。

老师和父母都认为放任肖镜的敲击积木的行为不可取。家长强行扣押了肖镜的积木，结果引起肖镜的强烈反抗，甚至不肯再去学校。于是，老师和家长商量，看是否把积木敲击声变小。家长在积木周围裹上一层布，声音果然小了很多。尽管肖镜刚开始总想扯掉布料，但过几天他也就习惯了。尽管肖镜还在敲积木，但他能够在班上坐着和同学一起上课了。

【案例叙述 2】

李文的作息时间非常固定，每天早上必定在 7 点前到学校。到学校后，由于老师和值日同学往往都没到，班门未开，于是李文就在学校里到处晃悠。这让老师很犯难：这么早到学校，班门没有开，学生在学校里到处游荡，如果发生安全问题怎么办？要求老师们和值日同学提早到学校，这一做法不现实。于是老师跟李文家长沟通，问能不能让他晚一点到学校。李文妈妈立即配合，但是无论她用了什么办法，李文都要坚持 7 点之前到学校。

有天李文的班主任灵机一动，想着："为什么不让李文负责开门呢？"老师将这个想法跟李文妈妈说了，得到了她的支持。于是，老师配了一把钥匙给李文，任命他为管理员，每天负责给同学们开门。李文高兴地接受了这个任务。同学们也觉得李文每天早上都坚持给大家开门，是负责任的好同学，更愿意跟李文亲近。

【案例分析】

不同 ASD 孩子有不同的刻板行为，而且同一个孩子在不同的年龄阶段，刻

[①] 本案例由中国教育科学研究院杨希洁老师提供。

板行为也会有所不同。

在这两个案例中,无论教师是减少刻板行为的负面影响,还是将刻板行为转换为积极有益的行为,都注意了一点:不强行制止儿童的刻板行为。对 ASD 儿童来说,制止他们的刻板行为不是容易的事情,而且处理不当的话,也可能给他们带来伤害性后果。在学习新事物或者在必须和同学进行交流活动时,要求孩子立即停止刻板动作;在部分休闲时刻,不妨让孩子自得其乐,放松一下。

第八章
在融合教育中开展差异教学需要什么样的管理与支持

特殊需要学生在融合教育环境中成长,需要得到支持与帮助。融合教育学校要营造适合特殊需要学生成长的差异教育的文化环境,并建立符合融合教育特点的评价系统,同时积极与社区、学生家庭合作,多方争取各种有用资源,给特殊需要学生提供支持帮助。本章内容涉及差异教学的两个策略的运用——差异教学的管理策略与社区、家庭、学校合作满足学生不同学习需要的策略。

第一节　差异教学的管理文化

不同的文化理念就会有不同的管理方式，学校的文化更多体现在精神层面、制度层面和物质层面。

一、树立面向全体学生的教育理念

学校领导应有明确的、面向全体学生的，使每个学生都能充分发展的教育思想。要关注学生差异，为每个学生的发展提供条件，而不是为了追求升学率牺牲一些学生的利益。学校的培养目标、课程计划、学校组织、时间和人力资源安排，都要考虑适应全体学生发展的需要，适应学生个性差异的需要。学校领导应带头尊重每个学生，正确处理师生间、同学间各种矛盾，鼓励同学养成互助精神。逐步形成承认差异、尊重差异、分析差异、利用差异的精神文化，从学校实际出发，发扬学校优势和特色，优化学校环境。学生间差异总是存在的，学校的教育要发展学生个性，开发学生潜能。当然，学校本身的发展也是应当有特色的，但这种特色是为了满足学生个性发展的需要，而不是为特色而特色。

二、为差异教学搭建支持平台

差异教学对教师提出了更高的要求和挑战。学校要对教师，特别是新教师进行培训，比如请专家指导，使教师能掌握差异教学的策略和方法。要有组织地保证教师的交流与合作，以使教师们能共同努力去满足学生的特殊需要。教师在某班的教学应相对稳定，以便于教师长期深入地了解学生。给教师开展差异教学提供必要的资料、工具和其他有用的资源。要向家长和社区介绍与宣传差异教学，以得到他们的支持。

　　班级学生人数过多不利于实施差异教学。在学生人数适宜的班级内，学生回答教师问题的机会多，参与课堂讨论等活动的机会多，师生交往密切。而在学生人数膨胀的班级里，只能有部分学生同教师进行交流，而相当一部分学生被剥夺了权利。在规模较大的班级内，被剥夺了参与课堂发言讨论机会的往往是那些性格内向或能力较差的学生。这实际上造成了学习机会的不均等。学生人数多，势必造成相当一部分学生，座位远离教师，难以得到教师的暗示和反馈，不便与教师进行情感的沟通，纪律受约束的程度也小。由于单位面积内人口密度过大，学生的个人活动空间相对受到他人挤占，这往往成为诱发学生争吵和破坏纪律的一个原因。此外，班级规模过大，学生的学习水平、学习能力、学习习惯等方面的差距往往也更大，众口难调。一些特殊需要学生，需要教师的特别帮助，但由于学生人数过多，教师便无暇顾及，也难以了解每个学生学习状况和效果。因此，规模过大的班级是不利于照顾学生差异的。

三、建立差异教学的制度文化

1. 改变刚性的教学制度

　　学校制度在一定程度上要体现共同的基本要求，但学校的教学制度要改变过于刚性的统一要求，例如，有的学生实际水平已高出本班几个年级，且有优异的智力水平和良好的社会适应，但我们的学制如果只允许逐年升级，他的学习和发展的需要就难以满足，也会使他失去学习的兴趣。而另有一些学生智力水平比较低，实际学习的水平也和其他学生有相当的差距，如果我们的作业制度坚持同样要求，往往就会导致抄袭作业的现象，这些对学生的发展是不利的。

2. 建立激励教师开展差异教学的制度

　　差异教学对教师提出了更高要求，我们一方面要鼓励教师学习和实施差异教学，另一方面也要给教师以支持帮助。特别是对教师的培训，并形成相应的制度。建立教师培训制度、工作交流制度、反思评估制度、了解学生的制度等，对成绩显著的教师给予奖励。对不同水平的教师实施差异教学也可以分步实施，提出不同的阶段要求。

在课堂上仅靠教师一人照顾学生的差异，满足他们的特殊需要是有困难的。在国内外有协作教学的做法，即课上配有辅导教师或教学助手，他们或给主讲教师以协助，或侧重帮助有困难的学生。这种协作教学（或称协同教学），旨在发掘教师个人的特殊才能，形成优化组合，提高教学效果，同时也使各个学生的学习更具有自己的个性。每个学生可以有更多的机会去接触最喜欢的或对他激励最大的教师。这种协同教学，要求学校有更多的教职工通过进修加入教学队伍中作为辅助教学人员，他们往往由实习教师或新上岗教师担任，这也有利于年轻教师在课堂上学习老教师的经验。目前，我国协作教学还在试验阶段，今后将会有一定的发展。

3. 民主的纪律制度

纪律，是指从外部给人的行为提供一定的准则或加以控制。纪律是维护良好的教学环境必不可少的。例如，教师对有些学生关注不够，或给有些学生的压力过大，惩罚过多，或者教育教学引不起学生兴趣，都可能导致一些学生产生不良行为。这些学生试图通过自己的异常行为引起教师对他的注意，对压力进行反抗，表现对学校、对老师的不满。

学生的不良行为，会影响民主和谐的教学环境，有效防止和矫正不良行为，是教学管理的重要内容。当一个班的学生学习能力差异较大而教师在教学中又不能很好地区别对待时，当有的学生在听课或做作业时会遇到较多的困难，而得不到及时的帮助，从而不能取得期望的成绩时，都会造成学生行为问题增多。而当教师为了照顾学生的差异采用分组教学时，也会给教学管理带来一定难度。

全体学生组成的班级是一个学习共同体，教师教学时，往往根据自己的教学风格，对学习共同体作出一些共同行为的约定，从而形成学生自觉遵守的学习常规。例如，课前预习常规、课后复习常规、作业订正规范等。为维持教学的纪律，也应制订必要的守则。守则一般用正面教育的词语，如"尊重别人"或"按时完成作业"等。守则中的种种规定，应与教师在教学中计划使用的程序相一致。例如，如果教师允许学生在做作业时相互帮助，就不宜再制订"课堂上同学之间不准说话"的守则了。教师应组织学生讨论课堂和学校的守则。在常规学习时，特殊需要学生，常常因个体差异而无法理解常规要求。这就需要教师向他们讲解一条条守则，组织他们讨论制订守则的必要性及如何遵守守则，同时请他们对守则提出积极性建议，进而对守则作合理修正。要使学生把守则看作行动的准则，把讨论守则和讨论具体的教学活动一般程序相结合，并组织学生进行必要的演练，逐步将纪律转化为学生的内在需求，使学生自我约束，自觉遵守纪律，这对学生的社会化发展，对其学会按社会准则做事，自我控制，坚持、忍耐等行为习惯的养成，人格培养和道德发展都是非常必要的。

　　对善于管理的教师来说，学生在课堂上的不良行为要少一些，一节课的授课时间相对要多，学生用于学习的时间也多一些。因此，教学效果好的教师在管理课堂时是以预防为主的，一旦出现不遵守纪律的行为，他的反应是迅速的、及时的。而教师预防学生不良行为的做法，是使学生专注于学习，提高学习的责任心，鼓励他们有效地合作，并努力做好教学活动的平稳过渡。对学生的学习活动给予关注和监督，一旦出现不良行为，能及时有效地予以处理。发现学生思想不集中时，可以采用突然改变语速、请他或周围同学回答问题，来提醒思想不集中的学生，避免了对其自尊心造成伤害。监督学生和尽快制止不恰当行为是互相关联的，有效的监督可使教师在问题变得严重前就发现它。但仅有监督是不够的，还必须及时处理不恰当行为，以免影响其他学生学习。一般地讲，课堂管理水平和课堂教学效果是一致的，但也要防止过分追求高质量的管理，以免干扰其他教育目的的实现。课堂管理应恰如其分，在全班活动中如果教师对每一个不恰当的行为都进行教育，就会打断教学进程，造成学生注意力分散，甚至助长不良行为。这时教师应继续讲课，但要有意识地注视着有不良行为的学生或刻意站到该生旁边，暗示他停止不恰当行为。而如果学生的不恰当行为（如不举手发言）既不干扰教学，也不影响其他学生的注意力，且持续时间不长，就没有必要过多地去干预和管理。

第二节 对学生、教师的评估

为了提高融合教育的质量，需要加强教育评估，通过评估为融合教育指明方向，通过评估加强对融合教育工作的管理，最终使融合教育水平得到提高。教师通过反思与评估自己从事的融合教育工作，可以进一步改进教育教学工作，提高自己的教育教学水平。对特殊需要学生进行评估，可以发现他们的优势和不足，也可以对学生起到激励和促进作用。现在有些地区和学校为了使教师能接纳残障学生，往往对特殊需要学生不做要求，对特殊需要学生的进步也不认真评估，他们的进步也不和教师工作业绩挂钩，这些做法是不利于融合教育工作开展的。对这些学生的评估虽然有其特殊性，对大多数特殊需要学生也不能像对普通学生一样去要求，但是对他们也需要进行科学评估。

一、对特殊需要学生的评估

对特殊需要学生应该进行评估，发挥评估教育功能。不评估就意味着教师对他们不做要求，学生也没有上进心。当然，相对于普通学生来说，对特殊需要学生的评估应有一定的特殊要求。在开展融合教育的课堂中，教师对学生的评估要多元，有弹性要求，一刀切的评估是造成差生的根源。应从各个学生实际出发进行程序跟踪，提高评估的教育性。

1. **重视本位参照评估、形成性评估、真实性评估和生态性评估**

评估从参照系来划分，可以划分为常模参照评估、标准参照评估、本位参照评估。本位参照评估是指被评估对象依其自身为参照进行评估并得出结论的评方式。每个学生都可以和自己的过去相比较，来看自身进步幅度的大小。从这方面来说，每个学生的机会都是均等的。这种评估容易让教育双方看到学习的效果，增强学习的信心，调动学习积极性。这种评估方法的缺点是评估参照标准不统一，并且仅仅与个体自身比较，往往会忽视客观评估标准。而且，特殊需要儿童毕竟主要还是在班集体中和其他同学一起学习，也需要评估他们和其他同学差距的大小，并注意协调和调节。尽管如此，本位参照评估在对特殊需要儿童的评估工作中的应用还是很多的。具体操作时，先根据课程标准和教学计划中的目标细化要评估的知识与技能，再编制测验题或任务，然后反复检测评估。一般采用小单元评估，一周1—2次，每次5—10分钟。

如果从评估的时间来划分，可以划分为诊断性评估、形成性评估和终结性评估。对特殊需要儿童的评估要贯穿教育始终，特别要加强诊断性评估和形成性评估。诊断性评估可以使我们在教育教学前通过评估了解学生知识、能力等方面的起点，采用定性、定量方法，获取个体间差异的特征和内在规律，通过分析、诊断，优化干预方案，使我们的教育教学内容符合学生需要，也便于学生以旧引新。形成性评估能使教师及时获取教学干预措施对个体的影响过程的资料，及时发现教育教学不足，及时调节教学，并及时强化和矫正，提高教育教学效率。

对学生评估的客观公正，有利于调动学生学习的积极性。为了能客观公正地评估特殊需要学生的进步，要重视真实性评估。教师应能给学生提供展现才能的机会和情境，要考虑到他们由于自身的某些缺陷而带来的感知、理解和表达上的不便。例如，社会科学的测验可以利用动画或录像、磁带或社会戏剧中的一些片段，设法引起学生去解释人在重要联系中的反应，它比用文字形式提供相同的情境，效果会更好。也可以针对障碍采取相应的测验，如听障学生的乐感评价，可以采用感觉振动的方法来实现。教师要注意观察特殊需要学生的行为表现，了解特殊需要学生的学习进步状况，引导其通过成长记录袋收集、整理信息。

在对特殊需要学生的评估中，教师可以给予必要的反馈和提示。具体操作时可以采用前测—教学—后测的评估模式，教师可以根据评估的内容和特殊需要学生的实际水平，给出不同的提示，如解决问题的策略、线索、暗示等。在这一过程中，师生关系是开放的、积极互动的。

特殊需要学生的发展与周围环境是互相影响的。我们也需要对特殊需要学生进行生态性评估。编制生态评估表，将特殊需要学生学习生活中可能接触的各种因素尽可能罗列出来。通过调查，对可以解释他的部分障碍的因素或学习资源加以标记，以便运用。

当然，也需要适当运用常模参照评估和终结性评估，把特殊需要学生融入集体中进行横向对比，从而了解他们在融合教育中的发展程度。

2. 对特殊需要学生评估的内容

对特殊需要学生的评估不是以选拔为目标，而是以促进他们的全面发展为目标。评估内容既有知识与技能方面的要求，也有思想品德、体格心理等方面的要求，特别是核心素养方面的要求。除此之外，对他们还应重视社会适应方面的评估，以及缺陷矫正补偿的要求。如学生学习的愿望，与其他同学合作的意识和能力、听障儿童的语言表达水平、盲生的定向行走水平等都应是评估的内容。

知识与技能的评估是为了了解学生已经掌握了哪些知识与技能，鼓励学生面对他们力所能及的习题，能充分表现他们知道了哪些，理解了哪些，会运用哪些知识与技能，开发他们的学习潜能。而传统的统一考试，为的是鉴别学生的不同水平，往往关注试题的难度系数，这对特殊需要学生是不合适的。知识与技能评估的重点应围绕基本的迁移性强的概念、原理、技能与方法，如语文学科字词句的听、说、读、写，数学学科的计算、空间观念等。

应重视对学生的独立思考能力、分析和解决问题的能力、动手能力，以及学生的态度、情感、意志各方面发展情况的评估。例如，用支持力度减少来表达独立性的提升，用成绩提升来表达学习能力的改善，用社交指数反映同学间合作态度的融洽，用人际关系的测评来度量社区融合性的增加等。特别要注意考查学生的探索精神、创新能力。特殊需要学生也有创新的潜能，同样需要对他们进行这方面的评估和开发，为此需要设计科学的可量化的指标。

在评估中，要加强考核内容与学生生活经验、社会实际的联系，减少那些机械记忆等方面的内容，因为这些内容会给学生增加负担，消耗学生的时间和精力，而且有些内容对于特殊需要学生，特别是智障学生来说，也很难形成长时记忆。学生只要能记住基本的概念、原理、公式就可以了，许多具体的知识以后会查阅就行。评估的内容根据特殊需要学生的特点也应是多样的。特别是充分挖掘每位特殊需要学生的优势潜能，如有的盲生的音乐才能、超常的逻辑思维能力等，在评估的基础上给予充分的肯定，帮助特殊需要学生认识自我，树立自信与自尊。

3. 对特殊需要学生评估的标准

评估对每个学生都应有挑战性的要求，但不要给他们带来过大的压力，以免造成学生的焦虑或因成绩低劣，产生逆反心理和厌学情绪。这种评估是建立在学生自觉学习的基础上的。这就要求通过教育教学的改革，提高学生学习的兴趣和动机，使学生自觉自愿地学习，而不是被动地学习。

一般情况下，特殊需要学生自身的障碍会在一定程度上影响学习。对他们评估的标准不能和其他普通学生一样高，应适当降低标准，以使特殊需要学生也能取得较好成绩。例如，盲生可用计算器或算盘操作代替竖式计算，对听障学生的朗读要求可以降低，对智障学生降低解答应用题的要求、降低抽象概括等方面的要求。现在许多特殊需要学生的成绩总是不及格，这不利于调动他们的学习积极性。当然，也有少数视障或听障的学生不仅能达到普通学生应达到的标准要求，甚至可以超出这个标准。

对特殊需要学生的评估标准主要依据为其制订的个别教学计划中的目标要求来定。目标要反映具体活动行为，如"某学生在 2 分钟内能正确画出一个三角形"等。标准要明确、具体，以便进行检查。对于特殊需要学生，既要有定量的评估标准，如认识 100 个生字或数学成绩达到 70 分等，也要有定性的标准，如对其情感、态度、行为规范的要求等。

既然对特殊需要学生学习评估的标准主要是依据个别教学计划中的目标，那么个别教学计划中的教学目标确定是否客观、标准，是否符合学生的实际，则成为这种评估的难点。目标过高，学生经过努力也难以达到，会使学生产生失败感；目标过低，又会使学生产生低层次的满足感，缺乏激励性。因此，准确把握评估标准成为这种评估的关键。为了使个别教学计划中的教学目标客观、标准，除了以特殊需要学生自身进步为参照并不断调节这些目标外，还应参照课程标准。特殊需要学生毕竟还是在班集体中和其他同学一起学习，因此，也需要评估他们和其他同学差距的大小，并注意协调和调节评估标准。特别在低年级，由于小学低年级是打基础的阶段，而且在低年级知识的密度、难度并不大，为了使特殊需要儿童能在中、高年级顺利就读，在低年级就不要在知识与技能上过多降低要求，甚至应努力做到不降低学习要求。

4. 评估的多种方式

评估之前往往要考核。我们主张对特殊需要学生也是要有考核的，但是为了能客观公正地评估特殊需要学生的进步，教师应给学生展现才能的机会和情境，要考虑到他们由于自身的缺陷带来的感知、理解和表达上的不便。

一个科学领域里的知识、技能和态度，虽然其中有一些可以用书面测验的方式，让参加测验的学生运用想象方法来描述，但通常更需要在实际自然现象的刺激下进行观察和解释。例如，希望学生学习使用科学概念和原理去解释自然界现象，从观察数据中得出推论，能使用简单实验工具，规划实验，检验假设。但大多数标准化书面测验做不到这一点。对社会科学领域的书面测验情境，儿童也常常不能真实地感知到，而运用动画、录像带或儿童的动作则能刺激儿童对社会情境的反应，观察和联系过去的经验对他们更有帮助，对于智障的儿童更是如此。例如，希望学生理解文学作品、清晰情境，从人物言行了解各种人物，而文学标准化测验往往限制了对阅读作品的考查理解。在社会科学中希望学生学习怎样在解答问题中彼此合作，怎样表示赞成、同情鼓励等，要用书面表示这些行为也是困难的。

书面测验对于那些更习惯于口语、姿势或其他动作反应的儿童也是不利的，例如，对视障学生运用笔试不方便，可以用听录音、口答代替部分笔试。当试题本身需要阅读能力时，在阅读上有困难的儿童可能形成在数学、科学课程上的虚假低分数。由于他们对试题不能正确阅读，因此不能表达出他们的数学、科学等课程的真实水平。所以，评估学生进步，要根据评估内容和学生差异采用多样的考核形式和工具，选择或创造、引进行为情境。例如，用口试考查学生的口头表达能力、应变能力，用实际操作考查其动作能力，解决实际问题的能力，通过小组活动观察他的组织能力、合作能力，运用观察、调查及一些评估量表来了解其学习兴趣、态度等方面的情况。也可以要求特殊需要学生实际完成某一任务，如编故事、购物、做实验等，在此过程中，对其行为表现进行评估，对其完成的结果或产品进行评估。学习的真正测试不是书面测试，关键是考查学生在现实生活中能否使用知识并把它运用到有意义的场合。

尽管我们强调了对特殊需要学生的测试评估不能仅仅采用书面测验的方式，而应采用多种方式、方法，让特殊需要学生能充分表现自己的水平，但是书面测验还是常用的一种评估方法。对于书面测验,由于对特殊需要学生的考核评估标准和普通学生是不完全一样的,所以不能照搬对普通学生考核的内容和形式,不能采用同样的试题,一般可以在针对普通学生的试题的基础上加以调整。对于针对特殊需要学生的考核评估内容,如缺陷矫正补偿、社会适应能力等方面,可以单独专项进行考核评估。

对特殊需要学生的考核不一定囿于标准答案,只要立论有据,结果合理即可。评分时可以兼用总分数、部分分数和进步分数,以及等级和评语相结合的方式。实际上,一个总分数并不能明确地向学生提供教育信息,学生还不能从一个总分中确切知道自己的强项、弱项。可以向学生提供总分数和部分分数,以使学生了解更多教育信息。最后的总成绩可以用等级表示,这样可以淡化分数竞争,对特殊需要学生也是有利的。因为现在的考试手段还无法使所有的素质要素都可测、可量、可比,因此,对特殊需要学生的评估应做到定性、定量相结合,采用分数(或等级)加评语的形式,评语应以指出特殊需要学生的成绩为主,同时提出希望和努力方向,评语要考虑到学生接受程度,要有针对性。评估方式的选择运用,要结合学生个性发展的特点,同时也要防止在评估中给特殊需要学生不切实际的过度表扬。

5. 特殊需要学生评估的主体

在评估中要改变单一由教师或班主任对学生进行评估的做法,同学、家长都应参与对特殊需要学生的评估。提倡采用团队评估,就是由特殊教育专业人员、教师、家长、管理人员、心理工作者组成团队,教师、家长、同学详细介绍特殊需要学生的各种表现,不加进个人主观判断,专业人员再从各自的专业背景,针对特殊需要学生的情况进行评估。教师和家长可以从专业人员处了解特殊需要学生的真正问题,专业人员也可从教师、家长、同学的讲述中来验证或修改自己的评估结果,并提供合理建议,从而增强评估的客观性、公正性。要重视和培养学生的自我评估,鼓励特殊需要学生关注考核的反馈信息,对自己的成绩作出分析和解释,并在评估中自我认识、自我体验、自我激励,不断总结自己,反思自己,调节自己,以适应社会的需要。这对于他们学会学习,促进自身发展和将来实现社会化都是非常必要的。当然,对智障儿童的这方面要求不能高,要有对其逐步提高的合理期待。

二、对教师工作的评估

1. 对融合课堂教学的评估

课堂教学是教学的主要渠道，也是融合教育教学工作中最困难、最关键的地方。教师通过课堂教学评估，可以不断总结和改进课堂教学，从而提高课堂教学水平。融合课堂教学评估可以采用以教师自评为主的方式。教师可以参照以下评估表进行自评（见表8-1）。

表 8-1 课堂教学评估

学校_____ 年级_____ 学科_____ 执教教师_____

人数_____ 特殊需要学生姓名及特殊类型：_____

根据以下要求，对课堂教学情况，按"好""一般""较差"在指标右侧相应栏内画"√"。

内　　容	好	一般	较差
1. 课堂环境			
1.1 教室卫生、安全。			
1.2 室内无障碍。			
1.3 特殊需要学生得到尊重。			
1.4 特殊需要学生座位便于教师指导。			
1.5 特殊需要学生同桌同学安排适当。			
2. 课前准备			
2.1 课前为特别困难学生做好知识与技能的铺垫。			
2.2 特殊需要学生有适用课本、用具和学习辅助材料（如提纲等）。			
2.3 学生有良好的精神状态和学习的欲望。			
3. 挑战性学习目标、内容			
3.1 特殊需要学生的学习目标内容调整适当，有挑战性。			
3.2 普通学生的学习目标保底不封顶，内容有选择性、挑战性。			
3.3 学生能自主地、有选择地学习。			
4. 各教学环节兼顾普通学生和特殊需要学生			
4.1 各主要教学环节都兼顾普通学生和有特殊需要学生的学习。			

续表

内　容	好	一般	较差
4.2 充分运用各种资源，能对特殊需要学生的缺陷进行补偿。			
4.3 针对特殊需要学生的特点指导学习方法。			
4.4 普通学生和特殊需要学生的学习能互相促进。			
5. 教学组织形式多样化			
5.1 个别教学、小组教学和集体教学有机结合。			
5.2 小组编排合理，特殊需要学生能有效参与并得到需要的帮助。			
5.3 小组合作学习设计科学有效。			
6. 教学反馈、评估、调节			
6.1 教学主要环节都及时得到了反馈，了解学生学习差异。			
6.2 对特殊需要学生提问反馈适当。			
6.3 作业弹性要求和教学目标对应。			
6.4 特殊需要学生在作业中能得到教师或同学的及时帮助。			
6.5 引导学生进行自我评估和相互评估，并对学习调节改进。			
7. 课堂教学效果			
7.1 普通学生达到了目标要求，人人有发展。			
7.2 特殊需要学生达到了目标要求，有所发展。			

教师自我反思（这节课的主要特点和改进建议）

_____

_____

_____

教师在自评中进一步对照各项指标等级找出薄弱环节，并积极加以改进。自评等级只是一个参考，教师还应对自己课堂教学进行定性的评估，找出教学中的优点和不足，将定性评估与等级评估结合起来。

教师对自己教学工作的自评有助于增强内省的自觉性，促进反思能力的提高。但有时也会有"当局者迷"的情况，看不到自己教育教学中的盲点，因此，教师还要有坦荡的胸襟，听取其他教师、领导、学生家长以及学生对自己课堂教学的评估，从而客观地反映课堂教学状况。

他人对课堂教学评估时要改变过去以关注"教师"为主的做法，如只关注教师的板书设计、教师的语言、教学的思路等，应转向以关注"学生"为主，如关注学生学习的积极性、学习的过程与方法、学习的效果等，进行教与学的"关联性观察"，体现"教为学服务"，"以学论教"。对于融合课堂，课堂教学应特别关注特殊需要学生的学习表现，并在这一过程中观察教师是如何帮助和促进特殊需要学生学习的，可以参考以下课堂行为观察表（见表8-2）。

表 8-2 课堂行为观察表

学生的学习行为		教师的行为
普通学生（略）	特殊需要学生	
学习起点	是否具有学习热情？ 是否做好学习准备？ 是否明确学习目标？	教师有没有关注到特殊需要学生？ 教师是否激励特殊需要学生学习？ 是否对特殊需要学生学习做必要铺垫？ 是否帮助学生明确了学习目标？
学习过程与方法	是否能自主学习？ 能否积极思考与探究？ 是否会与人合作？ 是否能发挥优势，补偿缺陷？	是否关注学生的学习过程？ 能否有效指导学习方法、思维方法？ 是否指导特殊需要学生与普通学生合作？ 能否帮助特殊需要学生扬长补短？ 能否为学生提供学习资源？
学习效果	知识、技能的提高。 品德、情感、态度等方面提高。 缺陷补偿矫正。 社会适应能力提高。	是否及时了解特殊需要学生的学习效果？ 是否对特殊需要学生的学习效果进行了恰当评价？ 是否帮助特殊需要学生正确评价自己的学习？

2. 对特殊需要学生辅导训练的评估

特殊需要学生如果仅仅是和其他普通学生一样参加集体学习，缺少必要的辅导训练，他们的特殊需要是难以得到满足的。由于普通学校的教师工作繁忙，对特殊需要学生的辅导训练往往难以落到实处。通过对特殊需要学生辅导训练的评估，可以发挥评估的监督管理功能，促进对特殊需要学生辅导训练的正常化。通过评估也可以进一步检查教学计划执行情况，并提出改进建议（见表8-3）。

表 8-3 辅导训练观察评估表

根据以下要求，对辅导训练情况，按"好""一般""较差"，在指标右侧相应栏内画"√"。

内　容	好	一般	较差
1. 辅导训练场所			
1.1 有资源教室或比较适宜的训练辅导场所。			
1.2 有必要的教具、学具、资料和训练器材。			
2. 辅导训练计划、时间			
2.1 有辅导训练计划，有固定的辅导训练时间。			
2.2 能抓住课前、课中、课后、单元四个辅导的关键环节。			
3. 辅导训练内容			
3.1 辅导训练和个别教学计划相适应。			
3.2 每次辅导训练有明确的目标。			
3.3 系统安排辅导训练，除学习辅导以外，也有能力开展康复、补偿、生活适应等方面的训练。			
4. 辅导训练方式、方法			
4.1 充分发挥助学伙伴的作用，教师辅导和同学辅导相结合。			
4.2 对助学伙伴给予指导和帮助。			
4.3 辅导训练的方法符合特殊需要学生的特点。			
5. 辅导训练的检查			
5.1 对辅导训练成效有检查的方法。			
5.2 有辅导训练记录。			

3. 融合教育班级班主任自我评估

对特殊需要学生的全面教育主要依靠班主任来领导和协调，融合教育班级的班主任工作有其自身的特殊性，班主任可以参照以下指标自评（见表 8-4）。

表 8-4 融合教育班主任工作评估表

内　容	好	一般	较差
1. 班主任素质			
1.1 对特殊需要学生有爱心、耐心，乐意为特殊需要学生服务。			

续表

内容	好	一般	较差
1.2 学习融合教育理论知识，掌握融合教育规律和方法。			
1.3 工作有进取心，有计划性，经常反思和改进。			
2. 创设民主和谐的教育环境			
2.1 无障碍环境。			
2.2 同学间互相尊重。			
2.3 给特殊需要学生创设展示特长和成功的机会。			
2.4 给特殊需要学生提供学习资源。			
2.5 为特殊需要学生安排合适的座位。			
3. 组织开展融合活动			
3.1 对特殊需要学生的教育纳入班级活动。			
3.2 特殊需要学生最大限度地参加集体活动。			
3.3 特殊需要学生有助学伙伴，并参加合作学习小组。			
4. 对特殊需要学生的教育帮助			
4.1 全面了解特殊需要学生的情况。			
4.2 协调有关人员为特殊需要学生制订个别教育计划。			
4.3 在集体教育中有针对特殊需要学生的特殊教育训练措施。			
4.4 对特殊需要学生科学评估。			
4.5 善于发现特殊需要学生的优势潜能，扬优补缺。			
5. 协调各方，形成教育合力			
5.1 常与其他任课教师交流研讨对特殊需要学生教育的情况。			
5.2 家、校经常联系，发挥家教作用。			
5.3 争取各种社区资源，为特殊需要学生服务。			

班主任可以借助上述表格在自评的基础上，进一步对照各项指标内涵找出工作薄弱环节，加以改进和提高。

案例 1：资源教室里的"好行为"训练①

【案例描述】

乐乐是一名 ASD 学生。刚入小学，她总是无法安静地坐在椅子上，总想着从教室里跑出去，即使有家人陪同，她也不愿意留在教室。班主任王老师觉得应该给乐乐比较多的适应时间，所以乐乐只要跑出课堂，王老师一般不制止，只是让陪读的家人跟着乐乐。

为了帮助乐乐留在教室，班主任王老师和负责资源教室工作的李老师商量，设计了"好孩子，好行为"的游戏。于是，每天中午午休时，乐乐的陪读阿姨就带着乐乐到资源教室上课。李老师先是让乐乐参观资源教室环境，陪同乐乐玩耍。这样过了一周，乐乐喜欢上了资源教室。

第二周的第一天，到了中午，乐乐就拉着陪读阿姨上资源教室找李老师。李老师决定实施原定的教学计划。李老师将资源教室的一角，用屏风围成一个封闭式空间，摆上课桌椅和黑板；再告诉乐乐和陪读阿姨他们要一起做个游戏，要求是乐乐和陪读阿姨坐在座位上听李老师讲故事。乐乐刚开始不愿意坐下，李老师就要求乐乐站在一边看陪读阿姨怎么做"好孩子"，表现出"好行为"。当陪读阿姨在座位上坐了 2 分钟，李老师就奖励了陪读阿姨一块小饼干，并且说："你上课时候没有离开座位，做得真好！"陪读阿姨获得了几次奖励后，李老师观察到乐乐一直在看，于是也邀请乐乐参加游戏。乐乐坐下了。李老师采用同样的方式，对乐乐进行了奖励。在接下来的四天中，李老师每天都邀请乐乐和陪读阿姨玩这个游戏。到了第四天、第五天时，乐乐已经能在座位上连续坐上 20 分钟。于是，李老师设计了一个小环节，让陪读阿姨随意下座位，之后李老师让乐乐评价这是不是好行为，该不该给陪读阿姨发小饼干。乐乐说不是好行为，不应该给奖励。

到了第三周，李老师还要求授课教师鼓励乐乐在一年级班级里表现出"好行为"，并且要求陪读阿姨及时给乐乐相应的奖励。这样过了一个月，乐乐逐渐适应了班级环境，跑出教室的次数越来越少。

【案例分析】

ASD 学生刚到学校或班级，可能因适应不良而产生行为问题。如果这些行为

---

① 本案例由中国教育科学研究院杨希洁老师提供。

问题不会对其他学生和教师产生较大的干扰,那么建议教师给孩子一段适应期,让学生熟悉学校和班级环境后,再引导学生遵守学校规则。正如案例中班主任王老师的做法。如果一开始就严格要求 ASD 学生遵守班级规则,反而很可能引发他们厌恶学校的情绪。

 案例 2:组建合作团队,促进智障儿童语言发展[①]

【案例叙述】

一、学生基本情况

小强今年 9 岁,是学校一名二年级的智障学生。经过智力检测,IQ 为 55,属于轻度智障。

(一)障碍影响

小强平时说话咬字不清、口音严重、语调上扬,说话不流利和口吃。和同龄孩子相比,他平时寡言少语,不能很清晰表达自己的意思,也不能正常地和他人交往,回答他人问话时多用"嗯"表示。

小强是蒙古族,家长平时和孩子交流时,也多用家乡话。小强入学前从内蒙古来到北京,蒙古族语言背景的他,听不懂普通话,再加上他的语言发育晚于同龄学生,更加重了他语言适应的障碍。

对语言障碍的小强来说,心理上的压力越大,他的声带就越紧张,语言障碍就越厉害。每当说话不流利受到别人指责和注意的时候,他的言语流畅性就越差。为了预防和注意,在下次说话时小强反而会变得更加紧张,结果说话就更加不流畅。

(二)优势条件

小强积极上进,勤于练习,进步明显。父母重视对孩子的教育,愿意配合老师的教育工作。几年来投入了大量时间、资金与精力对其进行一对一康复训练、学习辅导。

二、教育教学目标

针对小强的情况,语文教师、资源教师、英语教师组成合作团队,对他的语言学习制订了如下教育计划(见表 8-5)。

---

① 本案例由北京市西城区后孙公园小学张红路、郑建敏、杨艳、胡晓静等老师提供。

表 8-5　小强的语言学习教育计划

领域	学科教师	目标	措施	评估
语音训练	语文教师	对于教材中的常用词语能比较正确地进行发音。	1. 教师示范（夸张口形等）并反复纠正，采取激励措施等。 2. 回家后进行语言康复训练，并建议家长多用普通话和孩子交流。	对教材中的简单词汇，如描写秋天的优美词语，能比较正确地进行发音，正确率达到40%。
语音训练	资源教师	1. 辅助语文及英语教师对小强进行辅导训练及补救教学，以达到两位老师指定的教学目标。 2. 个别训练辅导时针对该生的发音问题进行纠正。	1. 课上协同任课教师辅导小强应掌握的内容，并发现小强没有掌握的知识与技能，调整个别训练内容。 2. 在资源教室内，针对小强的情况进行个别训练，并进行补救教学。	1. 达到语文、英语老师指定的教学目标。 2. 日常生活用语基本能发音准确。
语音训练	英语教师	1. 能用英语介绍自己的英文名字和年龄。如：I'm Mike. I'm nine. 2. 能在教师帮助下，认读具体实义的简单单词。如：dog, cat, hand 等。	1. 通过教师个别关注，充分利用学生英语卡片、定期检查口语、认读单词等措施辅助认读实义词汇。 2. 通过助学伙伴协助每周两次与该生互相检查认读单词。	1. 能主动沟通，敢于用较正确的英语介绍自己，发音准确。 2. 能够在教师的帮助下，较正确地认读简单单词，80%，优；70%，良；60%，达标。
简单对话训练	语文教师	1. 课上能回答老师的简单问题。 2. 课下愿意和同学简单交流。	1. 从该生感兴趣、擅长的话题入手。 2. 课上给其提供发言机会，课下多和该生交流。	1. 对于上课老师给予的指令，如读词语、课文，能进行答复。 2. 能主动和别人交流，对于他人的问话乐于回答。
简单对话训练	资源教师	1. 能积极主动参与游戏，在游戏中能主动交流。 2. 课下见到老师和同学能主动打招呼。	1. 利用喜欢的游戏进行对话训练。 2. 平时的课余时间多和该生进行谈话交流沟通。	1. 游戏中能主动询问自己该做什么、怎么做。 2. 见到老师和同学能主动挥手并问好。

续表

领域	学科教师	目标	措施	评估
简单对话训练	英语教师	能够在日常生活中用简单英语和他人打招呼。如：Hi, Hello, Good morning。	1. 制作 Hi, Hello, Good morning 等问候语的硬纸卡片，让该生随身携带。 2. 教师示范、鼓励其他学生主动用英语和该生打招呼。	能主动与他人用简单英语打招呼，优；能用英语回应他人问候，良。

三、计划实施

（一）语文教师的特别关注

1. 利用校园生活，主动与学生沟通

（1）多与他聊天。教师知道小强对父母依赖性强，就时常询问他家的生活。虽然他的话教师听不懂，但是从不嫌弃他，笑着耐心听着。每当教师听懂他说的一个字或一个词后，就重复一下。小强看到教师听懂了他的话，露出了笑容。

（2）关心他的生活，看他有反常的情绪就安抚他。时间长了，他也慢慢感受到老师对他的善意和真诚爱护。有了这样的情感基础，教师对他的语言训练就容易多了。在教师的努力下，小强能比较愉悦地与教师进行沟通、交流。

（3）观察他感兴趣的东西。通过观察，教师发现他和大多数孩子一样，也喜欢看《喜羊羊与灰太狼》。在一次说话训练中，教师选取了《喜羊羊与灰太狼》动画片段，从中选取相关人物，一步一步带领他理解图意。教师先提示小强思考：你看到了什么？小强高兴地说："喜羊羊。"再追问："他在干什么？""在跑步。"然后尝试让他用"谁在干什么"的句式完整地说出来。

2. 抓住课堂契机，指导读准字音

课上，在安排好其他学生后，教师会快步走到小强身边，蹲下身子，边听小强读书，边纠正他的发音。教师先进行示范，让他看教师的口形。为了让他看得清楚，教师时常把嘴张得大大的，语速也放慢，便于他进行模仿。当小强发音不准确时，教师总是不厌其烦，带领他一遍遍练习，直到他的发音正确为止。

开学时，正是金秋时节，而第一单元的主题也是"走进美丽的秋天"。在讲《识字1》时，教师带领小强读词语。为了提高他的兴趣，更好地纠正他的读音，教师制作了精美的课件，出示与词语相关的画面，如美丽的秋景、展翅高飞的大雁、颜色鲜艳的水果等。小强被这些漂亮的画面吸引住了，教师马上借机带他认读出现的词语。小强看看画面，再读读词，脸上呈现出愉快的神情，字音也在多次练习下变得更加准确了。同时，在学第一单元时，教师还利用上操前的休息时间，和小强一起观察校园的银杏树、泡桐树在秋天的变化。此时，小强会高兴地捡起地上的落叶递给教师。语文课学习完"秋天"这一单元后，他能够说出"黄黄的落叶、美丽的红叶"等与秋天有关的词语。

(二) 班主任积极营造温暖和谐的班级环境

班主任为小强确立学习伙伴。学习伙伴常常围在小强左右，有时和他聊天，有时带他读词语。学期初，小强不适应新的环境，加之他本身由于智力影响，行动缓慢，不能像别的同龄学生一样自理。每当这时，班中都会有小伙伴们帮助他，扶他上下楼，帮他收拾书包等。有的孩子课间牵着他的手跟他聊天，小强逐渐适应了集体生活，能与一些同学比较自如地交往，能够和老师、同学进行简单的对话，并且有时候还能对老师表达自己的某些意思。比如他现在见到教师后主动打招呼——"杨老师你好。"并能说出："我想爸爸了。""你别生气。"等话语，基本掌握了"谁在干什么""这是什么"等简单句型。

(三) 资源教师采用个别训练与协同教学相结合的方式进行补救

资源教师配合语文和英语两位教师进行补救式教学。资源教师进班进行协同教学发现小强存在的问题时，便及时辅导，问题较大时课下有针对性地在资源教室对其进行个别训练，然后再进入班级听课辅导，之后再对小强掌握知识的情况进行后测，并与任课教师进行沟通，适时适当地调整训练计划。

1. 激发学习兴趣

每学期制订个别训练计划，如读儿歌、打电话情景模拟、讲故事、电脑上做读字游戏、聊一聊最近家里或班里的事情……每次的训练内容和方法都不同，避免了训练的枯燥性，而小强和老师聊起来也比较自然，没有压力。

在每次个别训练辅导前，教师都是先提要求，这节课完成了训练计划就会得到一个小印章，十枚小印章就可以换一块卡通橡皮。训练时，如果他的注意力不集中，教师就会拿小印章来激励他，在表现突出的训练过程中，可以奖励两枚小印章。在奖励物的激励下，他的积极性很高。每次上课前总是拿起小印章看一看这次是什么图案，得到表扬后自己高兴地把印章印到本子上，课下很认真地数印章数量，然后高兴地用手势告诉老师自己得的印张数量。

2. 协同教学

在班内任课教师授课时，资源教师作为协同老师进班进行辅导。任课教师在前面授课，资源教师坐在小强身边随时提醒其认真听讲，并跟随任课教师的授课进行辅导。随读教学时，小强比平时上课专心了许多。在协同过程中，教师发现问题就及时调整训练计划，有针对性地对其进行个别训练，在个训的同时发现小强存在的问题，便与任课教师及时沟通，让任课教师也及时调整教学计划。

3. 个别训练

① 协助语文教师进行汉语拼音训练

小强刚刚升入二年级，汉语拼音掌握得还不好，汉语拼音又正是训练发音的最好方法。练习发长音、短音，练习四声的读法，练习简单的拼读，通过对舌功能、声带振动功能、唇功能的训练，既锻炼了小强发音器官的灵活性，同时也为拼音教学、识字教学做好了准备。

个训前教师对小强进行了前测，发现他主要是声母和鼻韵母发音不准，于是训练时教师把汉语拼音分成单韵母、复韵母和鼻韵母。首先进行分类发音训练。小强经过韵母发音的训练，练习了嘴部的肌肉群，而鼻韵母发音的训练则练习了他的舌尖鼻音 n 和舌根鼻音 ng。

② 游戏训练中巩固发音练习

资源教师为小强编了"听一听，学一学"的游戏，模仿小动物的叫声。他认真听录音机中小动物的叫声，分辨是哪种动物的叫声，然后再进行模仿。老师针对小强的发音情况及时进行纠正后，小强再发音时兴趣变得很高。

资源教师还辅助英语老师提前利用图片辅导小强学习英语单词，在随班协同教学时，再认真倾听小强在课上发言时单词的发音，发现问题就及时纠正，课后再结合"听一听，学一学"的游戏，训练小强发音的同时又巩固其对英文单词的朗读，促进小强在游戏中快乐学习。

③ 词语积累，丰富语言

结合语文的课堂教学，资源教师从书中找到重点的词语，个别辅导时利用实物或图片教学生说出物体的名称，重点进行训练。对于形容词匮乏这一问题，小强在老师利用图片及实物进行词组的补充练习中，学会使用了一些简单的形容词。如先从颜色入手补充练习：（　　　）的小草、（　　　）的天空、（　　　）的树叶、（　　　）的小花。这样从浅入手，可以让小强结合自己的生活经验积累词语。

（四）英语教师运用多种方法提高学习兴趣与效果

1. 伙伴助学，融入课堂

教师找到全班最细心、最乐于助人的学生小玥坐在他身边，在他走神时，悄悄提醒他。可爱的小玥还买了许多好看的贴画，跟小强约定：只要他一节课不走神，就送给他一个贴画。慢慢地，小强走神的次数越来越少，注意力越发集中。

课上，教师有意识开展小组活动，由小伙伴拿着学生单词卡片主动找小强进行认读单词活动。课下，每周一、周三小玥检查小强是否完成认读、记牢词汇，及时向老师汇报，并随时帮他巩固。小强在较轻松的氛围中，在伙伴的辅助下尝试说单词，体验着同学间互相协作的快乐，体验着说英语的乐趣。

2. 家、校协作，提高教学效果

为了提高小强认读单词的能力，教师与家中康复教师达成共识：在小强每天听英语磁带，完成读书作业时，督促他眼睛认真看单词，用手指着相应单词，嘴大声跟读，调动学生多种感官，提高认读单词的效率。

每节课后，教师及时与康复教师沟通，告知学习内容、孩子的表现和需要掌握的知识。教师还把自己制作的图文并茂的问候语卡片、单词卡片复制一套送给康复教师，以便后者利用课余时间帮助小强认读单词、查缺补漏。

3. 个别关注，培养良好习惯

（1）仿说

即认真听别人回答后，请他仿说，跟读。如在认识教材主人公 Monkey 时，大家都踊跃地跟 Monkey 打招呼。听了 5 位同学的发言后，教师把猴子的面具放在小强面前，他也试着对着 Monkey 的头像高兴地说："Hello, Monkey."同学们都鼓起掌来，小强凑近 Monkey 的头像亲了一下。

（2）情境学习

遇到需要组织语言的问题，小强需要给予个别关注，教师尽量给他创造一个参与学习的情境。教师先在课前教会了他说自己的英文名字，再让小强尝试介绍"I'm Mike."其他同学都向他摆摆手说："Hi, Mike."小强受到了全班同学的关注和鼓励，脸上露出了开心的笑容。

（3）象形记忆

教师把枯燥的 26 个字母用肢体动作编成字母身体歌谣，调动小强的多种感官，如字母"A"就是把两腿打开，双手在头上击掌，这样就用身体"写"出了大写字母"A"。通过调动学生的听、视、动觉，使其主动参与到学习中来。小强在体验中逐渐喜欢上了学字母、说字母、认字母、用身体表达字母的形状，促进了有效地学习。

四、成效与经验

（一）智障学生语言方面的进步

一是构音问题减少了，以前小强在发 l 的时候要么发成 r，要么把带有 l 的音节的声母省略掉，还有 t、d 等舌尖中音的发音总是发不清楚，但是经过个别训练以后，小强学会了准确地发这些音。

二是词汇量有很大的增加，掌握了大部分日常生活用品的名称，会说出简单的动作名称。

三是基本掌握了"谁干什么""这是什么""老师要什么"等简单句型。

四是能够和老师进行简单的对话，如与老师互相问好，说再见，回答老师的简单问题。

五是在小伙伴陪同及老师的帮助下，上课走神的时间越来越少，逐步适应正常的学习，逐渐找到了自信，和同学的交流越来越多，变得开朗、活泼。

（二）协同合作的经验

一是内容上合作。三位教师在制订计划时就紧紧围绕着一个教学目标，即针对该生的语言学习制订教学计划。虽然教学任务不一样，但是合作教师们都是围绕着提高该生的语言能力进行教学和训练，使学生的语言能力切实得到了提高。

二是方法上合作。针对该生的语言问题，三位教师在训练方法上达成共识，资源教师在协同教学时发现该生课上出现的问题，首先与任课教师进行沟通交流，共同商讨下一步的训练重点。然后，任课教师授课时及时调整针对该生的教学方法。资源教师利用个训对该生进行强化训练，努力使辅导更有针对性。同时，也使任课教师对有特殊需要学生有更加深入的了解，利于改进以后的教学。

三是家庭指导上的合作。任课教师利用每天的联系本与家长及时沟通孩子的在校情况，资源教师也定期与家长进行交流，辅导家长在家中对孩子进行训练。

家、校合作中的协同提高了家庭教育质量，从而发挥了家长资源优势，内容也延伸到教育、教学、康复训练等各个领域。

（三）仍然困扰的问题

三位教师的团队合作已经初见成效，但是我们的教学并不是仅仅靠这三位教师就能成功的，学生在校上课也并不是仅仅就上语文和英语两门学科。要使特殊需要学生真正全面提高，就需要全体教师的参与与合作。但是，教学任务的紧迫，教学时间的安排以及老师们对融合教育的理解与认识等一系列问题都是目前难以解决的，也是我们在后一阶段所要研究思考的问题。

【案例分析】

要搞好融合教育，需要学校教职工全员参与，组建合作团队十分必要，该校经验有参考价值。当然，全员参与需要全员的培训，并形成相应的管理机制和文化氛围。另外，案例中教师对智障学生的分析，既看到了学生的障碍又看到了其优势，且制订的教育计划具体可行、有针对性，这些也都值得学习借鉴。

第三节 社区、家庭、学校合作满足
学生不同学习需要的策略

差异教学要满足不同学生的学习需要，促进每个学生最大限度的发展，但是，这些目标仅靠学校单方面是难以做到的，还需要社会、家庭等方面的密切协作和配合，形成教育的合力。学生只有在社区、家庭、学校合作的环境生态中学习，才能切实提高社会适应能力，更好地融入社会。

一、家、园合作，早期融合

（一）早期融合教育的重要性

早期教育对一个人的潜能开发是至关重要的，特别是大脑的发育和语言的发展。意大利教育家蒙台梭利认为，儿童出生后三年的发展，在其程度和重要性上超过儿童一生的任何阶段。而早期教育主要是在家庭完成的。苏联著名教育家马卡连柯说过："教育的基础主要在孩子 5 岁以前奠定的，它占整个教育过程的 50%"。婴儿出生时，虽然脑内绝大多数神经细胞已基本形成，但还没有发育完善，具有可塑性，三四岁之前是最敏感的时期。早期脑发育一般按顺序发生，幼儿总是在学会说话前，先学会看；在学会走路前，先学会爬行；在学会推理前，先学会认识某些简单的东西……如果错过了这些步骤中的一步，就可能产生学习障碍。因为早期活动设定了脑的"硬件"，如某个硬件设置跳过去，大脑就会难以运行某程序。因此，幼儿教育应提倡早起步的原则，只要是孩子乐意接受且可以接受的，能促进婴幼儿身心健康发育的，特别是通过感觉器官来开发智力的各种活动都应尽早进行。有研究表明，一些特殊需要孩子与其他智力正常的孩子之间的差异都和早期教育开发状况有关，这些差异大都是因为特殊需要孩子的智力和潜能没有在敏感期内得到充分开发造成的。

因此，早期融合教育对特殊需要儿童尤为重要。通过早期融合教育，障碍儿童能够尽早和普通儿童交往、游戏，从而提高他们的社会适应能力、学习能力等，而且在关键期针对缺陷进行早期教育训练，往往会事半功倍。美国哈佛大学教授波登 L. 怀特（Burton L. White）认为，四种教育基础中的每一种——语言发展、好奇心、智能和社会化发展——在 8 个月至 2 岁这段时间处于关键期。杨雄里等科学家认为，在脑的发育过程中存在关键期……关键期内适宜的经验和刺激是运动、感觉、语言及其他脑高级功能正常的重要前提。（杨雄里，2013）如听障儿童的口语能力往往和其在 3 岁左右（语言发展的关键期）是否进行过早期语言训练有很大关系。

（二）家、园合作——早期融合的做法

家、园合作，是指孩子所在家庭和孩子所在幼儿园之间的协作和配合，共享孩子智力因素和非智力因素方面的信息，采取比较一致的适合孩子的教育方式，对其进行早期教育开发。家、园合作，其实主要体现为家长和教师的通力合作。

1. 家长和教师应细心观察，了解孩子的个性心理特征

幼儿园的教师应重视各个孩子表现出的差异，了解和满足不同孩子的心理需要。特别是不同个性特征的儿童融合有什么障碍。教师应向家长了解孩子在幼儿园和在家中的表现差异，并对家长在教养孩子的问题上予以辅导。父母经常和孩子在一起，如细心留意观察，最容易发现孩子的个性心理特征，如性格、气质、需要、兴趣和个性心理倾向等。这样可以有针对性地对孩子的言行进行引导。对于学前的孩子来说，兴趣是十分重要的，父母应注意观察孩子在哪些方面有爱好或兴趣。小孩自愿做的或给自己带来乐趣的事情，实际上可能是提前发出他们有这方面天赋的信号。父母发现孩子有某方面兴趣后，就应着意从这一方面予以培养和引导，并积极和教师及时沟通，交流信息。

2. 为孩子提供良好的融合环境

对孩子进行早期教育开发，既和先天因素有关，也和后天成长环境有关，它

们相互作用，相互影响。从某种意义上说，环境对他们影响更大。这种环境，不仅指物理环境，如居室和生活环境、书籍、玩具等，更指积极向上、和谐宽松的心理环境。父母是儿童最早也是时间最长的老师。在接受学校教育以前很长的一段时间，儿童就已经受到父母潜移默化的影响。他们首先从父母那里学习语言，学习认识周围的事物，学习行为习惯。俗语说"先入为主"，家长对子女潜移默化的影响，尤其父母教养的态度、方式对儿童影响很大，给子女打上了最初的、清晰而深刻的烙印，成为孩子以后成长发展的基础。一些情绪行为有障碍的儿童，其障碍的形成一定程度上和家长早期教养的态度、方式有关。

父母要为孩子提供丰富的视、听、触的环境，使他们的感觉能力发育健全。尤其不能将残障的孩子"封闭"起来，应多带其和其他孩子一起游戏活动，尽可能将其送入融合幼儿园学习。教师则应充分关注各个孩子在集体中的成长情况，创设和谐的集体氛围，不给任何孩子贴标签，鼓励孩子们在集体中平等交往、活动和寻找伙伴，学会悦纳自己和别人。

3. 扬优补缺，促进潜能开发

学前的孩子主要是借助活动来学习的。应鼓励孩子参加各类游戏活动，如转圈、跳绳、做操等，促进他们的大脑全面发展。让孩子在玩耍与探索中学习，把玩转化为学习经验，使学习充满乐趣。如通过车轮认识圆，通过涂鸦认识颜色等。在带领孩子玩的过程中，要和孩子多交流，如讲故事，介绍小动物，领略自然风光等。要让孩子选择他自己感兴趣的事，促进其自然发展。不仅让他看书，带他到图书馆读书，还让他使用多媒体材料（录像带、光盘、网络），并带他到实地参观（比如飞机场、公园、艺术博物馆、电视台等）。当然，教育还要提倡差异性原则，每个孩子的先天素质和所处环境不一样，早期教育也要照顾差异。有的小孩3岁学琴，发展得很好，甚至将来能成为钢琴家，而有的则不然。家长和教师应对日常生活中可能出现的有利于儿童学习的情景，保持高度敏感，坚持为孩子的发展做记录，包括他什么时候开始走路、说话、什么时候表现出强烈的好奇心，什么时候具有创造性的、批判性的思维。记录他对音乐、体育运动、艺术、科学等方面的行为反应表现。善于从日常生活与游戏中发现儿童的能力，锻炼儿童能力，并促进他们早期智力发展。

要抓住关键期对孩子进行培养。如学习语言，婴幼儿在语言教育期和模式记忆阶段可以不知不觉地学会语言。泰戈尔说，从母亲嘴里听来的儿歌倒是孩子们最初学到的文字，在他们的心灵上具有吸引、盘踞的力量。错过关键期要付出更多努力。但早期教育不是过早使孩子"少年化"，给孩子灌输许多知识，而是关注良好习惯的形成和潜在素质的开发，如在生活中学会观察辨认事物，看图说话，讲故事。通过让孩子画画、搭积木等，培养孩子想象力。在这一阶段不是抓读、写、算的本身，而是帮孩子打好读、写、算的基础，提高基础的学习能力。在游戏和乐趣中学习和成长。

每个儿童都有优势，但也都有缺陷，在扬优的同时要注意补缺，对障碍儿童来说，尤其要注意缺陷的补偿矫正。如对听障儿童3岁前后进行语言训练，就能收到事半功倍的效果，为今后的融合打下坚实的基础。

二、家、校合作，提高融合教育质量

教师、家长只有密切合作，形成教育的合力，才能取得好的教育效果。家长的参与可以体现儿童和家庭的权益受到尊重，同时，家长也是特殊教育最有成效的支持者。

（一）家长要科学实施家庭教育

家庭教育的内容包括对子女的思想品德教育、行为习惯的养成，对子女文化知识、学习技能方面的辅导与训练，对子女的能力培养等。许多家长只重视孩子学业的进步和智力的发展，而忽视其他方面。这里我们着重强调，在家庭教育中，要重视子女非智力因素的培养和促进他们社会适应能力的发展。在这方面，家长有不可替代的作用。

人的成就既和智力有关，也和非智力因素有关。有的专家甚至认为，人的成功，20%决定于智力，80%决定于非智力因素。人的智力的差异是相对稳定的，而非智力因素的差异却是可以大大调整的。教师要争取家长的支持，优化学生的非智力因素。

首先，家长要起示范作用，如果家长勤奋好学，经常读书看报，对子女会产生潜移默化的效果。相反，如果家长见书就头疼，休闲之余不是看电视就是打麻将，孩子观其行、听其言，就会渐受其影响。

心理学研究结果表明，孩子对外界的一切都感兴趣，家长应满足孩子的需求，让他们广闻博览，对他们提出的各种各样问题尽量解答，这些都会给孩子打下良好的基础。孩子对学习的兴趣往往和他取得的成就有关，家长应给孩子提供成功的机会。每个孩子的智力客观上都有差异，家长对孩子的期望也应恰如其分。当他取得成绩时给予表扬，对不理想成绩要正确归因，不能一概批评。青少年兴趣是不稳定的，家长应善于发现孩子兴趣的变化，因势利导。

在孩子对学习逐步有兴趣的基础上，要培养他们确立明确的学习目标，不断激发他们的学习动机。孩子的学习动机往往和兴趣联系在一起，常带有浪漫色彩，有好高骛远的现象，家长要予以具体指导。学习动机正确，学习动机强度适中，学习效果就比较好。动机错误就要纠正，动机过低、过强都要进行调整。

要培育孩子健康的情绪情感，要满足孩子爱的需要。注意和孩子情感的沟通，经常和他们交谈，倾听他们的要求和愿望，要让孩子学会爱，爱家长、爱他人、爱祖国、爱社会、爱科学文化知识。家长可以经常带孩子去参观科技馆、植物园等，培育他们热爱科技、文化、自然的情感。要注意调适孩子的不良情绪，让他们学会谅解和宽容，和同学和睦相处，待人谦虚、诚恳。

要注意培养孩子的优良性格。事业心、责任心、独立性、自信心、勤奋、勇敢、谦虚等良好性格与成才关系密切。给孩子创造一个民主、平等、和谐的环境，就有利于孩子性格的健康成长。相反，家长对孩子干涉过多，对孩子溺爱或拿孩子宣泄出气，都不利于孩子性格的完善。对那些犟头倔脑的孩子更要善于引导，扬长避短，而不是粗暴干预。家庭教育应倡导民主，家长不要总想在和孩子争执时显示父母的权力，应尊重孩子的特殊需要，当然也需要对孩子有必要的、合理的要求。

要有意识磨炼孩子的意志。今后的社会是高度合作又高度竞争的社会，人的一生不可能一帆风顺，要有坚强意志和抗挫折能力。家长既要鼓励孩子追求成功，给他们创造成功的机会，让他们体会成功的欢乐，也要鼓励孩子不怕失败，不能逃避失败。家长甚至可以有意识为孩子设置一些困难情境，鼓励孩子在追求成功中敢于冒险，不要怕出错，要有探索的精神和勇气，经历几次失败后去体验成功的艰难和喜悦。

还要特别注意培养孩子良好的生活习惯和学习习惯，家长在这方面要做出表率。习惯成自然，有了良好的习惯，孩子将终身受益。当然，要养成良好习惯不是一蹴而就的，有个长期渐进的过程，其中会有反复，家长要有耐心，及时给予督促和鼓励。

孩子的社会适应能力主要是后天培养的，孩子的社会适应差异是可以弥补的。残障儿童因其缺陷往往使其活动受限，交往范围变小，影响他的社会适应发展。社会适应能力的培养要在社会活动和生活劳动中形成。现在不少家长担心自己的独生子女在外受欺负，担心孩子学坏；怕孩子在外不安全，将孩子关在"家庭保险箱"中，剥夺了他们和同龄儿童活动的权利。这不仅不利于孩子感觉统合等身心健康的发展，而且不利于培养孩子的同学间交往能力、社会适应能力。家长要给孩子创造交往的机会，让小朋友一起做游戏，开展各种有益活动；让孩子加入自己的社交圈，参与接待客人，给客人让座、倒茶等，培养孩子在陌生人面前敢说话、热情而又大方的姿态；要让孩子参加力所能及的家务劳动、生产劳动，让他们学会一些劳动技能，在劳动中注意培养孩子的责任心、自尊心、独立性和热爱劳动的好习惯，在劳动中培养团体合作意识和协作精神。家庭中有了残障孩子，家长应该从培养人的角度，从孩子的现实状况与自身特点出发，通过特殊教育的手段努力把孩子潜在发展的可能性转变为现实性。

（二）家、校密切合作，形成教育的合力

父母对子女发展的影响，不仅表现在具体的、无意识的、潜移默化的影响上，还表现在有目的、有计划地按照自己理想的图式培养子女的有意识的行为上。而且，子女对家长感情上的联系和生活上的依赖，使得这种有目的、有计划的影响更具有权威性和渗透力，使家庭教育有时起着决定性作用。因此教师之间、教师与家长之间的教育方法和态度要一致，对儿童要有一致的要求和行为规范，而且要共同执行，形成教育的合力。

1. 家、校联系的途径

密切合作的前提是加强联系，及时沟通信息。联系的途径主要有以下几种。

（1）家访。教师通过家访了解学生在家的表现，了解家庭教育的情况，及家长对学校教育的愿望和要求，同时也向家长介绍孩子在校的表现，学生的进步，

以及希望家长提供哪些支持。每次家访都要有明确目的，并准备好有关资料。家访除了可以了解第一手的资料，沟通信息外，对于建立教师和学生、和学生家长的感情也是非常有效的。

（2）家、校联系本（电话）。教师和家长通过由孩子来回传递的联系本，互通信息。教师将当天对学生的意见和要求或需要家长提供的帮助写在联系本上，由学生带给家长，家长阅后签署意见，再带给教师。现在家庭有了电话，可直接用电话联系，代替书面传话。

（3）召开家长会。家长会是教师和家长联系的主要途径之一。在家长会上，教师可向家长介绍学校、班级的教育情况，让家长观摩学校的教育活动，展现学生取得的成绩，也可以让家长相互交流家庭教育的做法和经验。

（4）短信、微信、视频。随着现代信息技术的发展，手机、电脑、网络等工具广泛使用，短信、微信、邮箱、视频、网络等方式的沟通越来越快捷、方便，也就越来越多地成为家、校联系的主要方式。

（5）学校开放日。学校每学期可选择适当日期，通过开放日活动向社区开放，请家长、社区各方面人士来学校参观听课。学校可以搞一些小型展览、小演出向社区人士介绍办学情况，宣传包括融合教育在内的有关教育和保护青少年的法律法规。

以上是教师和家长联系的一些常用的途径，各种途径有其方便的一面，但也有不足的一面，应当结合运用。

2. 家、校合作的内容

教师和家长的合作，现在还没有得到足够的重视。现在的合作，往往只是让家长督促子女复习、检查子女的作业。为了很好地照顾学生差异，应当加强教师和家长的合作。

家长和孩子生活在一起，最了解孩子的个性特长。在现有大班额情况下，许多老师对学生缺乏深入了解，也很难进行差异教学。教师可从家长那儿获得很多关于孩子的信息，如兴趣、爱好、性格、学习方式等。对孩子的测查、诊断也要取得家长的配合。如家长带孩子去专科医院给孩子做听力检查，同时做助听器的检测。这样做一是保护孩子的残余听力、防止继续恶化，二是使助听器发挥最佳的增益效果，帮助孩子学习。家长应了解助听器的使用常识，提醒听障儿童正确使用助听器。照顾学生的差异,满足学生的不同教育需要,仅靠学校教育是不够的,必须有家庭教育的配合、家长的支持。孩子从家庭走向学校后,便开始接受家庭和学校的双重教育。双重教育协调好,就有利于儿童的发展,家庭教育是学校教育的基础,而学校教育是家庭教育的拓展深化,当儿童接受学校的教育训练后,家长要配合学校教育,使学校教育的影响在家庭教育中得到强化。

家庭教育作为学校教育的补充,从德智体美诸方面都可以发挥积极的配合作用,对于不同的孩子来讲,也可以针对其不同特点,进行家庭个别辅导训练,但作为家庭教育,最主要的是对孩子非智力因素的培养,家庭教育要充分利用自身在培养人才方面的优势,对子女健康人格的形成施加积极的影响。

家长也应向教师表达合作的愿望,到学校参与一些教育活动,向教师介绍孩子在家的一些表现、喜欢参加的学习活动和学习方式等。

3. 家、校合作的具体做法

(1)互相交流、介绍学生的情况,在学生的基本情况、特点、爱好等方面取得共识。教师和家长共同分析形成差异的原因,抓住影响学生发展的主要矛盾。

(2)共同为孩子制订学习目标和个别教学计划。

(3)家长参与学校的一些教育活动。如发挥自身专业特长,为学生举办讲座,帮助教师制作教具、学具,担当教学辅助人员,和学生一起开展课外活动等。

(4)家长对学校教育教学提出积极的改进建议。

(5)在家庭里给予必要的辅导帮助,协助教师对子女进行教育教学。

(6)共同对孩子负责,和孩子一起商量他们毕业后的去向。

(7)在家里为学生提供必要的学习条件,改善学生学习的环境。

为加强家庭和学校的合作,可建立家长委员会。家长委员会应由家长和教师协商推举那些对学校工作热心、有一定教育水平和活动能力的家长组成。家长委员会参与学校管理,发动所有家长支持、帮助学校工作,组织家长交流家庭教育做法和经验等,以更好地配合学校教育工作。

为使家长密切配合教师对其子女进行教育,教师要善于做家长的工作,做好家长工作有以下几点基本要求。

(1)理解和尊重家长。每位家长都希望自己的子女成才,望子成龙、望女成凤，但有的家长不从实际情况出发，过高的期望对孩子形成过大的压力，反而适得其反。教师要理解家长的心情和愿望，对他们进行疏导，正确估计家长的教育能力和水平，针对家庭的条件，实事求是地对家长提出要求。对家长提出的意见和建议，应予以重视，正确分析。教师还应尊重家长，特别是尊重那些学困生的家长，尊重他们的人格、习惯，和家长谈话应处于平等地位，不能居高临下，伤害家长自尊心。

对障碍儿童家长开展工作时，更要尊重他们、理解他们。障碍儿童的家长往往会有不同的心态，如负罪感等。做家长的工作要有针对性，要调动家长的积极性，使其在培养障碍儿童的社会适应能力、缺陷矫正补偿、知识与技能的巩固运用、思想品德教育、劳动技能、职业训练等方面配合学校，但不能不切实际地对家长提出过高的要求。

（2）客观、全面反映学生的情况。教师向家长反映学生情况时应客观、全面，尤其应让家长看到孩子的进步。可通过活动、展览等形式，让家长看到孩子特别是障碍子女取得的成绩，使家长树立对子女教育的信心。

（3）对家长进行必要的指导。家长最了解自己的子女，但有些家长缺乏教育的知识，往往对子女教育方法简单粗暴，急于求成，结果事与愿违，影响了教育效果。教师要对家庭教育给予必要的指导和帮助，在可能的情况下应开办家长学校。

对于障碍儿童的教育训练或康复训练是融合教育的重要内容。但教师不可能在学校有很多时间、精力对残障学生进行辅导训练，如对听障儿童来说，听觉言语训练是绝对必要的，大量的训练应由家长承担。但应当承认，许多听障儿童的家长并不具备辅导训练的基本能力。例如，许多听障儿童家长至今还不会指导孩子的听觉言语训练。在康复训练时，应该采用康复人员与教师和家长相结合的模式，在有资质的康复专业人员指导下，教师与家长参与其中。由康复人员进行康复专业测评，确定障碍儿童的康复需求。如针对有语言障碍的儿童，我们可以运用语言与言语治疗；针对有动作功能障碍的儿童，我们可以运用作业治疗的方法；针对有心理行为障碍的儿童，我们又可以运用心理咨询和心理治疗；等等。在教育训练时，一方面，家长应向教师和专业人士请教；另一方面，教师应主动对家长指导，可以向家长进行辅导训练的示范，也可以编印有关辅导训练内容方法的家长指导手册等对家长给予指导。

家长辅导与训练的内容一般包括：

①辅导孩子学习，包括指导预习、复习、检查作业并给予辅导等。②指导孩子进行家庭康复训练。③培养孩子良好的生活习惯和劳动习惯。④培养孩子的兴趣特长。⑤矫正孩子的不良行为，等等。这些方面的工作贵在持之以恒。

对于有条件的家长来说，也可专门去学习盲文、手语等特殊技能，以便在家中辅导训练孩子，甚至可以去学校听课、向教师学习教授方法等。

三、充分利用社区资源满足学生的不同发展需要

从系统论的角度来看，教育系统是社会大系统的一个子系统，因此它必须与其他系统之间进行信息、能量和物质的交换，才能保持系统的动态平衡和"新陈代谢"，教育才能不断获得可持续发展的动力。学校开展融合教育，必须保持与外界社会不断地沟通与联系，促进社会各界了解和关注特殊需要的儿童，从而赢得人们的广泛支持，获得更多教育资源。

（一）社区教育是学校教育和家庭教育的有效补充

学生家庭和学校所在的社区构成了学生教育的外围环境，社区是一个人赖以生存的社会基础。加强社区教育，充分利用社区教育资源，开展丰富的社区文化活动，不仅可以弥补学校教育的不足，提高家庭教育的水平，减少影响孩子成长的不良因素，而且可以促进学生潜能的开发，不断提高他们的发展水平。

我们应该把封闭式的学校教育变为开放式的教育，充分利用社会上的各行各业的人力、物力，充分利用社会各种传媒中的种种有用信息，通过整体性、区域性的教育活动提高教育水平，使我们的教育环境在照顾学生差异，主动积极构建有利于每个人素质全面提高等方面更加有力。这比仅靠教师单方面的教育来照顾学生的差异要有效得多。

学校教育和社区是不可分割的，教育应成为发展地方社会体系的手段。社区教育是"教育社会化、社会教育化"趋势的必然产物。社区教育是实现终身学习、学习社会化的基本途径。要通过"大教育"来让每个人"学会认知、学会

做事、学会共同生活、学会生存",使每个人都能顺应知识经济、信息时代的历史潮流,跟上时代的步伐。弱势群体应与所有的常人一样具有良好的生活质量,应能与普通人一起在同一文化背景下,独立自主地参与社区生活,并在社会支持下完成早期干预、义务教育和职业康复,完成高等教育、就业等生涯发展。

社区教育往往融教育于活动之中,而这些活动又具有广泛性、多样性和自主性,能较好地满足不同学生的需要。同时,社区教育活动能及时反映社会意识的变化,有利于学生将知识应用于实际。在社区教育活动中,学生能更好地理解他人,与人合作,认识个人的价值和社会规范,根据社会的权益和义务,决定自己的行为,实现个性与社会责任统一。

对于特殊需要儿童来说,我们应努力让他们走出校门,进入社区,融入改革开放的社会生活,在现实的生活中学习。如果他们能够得到自然的支持和社会的支持,体验真实的生态环境,又能够带着社区生活中的体验和问题再回到教室学习,就能为自身将来进入社会、回归社区创造条件。

(二) 社区教育资源的利用

1. 寻求政府支持

为充分发挥社区教育资源的作用,应呼吁政府建立必要的组织,即社区教育委员会。社区教育委员会由政府部门牵头,譬如区、县一级的社区教育委员会主任,可由区、县党委书记或区、县一级人民政府的区长、县长或分管教科文的副区长、副县长、副书记担任,而委员则由区、县教育局、文化局、老干部局、卫生局、科技局、团委、劳动局、公安局、工会、妇联、青联等部门有关负责同志组成,下设日常办事机构——办公室,该室以专职工作人员为主。居委会、村委会一般可设立"关心青少年儿童教育小组"。通过这样的组织,把社区、学校、家庭有机地连在一起,协调各种教育因素,形成学校有人教、家庭有人管、社会有人抓的全方位教育的格局。

2. 校外专家和辅导员的指导

学校可以和部队、工厂、大专院校、科研院所、村镇挂钩,聘请校外辅导员、专家顾问以及各类模范人物、社区知名人士做名誉校长或顾问,请他们讲述学生在学校里不易接触到的科学文化技术、事迹、见闻以及实践知识,把社区内潜在的教育力量变成对每一个学生的现实的教育因素。同时，利用研究机构、医疗康复机构等机构的专业人才和资源对特殊需要学生和教师给予必要的专业支持。

3. 充分利用社区内的文化设施和物质资源

要培养学生的创新精神和实践能力，照顾学生差异，满足他们的不同需要，仅靠普通学校设备、条件是不够的，可以和高等学校、研究机构合作，充分利用高等学校、研究机构的实验室、实验设备，开展科学实验和小发明、小创造。应该充分利用社区内现有的文化设施、医疗卫生等机构，如文化馆、博物馆、科技馆、体育场馆、少年之家、电视台、广播站、影剧院、街头报窗、黑板报，以及医院、康复训练中心、书法协会、足球俱乐部等。学校可以组织学生参观科技馆、博物馆、剧院等，充分发挥这些机构设施的优势，开拓他们的视野，把教育教学与科学、文化、历史结合起来，从而有助于这些学生在社会、经济、历史、科学与文化的大背景中，在理论和实践的结合上，获得知识与技能，培养学生创新精神，并促进学生社会意识和社会责任感的形成和发展。为每个学生个性的充分发展提供条件和保证。

4. 与社区联合开展丰富多彩的活动

学校和社区可以为学生联合开展丰富多彩的活动，如科学学习活动：观察鸟类、天体，探寻化石……；区域文化学习活动：寻访历史遗迹、学习乡土历史与文化、制作土器陶具……；身心健康活动：如夏令营、冬令营和特殊需要学生的交流野营等活动，这些活动有助于学生的生活体验、社会体验和自我体验，促进他们全面健康的发展。

目前，关注弱势群体已逐渐成为全社会的一种风尚，全国各地的社区每年都要搞一些助残扶弱公益活动。学校应抓住契机，积极参与社区组织的有关活动。如慰问烈军属、给残疾人送温暖、社会咨询等活动，都可以组织普通儿童和特殊需要儿童参加。他们虽然年龄小，但可以做一些辅助性工作。这样做的目的除了让社区了解学校，还可以在社会实践活动中增加普通儿童和特殊需要儿童的情感体验，使孩子受到教育。

5. 关注大众传媒

在现代社会中，大众传媒是儿童社会化的重要因素。由于其开放性与无强制性、介入性与非统一性、形象性与易感染性等，大众传媒对儿童发展有积极作用。大众传媒可为少年儿童全面提供社会生活知识，帮助少年儿童进行社会学习，提供了少年儿童交往的新渠道，也满足了少年儿童娱乐、缓解不良情绪的需要。特别是当儿童除了在学校学习科学文化知识外，往往需要拓展式的、深化的学习时，广播、电视、课外书、网络、报纸这些大众传媒就可以给他们的个性化学习提供帮助，成为班集体学习的有益补充。一些研究表明，大众传媒在"兴趣爱好""未来的理想"和"偶像崇拜"等方面，对青少年学生的影响甚至超过学校、家庭的影响。但是，大众传媒也会给青少年带来消极影响，如传播似是而非的知识，过多暴力、色情的内容，滥制的广告等都会给青少年学生带来消极不良的影响。教师和家长要对孩子要进行科学指导，并充分利用大众传媒给孩子提供学习的资源，教师和家长要了解孩子接触媒介的情况，帮助他们控制和辨别这些信息，选择适合他们的读物、计算机软件、音像磁带、网络栏目，有计划、有选择地观看电视节目，在学校、在家庭创造一个教师和学生、家长和孩子共同使用媒介、讨论媒介的和谐氛围。

我们也可从大众传媒中寻找到丰富的融合教育资源。如对现在数量快速增加的自闭症儿童，许多教师、家长缺少了解，更缺少教育的方法，要获取这方面的信息，除了看书学习外，还可在网上学习。

（三）发挥巡回指导教师的作用

巡回指导教师是指在某一服务区域内负责辅导各学校融合教育工作的专业人员，实质上是各融合教育学校共享的人才资源。目前我国各地融合教育支持保障体系相对薄弱，巡回指导教师的作用就显得尤为重要。

1. 巡回指导教师的主要任务

（1）深入服务区域的各融合教育学校，巡回指导教学、检查教学质量、指导教师制订个别教育计划，指导对特殊需要儿童的教育训练。

（2）组织融合教育的教研活动。由于一所学校融合教育的教师不多，很难独立开展教研活动，这就需要巡回指导教师负责将邻近的几所学校组织起来成立融合教育教研组，开展教研活动。

（3）宣传国家和地方有关特殊教育、特别是融合教育的政策和规章，通报有关的信息动态，组织师资培训。

2. 融合教育学校与巡回指导教师的合作

融合教育学校应主动与巡回指导教师保持工作联系，在以下几个方面充分发挥巡回指导教师的作用：

（1）请巡回指导教师协助制订有关融合教育的各种工作计划，特别是在进行一些比较专业的测查基础上参与特殊需要学生个别教学计划的制订。

（2）请巡回指导教师帮助改编教学材料，确定所用教材的深度，同时考虑教材的设计与印刷，以保障视觉障碍学生或理解能力差的特殊需要学生看得清、读得懂。

（3）请巡回指导教师听课、评课，共同探讨如何在融合课堂中实施差异教学。

（4）请巡回指导教师个别指导有关特殊需要学生的筛查、定向行走、语言训练、不良行为矫正等较专业的问题。

（5）请巡回指导教师指导并参与有关有特殊需要学生各方面工作的评估。

（6）向巡回教师咨询有关特殊教育的方针政策、经验、信息等。

3. 融合教育巡回指导教师的选择

（1）本地区如有特殊教育学校，最好选择特殊教育学校的教学骨干做巡回指导教师。从特殊教育学校选择的巡回指导教师应具备以下条件：①热爱特教事业，有良好的师德；②具有较扎实的特殊教育专业知识与技能；③了解普通学校的管理、教育教学工作，具有融合教育工作的经验；④身体健康、精力充沛。

（2）本地区如没有特殊教育学校，最好选择教研部门的教研员做巡回指导教师。从普通教研部门选择的巡回指导教师应具备以下条件：①热爱教育事业，有良好的师德；②经过特殊教育培训，具有一定特殊教育专业知识与技能；③具有普通学校融合教育工作的直接经验；④身体健康、精力充沛。

巡回指导教师不论是来自特教学校还是普通教研部门，都应经过有关培训，具备巡回指导教师条件。巡回指导教师在工作中也要注意向被指导的学校教师虚心学习，不断丰富自己的实践经验。

案例 1：课外阅读差异指导[①]

【案例叙述】

个案 1——姓名：陆××；性别：女；年龄：11 岁

该生父母为石油勘探局职工，家庭经济状况富裕。父亲因工作需要在国外，母亲文化水平不高，对孩子学习很重视，但是对孩子的学习指导不得要领，总是要求孩子一味地做习题，疏忽了对孩子阅读习惯的培养，更谈不上有针对性的指导。该生学习成绩中等，基础知识掌握扎实，但缺乏良好的学习习惯和课外阅读的兴趣。

个案分析：

大量的课外阅读可以为学生提供良好的"智力"背景，促进其个性的健康发展。但是，该生家长对此认识却失之偏颇。由于长年的应试教育的影响，使该生家长一味注重基本知识和基本技能的培养，大量重复地做一些习题，却让被誉为开启智慧之门的课外阅读受到了无辜的"冷落"，使得期待点燃智慧火花的孩子竟然与"读书之乐"无缘。

思考与对策：

针对这一情况，我与家长充分沟通，让她认识到孩子课外阅读的重要性，并及时向家长推荐适合孩子的读物，以避免其盲目地去选择或无从选择。此外，我帮助家长根据学生实际情况制订了一个读书进度表，把读书任务细化、量化，做到每天都要读课外书。在课余我还经常借闲谈了解她的阅读进度以及阅读质量。

个案 2——姓名：高××；性别：男；年龄：11 岁

该生父母离异，母亲在外做生意，孩子由外公、外婆带大。该生整天面无笑容，班级活动中常常充当一名"看客"。外公、外婆只在吃穿上照顾周到，却从不过问其学习的事。该生学习成绩不好，缺乏良好的学习习惯和课外阅读的兴趣。

个案分析：

该生父母不常在身边，缺乏家庭教育。该生对生活、学习缺乏热情，且从小

[①] 本案例由江苏省扬州市广陵区扬州育才实验学校孙卉老师提供。

一直跟着不识字的外公、外婆长大，与父母很少有沟通和交流，因此，他或多或少存在某些心理障碍。监护人外公、外婆因自身素质原因，不能成为学生课外阅读的榜样，没有能力培养该生良好的学习和课外阅读习惯。

思考与对策：

家长及监护人的自身素质及对课外阅读的观念是造成该生学习和阅读状况的主要原因。针对这一情况，采取如下对策：

首先，通过电话与他母亲进行了沟通，让她意识到孩子身上存在的问题以及问题的严重性；其次，让家长认识到课外阅读的重要性，定期向家长推荐图书，让她以邮寄的方式赠送给自己孩子，并在书的扉页写一句祝福语，给孩子以信心。让孩子感受到"天涯咫尺"——原来母亲就在身边，时刻在关注着自己的成长呢！此外，我利用语文综合实践课或阅读课，为他创造更多的表现机会，激发他的阅读热情，从而使他更加自信，提高和保持读书的热情。

通过这样的方法和手段，该生逐渐感受到了阅读的乐趣，自主阅读的热情大大提高，并且变得活泼开朗起来。

个案3——姓名：尤××；性别：女；年龄：11岁

该生父母是银行职员，有较高的学历，重视孩子语文能力的培养，为其创造了良好的读书氛围：让孩子拥有自己的书房、书橱；为孩子制订学习计划、阅读读计划；每天都能坚持与孩子共读。该生养成了良好的阅读习惯，有很强的语言感悟能力和表达能力。

个案分析：

案例中孩子的父母就是非常明智的教育工作者，他们知道如何将人类精神上的食粮带给孩子。该生家长能积极认可孩子在课外阅读方面的兴趣，创设宽松的阅读环境。正确处理课内学习和课外阅读的关系，允许孩子在完成课内学习的基础上多留出时间进行课外阅读。给孩子留足时间与空间，确保孩子课外阅读的时空，是提高课外阅读质量的重要保证。

【案例分析】

从以上三个学生的课外阅读习惯的养成故事中不难发现，兴趣是最好的老师。从心理学角度来看，习惯是一种高度自觉的自动化的行为，一个人一旦形成某种习惯，将会长期影响其行为。因此，教师应从每个学生及其家庭的实际出发，开展阅读差异指导，并重在培养学生的兴趣，使学生养成良好的课外阅读的习惯，进而使其受益终身。

 案例 2：对视障学生的家庭教育提供支持①

【案例叙述】

小安，女，7岁，患有先天性白化病并伴有双眼球震颤，头发黄黄的，皮肤有些白，矫正视力 0.15，乍一看还有点像外国小姑娘。

该生上课时总是低着头，好像在躲避老师的目光，注意力较难集中，书写很潦草，作业基本完不成。桌面学具的摆放经常很杂乱，日常生活自理能力较差，依赖性强。

该生平时胆小、腼腆，话语较少。课下很少跟老师、同学交流，总是独自坐在座位上发呆，好像很不愿被人发现似的。

做母亲爱孩子的本能和作为老师育人的天职驱使我很想去帮帮孩子。

据了解，家长认为孩子视力本来就不好，用眼看书学习会导致视力更差，因此在家几乎不让孩子看书学习。对于她的胆小、害羞、自信心的缺乏，一味地认为是由于视力不好而带来的先天影响。

由于孩子先天的视觉障碍，家长认为孩子很可怜，出于补偿心理，生活上过于包办代替导致其生活自理能力低下，依赖性强。

通过与小安家长的交流，我得知，孩子入园入学后常常遭到小伙伴关于眼球颤动好奇的盘问，敏感的小安不知如何应对，很孤立。加之该生学习和生活自理上的困难，让她产生了自己不如别人的想法，缺乏自信。

由以上分析得出，小安出现问题的原因在于：（1）家长的过度补偿心理和不正确的教育观念，导致孩子学习和自理能力较弱；（2）该生幼儿园时不被伙伴接纳，入学后学习和生活上的困难又导致她缺乏自信、孤僻。

根据对小安表现的问题分析，我决定给小安家长有效的支持：一是对家长进行心理疏导，树立正确的教育观念；二是给予家长具体有效的家教指导。

对家长来说，障碍孩子的降生或者发现儿童有某种障碍是一重创性的事件。

---

① 本案例由北京市朝阳区三里屯小学陈莉老师提供。

它会给家庭带来精神和经济方面的多重压力。为了取得家长的信任，每次跟小安家长沟通时，我都能以积极的态度、平等的关系来营造良好的沟通氛围。首先，从做父母的角度，多给予小安和家长一些理解，努力发掘孩子潜在的优势，燃起家长的希望。其次，用自己的教育理念吸引家长，让家长信任我有能力处理好这个孩子的事情。在多次的真诚沟通中，小安的家长逐渐地接纳并信任了我。从心理上，对于孩子的成长教育，家长也不再感到那么孤单无助。

为了帮助家长增强教育好孩子的信心，我邀请视障专家李主任来给家长做心理疏导。专家以盲校孩子的日常学习、生活及以后的出路为例，说明视障孩子完全可以培养成为优秀人才。众多鲜活的案例，解除了家长的顾虑，使家长对孩子的成长教育增强了信心。

小安的视觉障碍，是由白化病引起的，专家又向小安家长普及了很多专业特教知识。针对白化病，视障专家提了一些简单易行的防护措施，比如，夏天注意防晒，户外活动要佩戴遮阳帽和眼镜，"用眼不会导致眼病恶化，科学地用眼可以促进视觉功能的发展""眼病不会直接导致智力问题，孩子的学习是有潜力的"，等等。又给小安同学做了细致客观的视力测查和评估，配备助视器、大字教材等辅具，并建议家长在日常生活中对孩子进行辅助训练，家长愉悦地采纳了建议。

事后，小安家长跟我说："李主任说的对我触动最深的一句话是'学习的好坏不是用视力来衡量的'。视觉障碍不一定导致心理、认知和生活能力的问题，主要问题在教育，视障孩子完全可以培养成为优秀人才。这些话，使我对今后教育孩子的成长有了自信心，有了目标。孩子现在的问题，是因为我缺乏教育目标，迁就孩子太多。今后我要注重树立孩子的自信心，逐渐培养她正确面对视力不好的问题。作为家长该放手的地方要放手，在保证安全的情况下能自己做到的事情尽量让她自己去做。减少她对家长的依赖性，增强她的自理能力。"

有了学校老师的理解分担，有了视障专家的策略支持，家长从内心里不再孤单，不再无助，以积极行动配合老师对孩子进行有效训练。我利用中午时间带着小安一起整理书包，并让家长配合在家指导小安练习整理书包。在妈妈的指导下，小安将书本分类整理，并分别装入不同的文件袋，并训练小安用完学具及时装入相关袋子，不乱摆、乱放。如此要求，既让小安养成了整洁有序的好习惯，同时又避免了小安在杂乱中取东西时的用眼不便。

经过一年的训练，随着小安生活自理能力的提高，小安的自我认同感也得到很好地提升，自信心也越来越强了，进步很大。如今的小安爱说爱笑、大方自信，学习主动。课堂上的小安听讲很专心，按时完成作业，课上发言也积极了，这学期还当上了美术科代表。

【案例分析】

作为融合教育老师，要重视专业理论知识的学习，有了专业的理论、丰富的实践经验，才会让家长信服。教师真诚地给特殊需要学生家长必要的指导，加强家、校的合作，才能共促特殊需要学生的健康发展。

参 考 文 献

中文参考文献

巴班斯基，波塔什尼克，1988. 教育过程最优化问答（修订本）[M]. 李玉兰，译. 北京师范大学出版社：70-71.

陈向明，2000. 质的研究方法与社会科学研究[M]. 北京：教育科学出版社：290，292.

陈云英，1993. 随班就读师资培训初步研究[M]. 北京：教育科学出版社：10.

陈云英，华国栋，1995. 合作学习与随班就读教学改革[J]. 特殊儿童与师资研究（1）：7-11.

程向阳，华国栋，2006. 学生差异资源的教育教学价值初探[J]. 教育研究（2）：60-61.

德莱顿，沃斯，1997. 学习的革命：通向21世纪的个人护照[M]. 顾瑞荣，陈标，许静，译. 上海：上海三联书店：339.

邓猛，潘剑芳，2003. 关于全纳教育思想的几点理论回顾及其对我们的启示[J]. 中国特殊教育（4）：2，3-5.

第斯多惠，1990. 德国教师培养指南[M]. 袁一安，译. 北京：人民教育出版社：82-83.

杜威，1990. 民主主义与教育[M]. 王承绪，译. 北京：人民教育出版社：324.

范国睿，2000. 教育生态学[M]. 北京：人民教育出版社：108.

顾定倩，2004. 听力残疾儿童[M]//华国栋. 特殊需要儿童的心理与教育. 北京：高等教育出版社：27.

关文军，2017. 融合教育学校残疾学生课堂参与的特点及教师提供的支持研究[J]. 中国特殊教育（12）：8.

韩萍，2014. 促进视觉障碍儿童学习和发展[M]//华国栋. 特殊儿童随班就读师资培训用书. 北京：华夏出版社：96.

韩萍，2014. 视觉障碍儿童的训练与潜能开发[M]//华国栋. 特殊儿童随班就读师资培训用书. 北京：华夏出版社：109.

华国栋，1995. 随班就读班级数学教学模式的实验研究[J]. 特殊儿童与师资研究（2）：

14-19.

华国栋，2001. 差异教学论［M］. 北京：教育科学出版社：24.

华国栋，2003. 残疾儿童随班就读现状及发展趋势［J］. 教育研究（4）：65-69.

蒋惠珍，2007. 基于教育生态化理论的随班就读教学模式研究［J］. 中国特殊教育（10）：28.

李蔚，祖晶，1992. 掌握学习理论与教学技巧：目标教学面面观［M］. 北京：中国人民公安大学出版社：53.

卢梭，1978. 爱弥儿：论教育［M］. 李平沤，译. 北京：商务印书馆：108.

吕渭源，1983. 个性心理品质与智力培养［J］. 武汉师范学院学报（哲学社会科学版）（1）：85.

朴永馨，2004. 融合与随班就读［J］. 教育研究与实验（4）：39.

乔伊斯，2011. 教学模式（第七版）［M］. 荆建华，宋富钢，花清亮，译. 北京：中国轻工业出版社：1.

史亚娟，华国栋，2007. 论差异教学与教育公平［J］. 教育研究（1）：36.

汤姆林森，2003. 多元能力课堂中的差异教学［M］. 刘颂，译. 北京：中国轻工业出版社：2，27.

王辉，华国栋，2004. 差异教学的开展与全纳教育的实施［J］. 中国特殊教育（8）：2.

王辉，华国栋，2004. 论差异教学的价值取向［J］. 教育研究（11）：41-42.

王梓坤，2013. 读书面面观［J］. 初中生世界（Z2）：27.

维布纳，2003. 班有天才：普通班级中培养天才儿童的策略与技能［M］. 杨希洁，徐美贞，译. 北京：中国轻工业出版社：219.

杨希洁，2014. 促进孤独症谱系障碍儿童学习和发展［M］//华国栋. 特殊儿童随班就读师资培训用书. 北京：华夏出版社：231，241-242.

杨希洁，2014. 孤独症谱系障碍儿童的训练与潜能开发［M］//华国栋. 特殊儿童随班就读师资培训用书. 北京：华夏出版社：245-250.

杨雄里，2002. 脑科学与素质教育刍议［J］. 教育理论与实践（2）：2.

叶立言，2014. 听觉障碍儿童的训练与潜能开发［M］//华国栋. 特殊儿童随班就读师资培训用书. 北京：华夏出版社：34-36.

于素红，2011. 美国个别化教育计划的立法演进与发展［J］. 中国特殊教育（2）：7.

周苗德，2004. 视力残疾儿童［M］//华国栋. 特殊需要儿童的心理与教育. 北京：高等教育出版社：35.

英文参考文献

BLOOM B, 1976. Human Characteristics and School Learning [M]. New York: McGRAW-HILL: 11-12.

BOOTH T, AINSCOW M, KINGSTON D, 2006. Index for Inclusion: Developing Play, Learning and Participation in Early Years and Childcare [M]. London: CSIE: 4.

FRIEND M, BURSUCK W, 2012. Including Students with Special Needs: A Practical Guide for Classroom Teachers [M]. Boston: Pearson: 6.

UNESCO, 2008. Inclusive Education: the Way of the Future [R/OL]. Geneva, UNESCO: 18.

UNESCO, 1994. The Salamanca Statement and Framework for Action on Special Needs Education [R/OL]. (1994-06-10) [2013-09-10]. http://unesdoc.unesco.org/images/0009/000984/098427eo.pdf. 2013-9-10.

UNESCO, 2005. Guidelines for Inclusion: Ensuring Access to Education for All [M/OL]. Paris, UNESCO: 13.